Lina A. Jamra

Nicht wunschlos, aber glücklich

LINA A. JAMRA

Nicht wunschlos, aber glücklich

Lass deinem Singleleben Flügel wachsen

Aus dem Amerikanischen von Doris C. Leisering

SCM
R.Brockhaus

SCM

Stiftung Christliche Medien

Der SCM-Verlag ist eine Gesellschaft der Stiftung Christliche Medien,
einer gemeinnützigen Stiftung, die sich für die Förderung und Verbreitung christlicher Bücher, Zeitschriften, Filme und Musik einsetzt.

FSC
www.fsc.org
MIX
Papier aus verantwortungsvollen Quellen
FSC® C006701

Internet: www.scmedien.de; E-Mail: info@scm-verlag.de

Umschlaggestaltung: Kathrin Spiegelberg, Weil im Schönbuch
Titelbild: iozas/shutterstock
Satz: Christoph Möller, Hattingen
Druck und Bindung: CPI books GmbH, Leck
Gedruckt in Deutschland
ISBN 978-3-417-26594-1
Bestell-Nr. 226.594

Für Milo und Fawzi – sie haben mir gezeigt,
wie man aus dem Vollen leben kann,
und dafür werde ich ihnen immer dankbar sein.

Inhalt

Einleitung

Das Kann doch nicht alles sein ...

Es ist ein wunderschöner Sonntagmorgen. Die Luft ist klar, die Sonne scheint. Ausnahmsweise bin ich pünktlich. Ich rieche gut. Ich sehe umwerfend aus. Selbst die Haare liegen perfekt. Ich betrete den in herrliches Neonlicht getauchten Gottesdienstraum und drehe mich zur Bestandsaufnahme einmal um die eigene Achse. Ich bin neu in der Gemeinde und für alles bereit. Bereit, „IHN“ kennenzulernen. Aber dann erspähe ich es aus dem Augenwinkel – neben der trockenen Keksmischung und dem kalten Kaffee in der hintersten Ecke des Raumes: das berüchtigte Rudel. Ich schaue mir jeden der Männer einmal vom Scheitel bis zur Sohle an, während sich alle Köpfe zu mir umdrehen und ich ebenfalls ins Visier genommen werde. Ich sehe die Frage in ihren Augen, während sie mich abchecken: Ist sie die Eine? Ist sie die Antwort auf jahrelanges Warten und unausgesprochene Gebete?

Auf der anderen Seite spüre ich meine „Konkurrenz“, schon bevor ich sie sehe – die Gruppe weiblicher Singles, die ebenfalls in ihrem schicksten Sonntagsoutfit dastehen. Sie hoffen, dass mein neues Gesicht in der Gruppe nicht ihre Chancen gemindert hat, sich „IHN“ zu schnappen. Sie wollen diese Neue mögen. Wirklich. Aber noch haben sie sich nicht entschieden. Schließlich ist diese da immer noch eine unbekannte Bedrohung ... in fantastischen Schuhen!

Jetzt muss eine Entscheidung her, und zwar schnell. Wage ich den Schritt über die Schwelle, die auch unter dem Namen „Gemeinde-Single-Szene“ bekannt ist, oder drehe ich mich lieber um, um wegzurennen? Den Bruchteil einer Sekunde zögere ich, aber plötzlich ist die Antwort so klar wie der strahlend blaue

Himmel: Hierhin, in diese Szene, gehöre ich nicht. Irgendetwas tief in mir sagt mir, dass ich für mehr erschaffen wurde. Tief in mir weiß ich, dass es im Leben um mehr geht, als auf den „Richtigen" zu hoffen, nach ihm zu suchen und auf ihn zu warten.

Ich bin für ein Leben aus dem Vollen geschaffen!

Noch bevor ich diese neue Erkenntnis verarbeiten kann, drehe ich mich um und mache auf dem Absatz kehrt. Im Weggehen sehe ich für einen Moment mein Spiegelbild im Fenster und stelle noch etwas anderes fest: Ich habe ein Lächeln auf dem Gesicht.

Es ist schon über zehn Jahre her, dass ich an einem Sonntagmorgen, von den Singles der Gemeinde umgeben, an dieser Weggabelung stand. Und ich lächele immer noch – auch wenn ich nicht mehr weglaufe.

Mit Mitte zwanzig hatte ich *Ungeküsst und doch kein Frosch* von Joshua Harris gelesen, doch das Buch hatte mir nichts zu sagen, da ich noch nie einen festen Freund gehabt hatte und auch nichts in Aussicht war. Auch solche Titel wie *How to Know If Someone Is Worth Pursuing in Two Dates or Less* (dt. etwa: „So erkennt man in höchstens zwei Verabredungen, ob jemand Partnerpotenzial hat") hatte ich gelesen und hätte meine eigene Version des Buches schreiben können, nämlich: *„So erkennt man in höchstens zwei Minuten, ob jemand Partnerpotenzial hat"*. Mit Mitte zwanzig wusste ich genug, um zu wissen: Wenn Gottes ganzer Plan für mein Leben darin bestand, auf den „Richtigen" zu warten, dann musste ich mich auf ein langes, langweiliges Leben gefasst machen.

Als Christ hatte ich gelernt, dass Jesus für meine Sünde gestorben ist und mir Leben im Überfluss versprochen hat. Sicher hatte Jesus sein Leben doch nicht am Kreuz geopfert, nur damit ich in einem Raum mit trockenen Keksen und abgestandenem Kaffee lande und darauf warte, dass mich der richtige Mann findet? Sicher war es doch nicht Gottes Plan, dass ich mein ganzes Leben auf Eis lege, bis irgendein Kerl endlich den Mumm aufbringt, auf mich zuzugehen? Hatte Gott mich wirklich nur gerettet, um mich auf irgendein unerreichbar hohes Regal zu setzen, damit ich dort auf den richtigen Mann warte und dann endlich mein Leben beginnen kann?

Wenn du dieses Buch liest, gehörst du wahrscheinlich in eine der folgenden Kategorien: (1) Du bist verheiratet und weißt schon genau, an welchen Single du es verschenken willst; (2) du bist meine Mutter (Mama, das ist der Punkt, an dem ich daran denken wollte, dir das Versprechen abzunehmen, Kapitel 3 [das Sex-Kapitel] zu überspringen); oder (3) du bist Single und hast es satt, *noch* ein Single-Buch übers Warten zu lesen. Vielleicht wartest du ja auf ein Buch übers Leben – Leben aus dem Vollen.

Dann freue ich mich sehr, dass du dieses Buch gefunden hast!

In den Gemeinden gibt es viele Singlemänner und -frauen, die sich auf der Ausstellungsfläche der potenziellen Partner umschauen und sie auch wieder verlassen. Sie beten, dass sich die Fenster des Himmels endlich öffnen und Gott in seiner großen Barmherzigkeit endlich Notiz von ihnen nimmt und sie vom Leid des christlichen Singlelebens erlöst. Sie leben in einer Gesellschaft, die für die Ehe gemacht ist, in Gemeinden, die auf Ehepaare ausgelegt sind, in einer Welt, in der die „Zwei" regiert. Woche für Woche kommen sie unglücklich und verwirrt vom Gottesdienst und haben eine immer länger werdende Liste von Fragen an Gott und seine Wege: Hat Gott die unverheirateten Christen übersehen? Wo ist Gott in ihrem Leben? Kann man auch ohne Seelenverwandten aus dem Vollen leben?

Und die ernüchterndste Frage ist: Ist das schon alles? Ist das

das Leben im Überfluss, das mir versprochen wurde? Ist das die Fülle an Freude und Vergnügen, oder entgeht mir etwas?

Wenn Gottes Versprechen wahr sind, dann sind wir für ein Leben „aus dem Vollen" erschaffen, unabhängig von unserem Familienstand. Wenn Gottes Wort wahr ist, endete unser Warten in dem Moment, in dem wir Jesus Christus als Herrn und Retter annahmen. Wenn Gottes Wort wahr ist, dann haben wir alles, was wir für das Leben – und für ein Leben, das Gott gefällt – brauchen. Wir sind nicht die Hälfte von einem Ganzen, sondern wir sind in Christus vollständig. Wir sind kein Teil einer unvollständigen Gleichung – die Gleichung ist in Christus bereits gelöst. Wir sind kein Rätsel, das es zu lösen gilt – Christus ist die Antwort auf jede Frage, die wir je gestellt haben, und auf jedes Rätsel, über das wir uns je den Kopf zerbrochen haben.

Du und ich. Wir sind für mehr geschaffen.

Wenn Gottes Wille hauptsächlich darin besteht, dass Männer und Frauen heiraten und Kinder haben, dann hat er 45 Prozent der amerikanischen Bevölkerung im Stich gelassen.[1] Wenn Gottes Wille für die Menschheit hauptsächlich darin besteht, dass Männer und Frauen in vollkommener ehelicher Glückseligkeit leben, hat er wohl vergessen, Jesus Christus Bescheid zu sagen. Und wenn Gottes Wille für die Menschheit nur darin besteht, dass jemand die große Liebe findet und die Ewigkeit mit der Liebe seiner Jugend verbringt, dann ist der Apostel Paulus mit dem, was er in 1. Korinther 7 schreibt, die verpeilteste Person auf Erden.

Aber Gott hat uns nicht nur dazu erschaffen, zu heiraten und Kinder zu kriegen. Gott hat uns nicht gerettet und dann auf Eis gelegt, bis der richtige Partner kommt. Gott wartet nicht gespannt darauf, wann wir endlich unsere Bindungsängste überwinden und seinem Willen folgen. Wir sind dazu erschaffen, Gottes Liebe kennenzulernen und uns davon radikal verändern zu lassen. Wir sind dazu erschaffen, Gott mit jeder Faser unseres Seins zu lieben. Christus ist gestorben, um unser Leben zu seiner Ehre und zum Ruhm seines Namens auf den Kopf zu stellen.

Wir wurden für ein Leben aus dem Vollen erschaffen.

Und dieses Leben beginnt *jetzt*. Kein Warten auf „den Richtigen" mehr. Kein Nachdenken mehr darüber, ob wir den Zug verpasst haben. Kein Fragen mehr, was schiefgegangen ist.

Es ist an der Zeit, das Leben zu leben, für das Christus uns errettet hat. Es ist an der Zeit, aus dem Vollen zu leben.

Auf den folgenden Seiten werde ich zeigen, was Leben aus dem Vollen aus biblischer Sicht bedeutet und wie man ein solches Leben führen kann. Wir werden über fünf Punkte der inneren Einstellung reden, die jeder Single für sich klären muss, um ein Leben aus dem Vollen führen zu können. Ich werde außerdem auf Hürden hinweisen, die zu überwinden sind. Und am Ende werden wir darüber reden, wie sich das alles praktisch umsetzen lässt.

Dieses Buch ist für jeden Single, der mit Gott lebt. In diesem Buch geht es darum, wie ein Leben aus dem Vollen aussieht und wie man dazu kommt. Wenn du bereit bist, über das Wartestadium hinauszuwachsen und endlich frei für das Leben zu werden, das Gott für dich bestimmt hat, dann ist dieses Buch genau für dich.

Meine traurige Single-Geschichte

Ich wurde um 5.30 Uhr morgens an einem herrlichen Samstag im April geboren. Damit bin ich vielleicht rücksichtsvoll, aber nicht nett. Ein netter Mensch hätte mindestens bis 8.00 Uhr gewartet, bis er rauskommt, aber ein weniger rücksichtsvoller Mensch hätte sich stattdessen um 3.00 Uhr morgens durch den Tunnel gezwängt.

Natürlich war nicht vorherzusehen, dass die Geschichte meiner Geburt ein Omen für mein zukünftiges Liebesleben sein würde. In einem Zeitraum von zehn Jahren, der in die besten Jahre meines Lebens fiel, löste ich zwei Verlobungen und bewies damit wieder einmal, dass ich rücksichtsvoll bin – aber nicht nett. Ich bin rücksichtsvoll, weil ich in beiden Fällen meine Verlobten vor einer lebenslänglichen, langsamen, schmerzhaften Folter bewahrte – aber definitiv nicht nett, denn ein nettes Mädchen hätte von vornherein zu den beiden Heiratsanträgen Nein gesagt. So oder so, es warf mich zurück in die Arena – oder das Wartezimmer – des Lebens, das jeder christliche Single kennt und fürchtet.

Ich nehme an, meine Arbeit als Ärztin in der Notaufnahme hat mich in den letzten 15 Jahren zu einer Expertin in Sachen Wartezimmer gemacht. In Wartezimmern passieren alle möglichen verrückten Dinge. Menschen bluten in Wartezimmern. Sie reden, streiten sich, essen und starren Löcher in die Luft. Manchmal sterben sie sogar dort.

Aber am schlimmsten ist, dass Menschen in Wartezimmern vergessen werden. Mir ist das einmal passiert. Ich wartete auf meinen Termin beim Arzt, musste aber ganz kurz zur Toilette. Ich überlegte noch, ob es wirklich so klug war zu gehen, aber es ging um Leben und Tod, und eine volle Blase siegt über alle anderen Argumente. Ich traf die unangenehme Entscheidung zu gehen. Ich war allerhöchstens drei Minuten fort, aber das war lange genug – lange genug, um übersehen zu werden. Und ehe du dich versiehst, ist es zu spät. Dein Name wurde aufgerufen und du bist offiziell bei den „Übriggebliebenen" gelandet. Du hast Glück, wenn dein Name überhaupt noch einmal aufgerufen wird. Also wartest du weiter bis Gott weiß wann. Und ich glaube, ich warte auch immer noch.

Das ist meine traurige Single-Geschichte.

Ich hatte nicht geplant, mit vierzig noch unverheiratet zu sein. Das plant wohl niemand. Ich bin mir ziemlich sicher, dass ich niemanden kenne, der mit dem Traum aufwuchs, glücklich bis ans Ende seiner Tage zu leben – und zwar allein. Ich erinnere mich an keinen Film und kein Buch, in dem die Heldin sich dachte: *Wenn ich groß bin, will ich unbedingt allein in den Urlaub fahren*, oder *Irgendwann, wenn es endlich so weit ist, will ich mich superschick anziehen und in einem schicken Restaurant essen gehen – ganz allein!* Aber hier bin ich – vierzig und Single, rücksichtsvoll, aber nicht nett, und immer noch in der Warteschleife.

Oder?

Vor einigen Jahren ging ich in ein Restaurant und nannte der Empfangsdame meinen Namen. Nachdem sie sich ihn notiert hatte, drückte mir die Dame ein seltsam aussehendes rechteckiges Etwas in die Hand. „Behalten Sie das bei sich", sagte sie. „Es summt, wenn Ihr Name aufgerufen wird." Und in diesem Moment, in einem einzigen Augenblick, änderte sich mein Leben radikal. Bewaffnet mit dem magischen Rechteck in meiner Hand, bekam ich die Freiheit, die Schönheit des Lebens im Wartezimmer zu genießen. Ich konnte herumlaufen, ich konnte die Automaten erkunden. Ich konnte in die Cafeteria gehen und Menschen kennenlernen. Das Wartezimmer hatte sich in einen Ort verwandelt, an dem das Leben blühen konnte, an dem Träume geboren werden konnten, an dem das Leben gelebt werden konnte. Das Wartezimmer war plötzlich ein Geschenk.

Ist das Leben nicht schön?

Wenn man mal an die Singles in der Bibel denkt, finden sich dort gar nicht so viele. Rut war alleinstehend, bis sie Boas kennenlernte. Esther war Single, bis jemand ihr verstecktes Potenzial entdeckte und eine Schönheitskönigin aus ihr machte (ich schätze, für alle Disney-Filme seit Esther können wir uns bei Gott bedanken). Abigajil war nach Nabals Tod ungefähr einen Tag lang alleinstehend, bis David davon hörte und um ihre Hand anhielt. Dann ist da noch meine ledige Lieblingsfrau in der Bibel, die Tochter von Jeftah in Richter 11, die wegen des voreiligen Schwurs ihres Vaters dauerhaft zu einem Leben als Jungfrau verdammt war.

Die Single-Liste im Neuen Testament ist noch kürzer. Vielleicht liegt es daran, dass sich der Kontext für Beziehungen nach dem Tod und der Auferstehung von Jesus veränderte. Die biologische Familie ist nicht mehr die entscheidende Familie. Wer von Neuem geboren wird und anfängt, mit Jesus Christus zu leben, für den spielen sich die Beziehungen nicht mehr nur in der Familie ab, in die er hineingeboren wurde, sondern auch in der Gemeindefamilie – in der Gemeinschaft, die die Bibel die „Braut Christi" nennt.

Der Apostel Paulus verstand Beziehungen besser als jeder Fernsehpsychologe. Paulus selbst war und blieb Single und schrieb viel über Beziehungen und darüber, wie man auch trotz schwieriger Beziehungen wachsen kann. In diesem Buch werden wir uns eine Weile mit 1. Korinther 7 beschäftigen. Wenn du die Bibel kennst, weißt du, dass es in 1. Korinther 7 um Singles, Sex und Ehe geht.

Interessanterweise beschreibt Paulus dort die Singles nicht als die resignierten Übriggebliebenen, die nur nicht gewieft genug sind, einen Partner zu finden. Er beschreibt das Leben als Single nicht als Fluch oder Strafe oder auch nur als einen vorübergehenden Wartezustand. Ganz im Gegenteil. In dem ganzen Kapitel schreibt Paulus überzeugt vom Segen des Singlelebens. Diesen Segen beschreibt er mit drei Gedanken und zeigt, dass ein Leben als Single tatsächlich ein Leben aus dem Vollen sein kann. Ich würde gerne erklären, was Paulus vielleicht dachte.

Ein gutes Leben

Das Leben als Single ist ein gutes Leben. Als Gott die Welt erschuf, wie wir in 1. Mose 1 lesen, schaute er sich jeden Tag an, den er erschaffen hatte, und nannte ihn „gut". Es war gut gemacht. Es war perfekt. Da Wort *gut* ist ein gutes Wort. Ich bin keine große Köchin, aber ich weiß gutes Essen zu schätzen. Wenn ich etwas Gutes schmecke, bin ich nicht nur in dem Moment damit zufrieden, sondern freue mich auch darauf, es wieder zu schmecken – je schneller, desto besser. Wenn ich einen guten Film sehe, werde ich ihn mir wahrscheinlich ausleihen oder selbst kaufen.

Gut ist gut.

Wenn Paulus das Singleleben in 1. Korinther 7,8 beschreibt, ist es also nur passend, dass er das Wort *gut* verwendet. Er schreibt: „Ich sage aber den Unverheirateten und den Witwen: *Es ist gut für sie, wenn sie [ehelos] bleiben* wie ich" (ELB, Ergänzung d. Übers.). Das Leben als Single ist ein gutes Leben. Wir brauchen uns nicht mehr zu fragen, ob Gott uns das Zweitbeste gegeben hat. Wir brauchen uns nicht mehr zu fragen, warum Gott alle anderen mehr gesegnet hat als uns, während wir weiter warten. Wir brauchen Gottes Wort und seine Wege mit uns nicht mehr falsch zu verstehen.

Du hast ein gutes Leben bekommen. Ist es ein Dauerzustand? Ist es unwiderruflich? Bist du zu einem Leben ewiger Jungfräulichkeit und Einsamkeit verdammt? Ich hoffe, in diesem Buch auf alle diese Fragen Antworten geben zu können. Vorerst ist es gut, wenn du verinnerlichst, dass Gott groß und weise genug ist, um dir das bestmögliche Leben zu schenken – Leben aus dem Vollen. Also hör auf, es zu verschwenden oder wegzuwünschen, und fang an, der Wahrheit von Gottes Wort zu glauben.

Du hast ein gutes Leben bekommen, und zwar mit Absicht. Glaubst du das?

Ein zielgerichtetes Leben

Laut Paulus in 1. Korinther 7 ist das Leben als Single nicht nur ein gutes, sondern auch ein zielgerichtetes Leben. Fragst du dich manchmal, was du nach Gottes Willen mit deinem Leben als Single anfangen sollst? Fragst du dich manchmal, was der Sinn deines Lebens als unverheiratete Frau ist – ohne Ehemann und Kinder, für die du sorgen kannst?

Paulus sagt dazu in 1. Korinther 7,32: „Ich möchte, dass ihr in allem, was ihr tut, von den Sorgen dieses Lebens frei seid. Ein unverheirateter Mann kann seine Zeit ganz für die Sache des Herrn einsetzen und darüber nachdenken, wie er ihm Freude machen kann."

Was will Paulus damit sagen? Der Sinn unseres Lebens ist, Gott Freude zu machen. Wir können Leben aus dem Vollen haben, wenn es unsere höchste Priorität ist, Gott Freude zu machen. In diesem Buch werden wir noch eingehender über diese Freiheit nachdenken, auf die Paulus hier anspielt; und wir werden überlegen, wie jeder unverheiratete Christ sie voll und ganz nutzen kann. Wir werden auch über ungeteilte Hingabe an Gott reden und wie man sie erreichen kann.

Im Moment soll es aber genügen festzuhalten, dass unser Lebenszweck darin besteht, Gott Freude zu machen. Wir können Gott keine Freude machen, wenn wir Groll hegen, weil wir Single sind. Wir können Gott keine Freude machen, wenn wir sein Urteilsvermögen infrage stellen und seinen Willen kritisieren. Wir können Gott keine Freude machen, wenn wir unsere Wünsche wichtiger nehmen als seine Ziele für unser Leben.

Dein Lebensziel wird nicht von deinem Single-Status durchkreuzt. Du bist keine Mutation in Gottes Konzept von Ehe. Gott hat dich allein dazu erschaffen, ihn zu kennen und bekannt zu machen. Dein Singledasein ist genau der richtige Platz, um aus dem Vollen zu leben. Du musst nicht auf deinen Prinz auf dem weißen Pferd warten, bis du anfangen kannst zu leben. Du kannst Gott ganz kennenlernen und ihm ganz dienen, hier und jetzt.

Manchmal vergessen wir, dass unser Prinz schon gekommen ist – nur nicht auf einem weißen Pferd. Er wurde in einem Stall geboren. Er bekam Schwielen an den Händen und starb am Kreuz, um uns für sich zu gewinnen. Wir sind dazu erschaffen, ihn zu kennen und bekannt zu machen.

Leben wir das, was Gott für unser Leben vorgesehen hat?

Ein glücklicheres Leben

Gut ist gut, und ein Ziel im Leben zu haben ist gut. Aber manchmal ist gut nicht gut genug. Ich habe nicht viel für Durchschnittliches übrig. Ich mag Schokolade, aber ein Super-Schoko-Dessert mag ich viel lieber. Und ich mag Erdbeeren, aber mit Schokolade überzogene Erdbeeren würde ich immer vorziehen.

Ich gebe mich vielleicht mit dem „Guten“ zufrieden, aber ich suche nach dem „Großartigen“.

Wenn wir sagen, das Leben als unverheirateter Christ ist ein gutes Leben, dann ist das ein Anfang. Aber in diesem Buch soll es nicht darum gehen, sich mit dem Guten zufriedenzugeben. Es geht um Leben aus dem Vollen, und das Bild, das mir dabei einfällt, ist ein saftig grüner Baum mit vielen reifen Früchten. Oder auch eine Wunde, die gut heilt – an der sich reichlich gesundes neues Gewebe bildet und an deren Rändern bereits neue, gut durchblutete Haut wächst. Okay, vielleicht ist dir dieses Bild nicht ganz so angenehm, aber du verstehst schon, was ich meine.

Paulus verstand ziemlich gut, in welcher Spannung unverheiratete Christen leben. Und wer etwas über Paulus weiß, weiß auch, dass er kein Mann war, der sich mit dem Durchschnitt zufriedengab. Dieser Mann war durch und durch leidenschaftlich. Und so beschließt Paulus seine Ausführungen in 1. Korinther 7,40 über das Leben als Single mit einem weiteren kleinen Goldstück – noch einem Segen, den man nicht übersehen darf.

Ja, Single zu sein ist gut. Und ja, das Leben als Single hat einen guten Sinn. Aber jetzt sagt Paulus noch etwas viel Verblüffenderes: „Meiner Meinung nach wird *sie aber glücklicher sein, wenn sie nicht mehr heiratet*, und ich denke, dass ich euch diesen Rat aus Gottes Geist heraus gebe.“

Ist dir auch etwas aufgefallen? Kaum zu glauben! Jedes Mal, wenn ich diesen Vers lese, klappt mir der Unterkiefer herunter. Ich weiß, dass die Theologen sich darüber streiten, ob Vers 40 von Gott inspiriert ist oder einfach Paulus' Worte wiedergibt, aber ich persönlich würde Paulus' Worte immer meiner eigenen Meinung vorziehen. Ich glaube auch, dass Gott zugelassen hat, dass dieser Vers in der Bibel bleibt, um jeden unverheirateten

Christen zu ermutigen, der meint, echtes Glück wäre für ihn unerreichbar. Das stimmt nicht! Paulus gibt mit diesem unglaublich kühnen Vers eine endgültige Antwort auf die Fragen, die wir an das Leben als Single haben.

In der Nachfolge von Jesus ist man als Single glücklicher.

Es ist mir ganz klar, dass mir jetzt der eine oder andere Worte in den Mund legt. Ich will hier keinen Angriff gegen die Ehe fahren. Ich glaube, für Gott ist die Ehe etwas sehr Wertvolles, und er gebraucht sie als wichtigstes Bild für die Verbindung zwischen Christus und seiner Braut, der Gemeinde. Aber ich kann nicht lesen, was Paulus in 1. Korinther 7,40 schreibt, ohne die einfache Schlussfolgerung zu ziehen, dass das christliche Leben für Singles ein glücklicheres Leben ist.

Die naheliegendste Frage, die mir nun dazu einfällt, lautet: *Wenn das Leben als Christ für Singles glücklicher ist, warum sind dann nicht mehr unverheiratete Christen glücklich?*

Dafür kann es mehrere Gründe geben. Es könnte daran liegen, dass unverheiratete Christen die Lügen glauben, die uns unsere Kultur und Gesellschaft über Liebe und Sex erzählen. Es könnte daran liegen, dass wir Gottes Wort nicht genug kennen und glauben. Oder vielleicht ist *deine* Geschichte viel schmerzhafter, als ich es mir vorstellen kann.

Aber eines weiß ich: Gottes Wort ist lebendig und wirksam, und Gott gebraucht es, um uns zu helfen, die Wahrheit über unser Herz zu erkennen. Darum bete ich, dass sich Gott selbst dir beim Lesen dieses Buches offenbart, besonders an den Stellen, die am schmerzhaftesten für dich sind. Ich bete, dass der Geist Gottes dich darauf aufmerksam macht, wo Veränderung nötig ist, und dass Gott dir hilft, Schwierigkeiten zu überwinden.

Ich bete darum, dass du nicht nur verstehst, was es heißt, aus dem Vollen zu leben, sondern dass du auch weißt, wie du so leben kannst – und es dann auch aus Gottes Gnade und Kraft heraus tust.

Wenn du bereit bist, dann … kannst du jetzt umblättern.

Teil 1

Single zu sein ist ein Geschenk

Kapitel 1

Vom Umtausch ausgeschlossen – Das Geschenk, Single zu sein

Weihnachten. Bescherung. Die ganze Familie kann es kaum erwarten, ihre Geschenke auszupacken. Jubel und Lachen sind zu hören – bis ich an der Reihe bin. Ich spüre, wie alle Blicke auf mich gerichtet sind. Ich brauche einen Augenblick für mich allein. Es passiert jedes Weihnachten, und ich weiß, dass es auch heute wieder passiert. Ich werde wieder ein Geschenk bekommen, das ich nicht ausstehen kann. Dieses Mal weigere ich mich, meinen Gesichtsausdruck filmen zu lassen. Ich weigere mich, für kommende Generationen festhalten zu lassen, wie sehr ich Geschenke verabscheue. Ich werde die Schlacht mit dem ungeliebten Geschenk gewinnen und lernen, es dankbar anzunehmen.

Für mich ein Geschenk zu kaufen, ist schier unmöglich. Frag mal meine Familie. Ich weiß nie, was ich will, und ganz egal, was ich bekomme, es gefällt mir meistens nicht.

Sicher musste jeder christliche Single schon einmal ein Gespräch über sich ergehen lassen, das sich etwa so anhörte:

„Und, hast du einen Freund?"

„Nein", antwortet man rasch und hofft, das Gespräch nur hinter sich zu bekommen.

„Wirklich? Wie alt bist du jetzt? Solltest du nicht langsam mal sesshaft werden?", beharrt der Gesprächspartner und merkt offenbar nicht, wie schrecklich diese Frage ist.

„Keine Ahnung", murmelt man. „Ich meine, ich weiß, dass ich älter werde, aber ich komme eigentlich ganz gut klar."

„Ah, verstehe. Du hast die Gabe der Ehelosigkeit, stimmt's?"

Sicher meinen es die meisten Menschen gut, wenn sie einem

die Gabe der Ehelosigkeit zuschreiben, aber ich kann dir sagen, dass nichts einen unverheirateten Christen mehr umtreibt als die Vermutung, Gott habe ihm diese „besondere" Gabe der Ehelosigkeit gegeben. Single sein – ein Geschenk? Wer in aller Welt würde auf einen so grotesken Gedanken kommen? Und wenn das Singledasein ein Geschenk ist, kann mir dann bitte jemand zeigen, wo ich es umtauschen kann?

Wenn wir diesem Gedanken allerdings weiter nachgehen, sehen wir, dass die Idee nicht von Großtante Irma stammt, sondern von keinem anderen als dem Apostel Paulus in seinem Brief an die Gemeinde in Korinth. Ich habe den Abschnitt bereits in der Einleitung erwähnt, aber wir werden in diesem Buch viel Zeit mit 1. Korinther 7 verbringen. Also können wir uns ebenso gut gleich mit diesem Kapitel vertraut machen. Darin spricht Paul von Ehe und Ehelosigkeit.

Doch zu Anfang will ich ein wenig die Situation der Gemeinde in Korinth erklären.

Die Gemeinde in Korinth

Zu Paulus' Zeiten war Korinth die bedeutendste Stadt in ganz Griechenland. Korinth war reich, luxuriös – und gänzlich ohne Moral. Die Korinther verbrachten den Tag als Zuschauer von Turnieren und Zuhörer von großen Reden. Mit anderen Worten, sie mochten Sport und Politik. Das kommt uns doch irgendwie bekannt vor, nicht? Sie hatten genauso gern Spaß wie die meisten Menschen in unserer modernen Welt.

Und dann kam Paulus.

In Apostelgeschichte 18 lesen wir, wie das Evangelium die Menschen von Korinth erreichte. Das geschah während Paulus' zweiter Missionsreise. Zu der Zeit war er ungefähr 50 Jahre alt und unverheiratet, von Beruf war er Zeltmacher. Kurz nach seiner Ankunft in Korinth lernte er ein nettes Ehepaar kennen, Priska und Aquila, die ebenfalls Zeltmacher waren, und die drei begannen zusammenzuarbeiten. Paulus verbrachte eineinhalb Jahre in Korinth: Tagsüber machte er Zelte und abends predigte er das Evangelium. Als Paulus schließlich weiterzog, war eine Gemeinde entstanden.

Leider bekam die Gemeinde in Korinth ohne die starke Führung von Paulus schon kurz nach ihrer Gründung Probleme. Sie konnte sich nicht von der lustorientierten Kultur der Stadt lösen, und so infizierte die Weltlichkeit der Stadt schon bald die Gemeinschaft der Christen. Es begannen sich Grüppchen zu bilden. Die Christen verklagten sich gegenseitig vor Gericht. Die Frauen verhielten sich unanständig. Streit brach aus – über die Ehe, über geistliche Gaben und über das Leben als Nachfolger von Jesus Christus.

Die Gemeinde, die nicht wusste, was sie tun sollte, schrieb an Paulus und bat um Rat. Paulus war inzwischen auf seiner dritten Missionsreise, und während er sich in Ephesus aufhielt, setzte er sich hin und schrieb die zwei Briefe an die Gemeinde in Korinth, die wir heute als 1. und 2. Korintherbrief kennen.

Der erste Brief an die Gemeinde in Korinth begann mit Paulus' üblichem Gruß, doch dann kam er schnell zur Sache. Er warnte die Gemeinde, dass die größte Gefahr nicht von außen kommt, sondern von innen, in Form von Spaltungen und Parteienbildung in der Gemeinde (1. Korinther 1,11). Er erinnerte die Gemeinde daran, dass ihr einziger Anführer und Mittelpunkt Jesus Christus sein sollte. Paulus erinnerte die Gemeinde in Korinth an die Bedeutung der Errettung und ging die Grundsätze des Evangeliums durch, das Dreh- und Angelpunkt des Lebens als Christ ist.

In Kapitel 5 war Paulus dann bereit, die konkrete unmoralische Situation in der Gemeinde Korinth anzusprechen: Ein Mann hatte eine Affäre mit seiner Stiefmutter. Das ist schrecklich, egal, aus welchem Blickwinkel man es betrachtet. Paulus ermahnte die Gemeinde, die Situation zu bereinigen und das sündige Verhalten des Mannes nicht zu dulden. Mit 1. Korinther 6,9-20 schrieb Paulus einen der stärksten Abschnitte über Unmoral, die in der Bibel zu finden sind. Darin machte er unmissverständlich klar, dass als Christen unser Körper nicht uns selbst gehört. Wir gehören Gott. Er hat für uns bezahlt, und der Preis war das kostbare Blut seines eigenen Sohnes Jesus Christus. Weil wir durch Jesu Tod erkauft sind, können wir nicht mehr so leben, wie es uns gefällt. Gottes Wünsche für unser Leben haben Priorität, ganz gleich, wie für uns als Verheiratete oder Unverheiratete unsere engsten Beziehungen aussehen.

Zur weiteren Erklärung, wie das Leben als Christ aussehen sollte, schrieb Paulus in 1. Korinther 7 über das Wer, Was, Wann, Wo und Warum von Ehe und Ehelosigkeit.

Nun ist uns etwas klarer, in welchem kulturellen Umfeld der erste Korintherbrief entstand. Es war eine Kultur des moralischen Verfalls und der Verderbtheit. Es war eine Kultur, die Einfluss auf die Gemeinde in Korinth hatte. Es war eine Kultur, die unserer heutigen sehr ähnelt.

Fragst du dich manchmal, ob Gott versteht, unter welchem Druck und welchen Versuchungen unverheiratete Christen heute leben? Fragst du dich manchmal, ob du als unverheirateter Christ mitten in einer Kultur voller Sinnlichkeit ein heiliges *und* erfülltes Leben führen kannst? Die Antwort auf beide Fragen ist eindeutig Ja. Paulus konnte ein Lied davon singen, wie wir in seinen Ausführungen über Ehelosigkeit und Sex an eine Gemeinde sehen können, die mitten in einer moralisch korrupten Welt und Kultur lebte.

Aber ich komme vom Thema ab. Über Sex und Ehelosigkeit werden wir später noch reden. Jetzt möchte ich dir erst einmal den Gedanken nahebringen, dass Ehelosigkeit ein Geschenk ist, das Gott dir liebevoll und bewusst gegeben hat, damit du ein erfülltes Leben haben kannst.

Ehelosigkeit als Geschenk

Ich habe mir einmal einen Standmixer zu Weihnachten gewünscht. Jedes Mal, wenn ich ein Rezept fand (und dabei koche ich nicht einmal!), dachte ich, dass ich unbedingt diesen einen Standmixer aus Edelstahl und Glas brauche. Jedes Mal, wenn ich Durst hatte, träumte ich von den wunderbaren Getränken, die ich mit diesem Mixer herstellen konnte. Also tat ich, was jede kluge Frau tun würde: Ich sagte den richtigen Personen, was ich mir wünschte, und als endlich die Bescherung kam, tat ich erfreut und angemessen erstaunt, als ich das Paket auspackte und jenen wunderschönen Mixer sah, der genau so war, wie ich ihn mir vorgestellt hatte, und noch besser. Mein Traum war wahr geworden.

Seit jenem perfekten Geschenk sind zwei Jahre vergangen, und rate mal, wie oft ich den Mixer bisher benutzt habe. Na los. Schreib's auf. Bist du bereit für die Antwort? Wenn du „zweimal" getippt hast, liegst du richtig.

Lass mich noch von einem anderen Weihnachtsgeschenk von einem anderen Weihnachtsfest erzählen. Endlich war ich an der Reihe, mein Geschenk auszupacken. Ich hielt es in den Händen und überlegte, was so groß, weich und leicht sein konnte. In dem Jahr hatte ich mir nichts gewünscht, und ganz sicher nicht etwas so Großes und so Luftig-Leichtes. Zaghaft öffnete ich das Paket und passte gut auf meinen Gesichtsausdruck auf. Aber als ich endlich begriff, dass das, was ich da in den Händen hielt, eine große, flauschige rote Decke war, war es zu spät, mein Entsetzen zu verbergen. Eine Decke zu Weihnachten? Wer würde denn jemandem etwas so – wie kann ich das nur höflich ausdrücken – *Nützliches* schenken? Ich nahm meine Decke mit nach Hause, hatte aber nicht vor, sie zu benutzen. Stattdessen überlegte ich, wem ich sie weiterverschenken konnte.

Ich ahnte ja nicht, dass die rote Decke für mich und meine Familie zu einem Lieblingsstück werden würde und auf Jahre hin *die* Rettung in meiner sehr kalten Kellerwohnung. Ich weiß gar nicht mehr, wie viele Freunde sich in diese warme Decke eingekuschelt und gestaunt haben, wie weich sie ist. Die Decke, die ich mir nie ausgesucht hätte, stellte sich als meine liebste Begleiterin und als das beste Weihnachtsgeschenk aller Zeiten heraus.

Geschenke sind eine seltsame Sache. Das Geschenk, von dem man meint, man könne nicht ohne es leben, landet unbenutzt irgendwo in einem Regal in der Wohnung, während das Geschenk, das man anfangs nicht leiden konnte, sich als der eine Gegenstand herausstellt, ohne den man nicht leben kann.

Fakt ist: Nicht immer haben wir eine Vorstellung davon, was wir in unserem Leben wirklich brauchen. Unsere Wünsche werden oft von dem beeinflusst, was wir im Fernsehen sehen, was die Werbeleute uns als „unbedingt nötig" verkaufen wollen oder was unsere Freunde haben. Unsere Wünsche sind häufig von unserer Herkunft, Erziehung und Kultur geprägt. Sie werden von dem letzten Film beeinflusst, den wir gesehen haben, oder von dem letzten Buch, das wir gelesen haben. Die meisten von uns denken nur flüchtig darüber nach, was Gott sich von Herzen für unser Leben wünscht.

Daher sollte es uns nicht überraschen, dass wir im Hinblick auf unser Singledasein die gleichen Regeln anwenden.

Ehelosigkeit, ein Geschenk? Allein der Gedanke ist haarsträubend! Wer würde denn jemandem etwas so – wie kann ich das nur höflich ausdrücken – *Unnützes* schenken? Wurden wir nicht für die Ehe und Sex und Kinder und Kindersitze erschaffen?

Du weißt vielleicht, wovon ich rede. Ehelosigkeit ist das Geschenk, dass du nie wolltest, das du nie geplant hattest und von dem du dir wünschst, du hättest es nie ausgepackt. Da muss doch ein Irrtum vorliegen! Das ist doch nicht das Geschenk, das uns für immer und bis ans Ende unserer Tage glücklich leben lässt?

Aber ein genauerer Blick in Gottes Wort zeigt, dass dieses Geschenk kein Irrtum ist. In 1. Korinther 7, Vers 7 sehen wir, dass die Idee, Ehelosigkeit sei ein Geschenk, von Paulus stammt. Er sagt: „Ich wünschte, jeder könnte unverheiratet leben, wie ich es tue. Aber wir sind nicht alle gleich. *Gott schenkt manchen die Gabe der Ehe und anderen die Gabe, unverheiratet zu leben.*"

Wie bitte? Noch mal langsam. Ehelosigkeit – ein Geschenk? Warum in aller Welt sollte jemand Ehelosigkeit als Geschenk betrachten? Für die meisten Menschen klingt das doch mehr nach einem Fluch. Und wenn es ein Geschenk ist, wer ist so „glücklich", es zu haben? Oder, wenn ich noch persönlicher fragen darf: Hast du die Gabe der Ehelosigkeit?

Ich glaube, am besten lässt sich diese Frage beantworten, wenn wir uns einige grundlegende Eigenschaften dieses sogenannten Geschenks anschauen.

Was ist das für ein Geschenk?

Wenn wir über die Gabe der Ehelosigkeit nach 1. Korinther 7,7 reden, gibt es drei Aspekte, die wir beachten müssen.

Erstens, es ist ein persönliches Geschenk. Das Wörtchen *jeder* deutet darauf hin, dass diese Gabe ein persönliches Geschenk ist. Gott begabt jeden Menschen. Die Gaben, die Gott schenkt, sind vollkommen, weil er sie jedem einzelnen Menschen mit Bedacht und großer Sorgfalt persönlich gibt.

Zweitens, es ist ein einzigartiges Geschenk. Um diesen Punkt zu unterstreichen, erinnert Paulus uns daran, dass wir es hier nicht mit einer Wundertüte voller nutzloser Dinge zu tun haben. Das Wort Gottes sagt, dass jeder Mensch seine eigene Gabe hat, die ihm speziell von Gott geschenkt wurde. Sie ist einzigartig.

Drittens, es ist ein Geschenk von Gott. Das Erstaunlichste an dieser Gabe der Ehelosigkeit ist nicht nur, dass Gott sie auf einzelne Menschen maßgeschneidert zugeschnitten hat, sondern dass er selbst der Geber ist. Er hat das Geschenk gestaltet. Er hat es perfekt und einzigartig und persönlich gemacht – für dich. Gott hat dir das bestmögliche Geschenk gemacht, weil er alles über dich und dein Leben weiß. Das ist doch zum Staunen!

Dein Geschenk ist kein Zufall, kein Irrtum und kein Witz. Es ist echt. Etwas Besseres gibt es nicht!

Jetzt denkst du vielleicht: *Aber das ist nicht fair! Warum in aller Welt sollte Gott mir ein Leben als Single schenken? Kennt er mich denn gar nicht?* Oder vielleicht denkst du: *Was, wenn ich dieses Geschenk nicht will? Kann ich es zurückgeben? Kann ich es noch umtauschen, oder ist es schon zu spät?*

Das sind sehr gute Fragen, und am Ende dieses Buches hast du hoffentlich die Antworten gefunden, die du suchst. Für den Augenblick wollen wir das Geschenk der Ehelosigkeit aus Gottes Sicht betrachten. Hast du es für immer bekommen oder nur für eine gewisse Zeit? Und hast du eine Wahl bei der ganzen Sache?

Ehelosigkeit als geistliche Gabe

Bisher kenne ich persönlich nur zwei Menschen, die glauben, dass sie tatsächlich die geistliche Gabe der Ehelosigkeit haben. Mit anderen Worten, sie glauben ehrlich, dass Gott sie dazu berufen hat, für den Rest ihres Lebens Single zu bleiben, und sie haben nicht den Wunsch, jemals zu heiraten. Wenn sie anfangen zu reden, schalte ich ab, denn ich als Zynikerin denke tief in meinem Inneren, dass sie ihre Meinung wahrscheinlich ändern, wenn der richtige, eins achtzig große, dunkelhaarige, blauäugige, waschbrettbäuchige Kerl vor ihrer Tür steht.

Vielleicht bist du ja nicht so zynisch wie ich, aber es ist doch so: Nur ein sehr kleiner Teil der Personen, die dieses Buch lesen, glaubt, dass die Gabe der Ehelosigkeit das natürlichste und begehrenswerteste Geschenk ist, das Gott ihnen jemals gemacht hat.

Solche Christen erinnern mich an Matthäus 19,12. In diesem Abschnitt führt Jesus mit seinen Begleitern ein sehr interessantes Gespräch über Scheidung. Die Jünger, erstaunt über das, was Jesus zum Thema zu sagen hat, ziehen die Schlussfolgerung, dass man wohl besser dran ist, wenn man unverheiratet bleibt. Daraufhin bestätigt Jesus, dass einige Menschen tatsächlich diese geistliche Gabe haben und daher sehr glücklich damit sind, unverheiratet zu bleiben (und somit eine Scheidung zu vermeiden). Er sagt: „Manche werden unfähig zur Ehe [wörtlich: „als Eunuchen"] geboren, andere werden von Menschen dazu unfähig gemacht, und wieder andere haben sich dafür entschieden, um des Himmelreiches willen nicht zu heiraten. Wer dies begreifen kann, der handle danach."

Das Wort „Eunuch" verwendet man sicher nicht täglich, also habe ich es einmal nachgeschlagen. Bei Wikipedia heißt es: „Ein

Eunuch … ist ein Mensch männlichen Geschlechts (Kind, Jugendlicher oder erwachsener Mann), der einer Kastration unterzogen wurde" und oft als Haremswächter oder Palastbeamter arbeitete. Weiter heißt es, dass antiken Texten zufolge das Wort „Eunuch" auch einen Mann bezeichnen konnte, der nicht kastriert, sondern impotent war, im Zölibat lebte oder aus anderen Gründen nicht geneigt war, zu heiraten und sich fortzupflanzen.[2] Ganz gleich, wie Wikipedia den Begriff „Eunuch" definiert: Jesus gebrauchte ihn nicht als Abwertung, sondern sehr positiv.

Jesus sagte damit, dass ein Mensch, der die geistliche Gabe der Ehelosigkeit hat, wie ein Eunuch ist, dessen sexuelle Triebe ihn nicht kontrollieren und der ganz glücklich damit ist, unverheiratet zu bleiben.

Wenn du das liest und merkst, dass diese Beschreibung auf dich passt – gut für dich. Du bist wahrscheinlich die Ausnahme von der Regel in unserer sexuell aufgeladenen Kultur, und du kannst dich als gesegnet betrachten. Du bist glücklich als Single, weil du von Gott dazu begabt wurdest, und nichts würde dich vom Gegenteil überzeugen. Bevor du aber dieses Buch zuklappst und meinst, dann sei ja alles gut, habe ich noch eine Warnung für dich: Nur, weil du die geistliche Gabe der Ehelosigkeit hast, heißt das noch lange nicht, dass du zwangsläufig ganz für Gott lebst. Menschen mit der geistlichen Gabe der Ehelosigkeit müssen gut überlegen, warum Gott ihnen diese Gabe geschenkt hat und wie sie sie für den Bau seines Reiches einsetzen sollen.

Also – bitte nicht gleich das Buch zuschlagen, sondern bis zum Ende durchlesen.

Single aus eigener Entscheidung

Die zweite Kategorie bei der Gabe der Ehelosigkeit ist „Single aus eigener Entscheidung". Dazu gehört man, wenn man einer von denen ist, die „sich dafür entschieden [haben], um des Himmelreiches willen nicht zu heiraten" (Matthäus 19,12). Ich erinnere mich an die Geschichte von Jim und Elisabeth Elliot. Sie waren eine Weile ein Paar und hatten das Gefühl, ineinander ihren Seelenverwandten gefunden zu haben. Allerdings hatte Jim Elliot andere Pläne. Er fühlte sich berufen, Missionar unter den Auca-Indianern zu sein – Elisabeth aber nicht. So entschied sich Jim, für das Reich Gottes nicht zu heiraten. Er beendete seine Beziehung zu Elisabeth, ohne darauf hoffen zu können, jemals die Liebe seines Lebens zu heiraten. Am Ende veränderte Gott sowohl Jims als auch Elisabeths Pläne und sie heirateten doch noch, aber erst, als beide ihre Träume von Liebe und Ehe ganz Gott ausgeliefert hatten.

Diese Liebesgeschichte hat mich immer inspiriert, denn sie stellt die Liebe zu Gott ganz eindeutig über die Liebe zu einem anderen Menschen. Wir leben in einer Kultur, die die „große Liebe" so sehr vergöttert, dass die meisten von uns nur schwer verstehen können, wie man sich für etwas anderes als die wahre Liebe entscheiden kann. Doch im Lauf der Geschichte haben zahllose Christen „die Hand an den Pflug" gelegt, wenn es darum ging, sich für Gottes Reich einzusetzen, und nicht zurückgeschaut. Die scheinbaren Nachteile der Christusnachfolge waren für sie viel wertvoller als die vergänglichen Freuden, die dieses Leben für eine begrenzte Zeit zu bieten hat. Das klingt radikal – und ist es auch. Diese Christen dienen uns heute als Vorbild, und sie verstanden, dass ein Leben in voller Entfaltung das Leben ist, das eigene Wünsche nachrangig behandelt und sich ganz Gott ausliefert.

Das beste Beispiel für einen Menschen, der von Gott dazu begabt war, sich für die Ehelosigkeit zu entscheiden, ist der Apostel Paulus. Paulus erkannte, dass es Gottes Reich viel mehr nützen würde, wenn er Gott allein diente, ohne auch noch für eine Ehefrau da zu sein, als wenn er für eine begrenzte Zeit ein Leben im Eheglück führte. Da das Vorbild dieses Apostels mich sehr beeinflusst hat, fällt es mir schwer, seiner Entscheidung zu widersprechen.

Vielleicht hast du nicht die geistliche Gabe der Ehelosigkeit; aber wenn du dich dafür entschieden hast, unverheiratet zu bleiben, um mit an Gottes Reich zu bauen, wird Gott dich dafür zu seiner Zeit reichlich segnen und belohnen. Paulus lobt so ein Leben und erinnert uns daran, dass Gott sich darüber freut.

Ich hoffe, dass du durch dieses Buch gesegnet und ermutigt wirst. Mit ziemlicher Sicherheit wirst du auf dem Weg als unverheirateter Christ auf einige Hindernisse stoßen, und ich hoffe, dieses Buch wird dir helfen, sie zu überwinden und eine engere Beziehung zu Jesus Christus aufzubauen.

Single, weil Gott es so entschieden hat

Ich wage zu behaupten, dass die meisten unverheirateten Christen in unserer heutigen Gesellschaft in diese Kategorie fallen. Ein Leben ohne Kinder und Ehepartner stand wohl kaum auf der Liste unserer Lebensziele. Wir sind nicht Single, weil wir die geistliche Gabe dazu haben. Wir sind nicht Single, weil wir uns dazu entschieden haben. (Der Beweis dafür sind die Unsummen an Geld, die wir bereits für Online-Partnervermittlungen ausgegeben haben.) Nein.

Wir sind Single, weil Gott es so entschieden hat.

Trommelwirbel, bitte!

Gott hat – ob es uns gefällt oder nicht – entschieden, dass im Moment das beste Geschenk für uns das der Ehelosigkeit ist. Ich habe keine Ahnung, wie lange wir es mit diesem Geschenk aushalten müssen. Ich weiß auch nicht, warum wir es bekommen haben. Aber bis Gott etwas anderes sagt, sollten wir sein Geschenk an uns dankbar annehmen.

Doch ich möchte diesen Aspekt noch aus einem anderen Blickwinkel betrachten.

Könnte es sein, dass Gott uns dieses Geschenk gemacht hat, damit wir eine tiefere Beziehung zu ihm bekommen? Könnte es sein, dass Gott unsere unerfüllten Sehnsüchte nutzen will, um uns näher zu sich zu ziehen? Mit anderen Worten, könnte dieses Geschenk, das Gott uns gemacht hat, einen Sinn haben?

Ich ahne, was du jetzt denkst. *Warum ich? Warum muss ich diese Lektion auf diese Weise lernen, während alle anderen, die ich kenne, das Gleiche im Rahmen einer biblischen Ehe lernen dürfen? Habe ich was falsch gemacht? Liegt es an meinem Aussehen? Warum hat Gott ausgerechnet mir diese Last auferlegt?*

Ich denke, einige Antworten wirst du in diesem Buch finden. Mein Plan war es nie, mit 40 noch Single zu sein. Ich dachte, ich hätte richtig gelebt und richtig gebetet und dass durch Gottes Gnade für mich alles schon in die richtigen Bahnen kommen würde.

Allerdings wusste ich nicht, dass das, was unsere Kultur als richtig betrachtet, oft etwas ganz anderes ist als das, was Gott für seine Kinder für richtig hält. Ich wusste auch nicht, dass der Weg zu Gott voller so tiefer Täler und so hoher Berge ist, dass nur seine Gnade uns durch sie hindurch- und über sie hinwegtragen kann.

Darf ich dir ein Geheimnis verraten? Du kannst Gottes Willen für dein Leben annehmen und voll darin aufblühen – selbst wenn es nicht das ist, was du dir selbst ausgesucht hättest; denn Gottes Geschenke sind die, von denen man gar nicht wusste, dass man sie braucht, ohne die man am Ende aber nicht mehr leben kann.

Wie schafft man es nun, ein Geschenk, das man eigentlich gar nicht wollte, nicht nur anzunehmen, sondern sogar zu lieben und zu genießen? Wie kann man aus dem Vollen leben, wenn man das Gefühl hat, nur Plan B bekommen zu haben? Es beginnt damit zu begreifen, wer man ist und was man bekommen hat.

Wer bin ich?

Es geschah, kurz nachdem ich meine Verlobung gelöst hatte. Ich fuhr über die Feiertage nach Hause und ging mit meiner Mutter ins Nagelstudio. Mitten in der Prozedur schaute die nette Dame, die meine Nägel bearbeitete und sich meine traurige Geschichte einer zerbrochenen Liebe anhörte, zu mir auf, starrte mir in die Augen und fragte mich mit ihrem gebrochenen Englisch: „Du lesbisch?"

Trotz all unserer modernen Technologie und unseres Fortschritts leben wir noch immer in einer Kultur, die den Grund für Ehelosigkeit missversteht. Wenn man über 30 und noch Single ist, drängt einen die homosexuelle Fraktion dazu, endlich zuzugeben, was man wirklich ist. Die Feministinnen loben einen dafür, dass man zu dem steht, was man ist. Die Traditionalisten fragen sich, was die Eltern falsch gemacht haben. Die Gesellschaft sagt, dass man immer noch etwas unternehmen und die Situation ändern kann. Und die Kirche weiß einfach nicht, was sie mit den Unverheirateten jenseits der 30 anfangen soll.

In einer Kultur, die auf Partnerschaft angelegt ist, erscheint der Gedanke, dass man aus freier Entscheidung oder aufgrund einer

Begabung unverheiratet bleibt, einfach absurd. Wenn du Single bist, muss es einen Grund dafür geben. Offenbar stimmt irgendwas nicht mit dir. Es muss eine gute Erklärung geben. Jede andere Erklärung für dein Singlesein ist zu ungeheuerlich, um sie überhaupt anzuerkennen.

Ein unverheirateter Christ passt einfach nicht in eine fein säuberlich bestimmte Kategorie. Früher war es so: Wenn man über 30 und immer noch Single war, mochte man Katzen und lebte noch bei seiner Mutter. Die heutigen unverheirateten Christen sind alles andere als Katzen besitzende alte Jungfern (nicht, dass ich was gegen Katzen hätte).

Trotz aller Freiheiten und Chancen, die die meisten unverheirateten Christen in der heutigen Gesellschaft haben, fragen sie sich doch immer noch, ob etwas mit ihnen nicht stimmt. Sie fühlen sich immer wieder bedeutungslos, wissen nicht genau, wo sie hingehören, und fragen sich, wer sie wirklich sind.

Auch wenn die Suche nach dem eigenen Stellenwert nicht auf unverheiratete Christen beschränkt ist, isoliert sie christliche Singles besonders. Und sie gewinnen den Eindruck, sie seien nicht sexy genug, nicht Frau genug oder nicht gut genug. Sonst wären sie ja inzwischen verheiratet.

Dieses Gefühl der Bedeutungslosigkeit und ungeklärter Identität wird noch durch die vielen sozialen Medien verstärkt, die uns daran erinnern, dass jeder andere auf der Welt es „gecheckt" hat. So bleibt man allein, isoliert, bedürftig und unfähig, das Geschenk zu genießen, das Gott einem in seiner Gnade für die aktuelle Lebensphase geschenkt hat.

Das Schlimmste daran ist, dass wir es ja eigentlich besser wissen. Wir wissen, dass wir uns nichts daraus machen sollten, was andere Leute denken. Wir wissen, dass wir nicht lesbisch und keine Feministin sind. Dazu sind wir zu klug. Aber in einer stillen Ecke unserer Seele fragen wir uns trotzdem, wo unsere bessere Hälfte ist.

Wenn du dich nach einem Leben aus dem Vollen sehnst, dann nimm das Geschenk, das Gott dir gegeben hat, und deine wahre Identität in Christus an. Hör nicht mehr auf die Stimme der Gesellschaft und die Gefühle, die dich runterziehen wollen. Hör auf, von dem Leben zu träumen, von dem du meinst, dass es dir zusteht.

Lass die Lügen hinter dir, und heiße die Wahrheit darüber willkommen, wer du in Jesus Christus bist.

Nicht „übrig geblieben"

Ich mag keine Reste. Dennoch bin ich zu sparsam, um mir im Restaurant nicht die Reste einpacken zu lassen. Aber wer mich kennt, weiß genau, was zwei Tage später mit diesen Resten passiert. Genau – sie landen im Müll.

Ganz gleich, ob du noch nie verheiratet warst, es aber gern wärst, oder ob du schon einmal verheiratet warst und es gern wieder wärst: Wahrscheinlich kennst du die Sache mit den ungeliebten „Überbleibseln" gut. Es ist ja immer das Gleiche: Die Guten sind verheiratet, und die Übrigen sind aus gutem Grund Single. Da kann man sich leicht von Gott vergessen fühlen – wie ein Beutel mit Essensresten. Der Gedanke, dass Ehelosigkeit ein Geschenk von Gott ist, ist absurd. In den düstereren Momenten sagst du dir, dass, wenn du nur lange genug wartest und verzweifelt genug betest, einem Mann die Frau wegstirbt und du endlich dein Happy End bekommst.

Darf ich dir Hagar vorstellen? In 1. Mose lesen wir, wie sie sich zweimal in der Wüste wiederfand – allein, voller Angst und mit der Frage, was in ihrem Leben schiefgegangen war. Es war ja nicht Hagars Schuld, dass sie schwanger geworden war. Es stand nicht in ihrer Macht, das zu ändern, was ihr Herr Abraham ihr vorschrieb. Sie tat nur, was Sara ihr aufgetragen hatte – und wurde schwanger. Ohne längeres Überlegen wird Hagar in die Wüste geschickt und nicht besser behandelt als ein Beutel voller Müll.

Es ist eine schmerzhafte Geschichte, und Hagar hat mir immer leidgetan. Sie hatte nicht verdient, was ihr passierte. Wenn irgendjemand ein Opfer war, dann Hagar. Doch sie wurde längst nicht vergessen. Mit unerschütterlicher Liebe und immerwährender Treue sah Gott einen Wert in Hagar und ihrem ungeborenen Sohn. In 1. Mose 16 streckte Gott ihr liebevoll die Hand entgegen, und Hagar verstand. Sie nannte Gott den „Lebendigen, der mich sieht" – ein sicherer Hinweis auf ihren Glauben an einen liebevollen Gott.

Wenn du dich fühlst, als hätte Gott dich übersehen, irrst du dich. Gott sieht dich und kennt dich. Er hat dir dieses Geschenk persönlich und mit Bedacht gemacht.

Nicht „Plan B"

Ich gehörte nie zu den kleinen Mädchen, die davon träumten, ob meine Brautjungfern petrolfarbene Kleider oder einen Hauch von Organza tragen würden, aber ich glaube, so wie alle anderen ging ich einfach davon aus, dass ich einmal heiraten würde – wenn schon nicht bis zu meinem 30., dann doch ganz bestimmt bis zu meinem 35. Geburtstag.

Wenn das, was erwartet und prognostiziert wird und offenbar Gottes Wille für alle Menschen ist, bei uns selbst nicht eintritt, kann schon die Frage aufkommen, was schiefgelaufen ist und was man hätte tun können, damit es anders kommt.

Während meines Medizinstudiums gab es einen jungen Mann, der mit mir ausgehen wollte. Zu behaupten, dass ich davor noch nicht allzu oft mit jungen Männern „aus" war, wäre eine Untertreibung. Das war meine allererste Verabredung. Der Mann sah gut aus und war höflich. Er war gebildet und hatte fantastische Tischmanieren. Sein einziger Fehler war, dass er mir nach unserer zweiten Verabredung eine Tüte Plätzchen vor die Tür stellte. Viele meiner Leserinnen werden jetzt wahrscheinlich verzückt seufzen, aber für mich hätte es gar nicht schlimmer sein können. Vielleicht lag es an den Traditionen meiner Kultur oder an meiner Bindungsangst, aber ich konnte nur in die entgegengesetzte Richtung davonlaufen. Natürlich bin ich schlau genug, um zu begreifen, dass die Wahrscheinlichkeit, diesen jungen Mann von damals zu heiraten, gegen null ging. Aber es vergeht kaum ein Jahr, in dem ich nicht versucht bin, mich zu fragen, ob ich jetzt Gottes „Plan B" für mein Leben lebe, weil ich ein Dutzend Schokoladenplätzchen verschmäht habe.

Das klingt albern, aber leider fallen viele von uns ähnlichen Lügen über ihr Singlesein zum Opfer. Vielleicht gehörst du auch dazu. Statt Gottes Weisheit zu vertrauen, der dir das Singlesein geschenkt hat, verbringst du Stunden um Stunden damit, über die schlechten Entscheidungen nachzudenken, die dich in den Plan B für dein Leben katapultiert haben.

Deswegen solltest du den nächsten Satz besonders sorgfältig lesen und notfalls unterstreichen:

Gott macht keine Fehler. Du lebst keinen „Plan B". Nichts, was in deinem Leben geschieht, geschieht außerhalb von Gottes Willen. Dein Liebesleben ist kein Versehen von Gott, und dein Singleleben ist nicht Plan B. Es ist das Beste, was Gott für dich hat.

Ich glaube von ganzem Herzen, dass Gott in seiner Souveränität aus einem bestimmten Grund zugelassen hat, dass du heute Single bist. Er will dir nach seinem Plan auch zeigen, wie du es in vollen Zügen ausleben kannst. Doch zuerst musst du seine Wahrheit glauben.

Das ist ein guter Punkt für eine Erinnerung daran, wer wir in Christus sind.

Wer bin ich in Christus?

Wenn ich versuche, für jemanden ein Geschenk zu kaufen, denke ich zuerst über die betreffende Person nach. Für wen kaufe ich das Geschenk? Wie ist der- oder diejenige? Was mag er oder sie? Meine besten Geschenke sind die, wenn ich die Person, für die ich das Geschenk kaufe, richtig gut kenne. Wahrscheinlich geht es anderen genauso.

Denken wir nun einmal an Gott, der uns unser Leben als Single geschenkt hat. Niemand kennt uns besser als Gott. Wenn er Geschenke für uns auswählt, weiß er ganz genau, was wir mögen, wer wir sind und was uns absolut, zweifellos glücklich macht. Ich glaube, es ist hilfreich, wenn wir noch einmal darüber nachdenken, wer wir in Christus sind, sodass wir Gottes Geschenk, Single zu sein, besser annehmen können.

Erschaffen

Schaust du auch manchmal in den Spiegel und starrst nur auf die eine Sache, die du an dir nicht leiden kannst? Vielleicht ist es das Gewicht, die Nase, die Haut – aber ganz gleich, was es ist, du hast dir eingeredet, dass du nur wegen dieser einen schrecklichen Sache Single bist. Das ist einer der größten Kämpfe beim Singlesein: der Gedanke, dass man keinen Partner hat, weil man einfach nicht gut genug aussieht. Wenn der Ehe-Zug abgefahren ist, ist es nur ein kleiner Schritt dahin, sich im Spiegel anzuschauen und die Schuld daran auf die Schwimmringe, die unreine Haut oder die Wurstfinger zu schieben. Aber die Wahrheit ist viel schwerer zu schlucken. Wir sind in Gottes Bild geschaffen. Er hat uns genau so gemacht, wie wir sind. Unser Gesicht ist kein Zufall. In Psalm 139,14 heißt es: „Ich danke dir, dass du mich so herrlich und ausgezeichnet gemacht hast! Wunderbar sind deine Werke, das weiß ich wohl."

Gottes Wort ist wunderbar. Auch wenn die lauteste Stimme in unserem Kopf schreit, dass wir nicht attraktiv genug oder perfekt genug sind, gibt es noch eine andere Stimme, eine leisere Stimme, die uns sagt, wer wir wirklich sind. Es ist eine Stimme, die uns daran erinnert, dass wir mehr sind als unser Gesicht, unsere Haut, unser Gewicht. Es ist eine Stimme, die flüstert: „Du wurdest von Gott im Verborgenen gestaltet. Er hat dich gebildet im Dunkel des Mutterleibes." Mit anderen Worten: Du bist wunderbar. Du bist schön. Du wurdest nach Gottes Bild erschaffen. Du bist genau so, wie er dich erschaffen hat.

Je mehr wir auf diese Stimme hören, umso lauter wird sie. Wir sind von Gott für ein Leben aus dem Vollen geschaffen.

Erwählt

Wir sind aber nicht nur von Gott erschaffen, sondern auch von ihm erwählt. In Psalm 139,16 heißt es: „Du hast mich gesehen, bevor ich geboren war. … Jeder Augenblick stand fest, noch bevor der erste Tag begann." Gott sah uns bereits, noch bevor wir geboren wurden. Er wusste, wie unser Gesicht aussehen und welche Persönlichkeit wir haben würden. Er hat uns erwählt, und wir sind geliebt.

In Epheser 1,4-6 lesen wir: „Schon vor Erschaffung der Welt hat Gott uns aus Liebe dazu bestimmt, vor ihm heilig zu sein und befreit von Schuld. Von Anfang an war es sein unveränderlicher Plan, uns durch Jesus Christus als seine Kinder aufzunehmen, und an diesem Beschluss hatte er viel Freude. Deshalb loben wir Gott für die herrliche Gnade, mit der er uns durch Jesus Christus so reich beschenkt hat."

Vielleicht erinnern wir uns noch an unsere Grundschulzeit, wenn im Sportunterricht Mannschaften zum Völkerball gewählt wurden? Mir schlug immer das Herz bis zum Hals und meine Hände wurden feucht. Würde mich jemand wählen? Die Wartezeit kam mir ewig vor.

Vielleicht fühlen wir uns als Singles, deren beste Zeit, das „heiratsfähige Alter", vorüber zu sein scheint, so wie das Kind, das in keine der beiden Mannschaften gewählt wurde. Da kann es schnell passieren, dass wir uns fragen, was bei uns schiefgelaufen ist. Aber das ist eine Lüge. Schluss mit den Lügen und dem Unsinn. Es ist an der Zeit, in der Wahrheit von Gottes Wort zu leben. Wir sind von Gott erwählt, schon vor Erschaffung der Welt! Wir sind von Gott erwählt ... für ein Leben aus dem Vollen.

Gottes Kind

Als Kind war mein Lieblingsbuch *Bist du meine Mama?*. Es ist die Geschichte von einem kleinen Vogel, dessen Mutter auf Würmersuche gegangen ist. Als sie fort war, bekam das Vögelchen

Angst und verlief sich. Das ganze Buch handelt von dem armen kleinen Vogel, der herumläuft (weil er noch nicht fliegen gelernt hat) und versucht, seine Mutter zu finden. Er trifft eine Katze und ein Auto und alle möglichen Dinge, die ganz und gar nicht wie er aussehen. Er hat schon fast die Hoffnung aufgegeben, je seine Mutter wiederzufinden, als sie endlich zurückkommt. Mit einem Blick weiß der kleine Vogel genau, wer seine Mutter ist, weil er genauso aussieht wie sie.

Ich erinnere mich, dass ich schon als Kind am Ende dieser Geschichte spürte, welchen Frieden es bringt, sich zu jemandem zugehörig zu wissen. Als christlicher Single in der heutigen Welt kann es leicht passieren, dass man sich nirgendwo zugehörig fühlt. Selbst in der Gemeinde ist es möglich, sich – allen guten Absichten zum Trotz – nicht zugehörig zu fühlen.

Der Grund dafür ist, dass wir nicht auf unseren Vater schauen. So wie der kleine Vogel suchen wir vielleicht verzweifelt nach einer Heimat, aber wir werden sie nicht finden, bevor wir Jesus Christus ins Gesicht schauen. Wir sind nicht einfach nur dazu erschaffen, zu einer „Gemeindeszene" oder einem gesellschaftlichen Kreis zu gehören. Wir sind dazu erschaffen, als Gottes Kind durch Gottes Sohn Jesus Christus zu Gottes Familie zu gehören. Wir werden erst wahren Frieden finden, wenn wir endlich ins Gesicht unseres Vaters schauen und die unübersehbare Ähnlichkeit erkennen.

Das größte Geschenk überhaupt

Das größte Geschenk, das wir jemals erhalten können, ist Jesus Christus, Gottes Sohn. Epheser 2,8-9 bringt es folgendermaßen zum Ausdruck: „Weil Gott so gnädig ist, hat er euch durch den

Glauben gerettet. Und das ist nicht euer eigenes Verdienst; es ist ein Geschenk Gottes. Ihr werdet also nicht aufgrund eurer guten Taten gerettet, damit sich niemand etwas darauf einbilden kann."

Das Geschenk der Ehelosigkeit kann man nicht annehmen, wenn man nicht sein Ebenbild in Gott dem Vater erkennt, indem man das Geschenk seines Sohnes Jesus Christus annimmt. Johannes 3,16 ist uns vielleicht noch geläufiger: „Denn Gott hat die Welt so sehr geliebt, dass er seinen einzigen Sohn hingab, damit jeder, der an ihn glaubt, nicht verloren geht, sondern das ewige Leben hat."

Wenn man ein Geschenk bekommt, besitzt man es erst, wenn man es annimmt. Ganz gleich, ob es um das Geschenk von Gottes Sohn geht oder um das Geschenk des Singleseins: Irgendwann muss man einen Glaubensschritt gehen und das Geschenk annehmen, das man bekommen hat. Erst dann kann das Leben aus dem Vollen beginnen. Und so wunderbar das Geschenk der Ehelosigkeit auch sein mag, verblasst es doch im Vergleich zum Geschenk von Gottes Sohn.

Jetzt bist du am Zug. Hast du das Geschenk schon angenommen? Bist du Gottes Kind? Weißt du, zu wem du gehörst? Wenn du Gott als deinen Vater kennst, bist du vielleicht auch bereit, das Geschenk des Singleseins anzunehmen, das er dir in seiner Gnade gemacht hat. Im nächsten Abschnitt dieses Buches soll es um fünf Grundhaltungen gehen, die man als unverheirateter Christ für ein Leben aus dem Vollen braucht. Darauf folgen vier Hindernisse, die man dazu überwinden muss. Und danach bist du vielleicht so weit, den nächsten Schritt in Richtung Umsetzung zu machen.

Bist du bereit, weiterzugehen?

Teil 2

Fünf wichtige Grundhaltungen

Kapitel 2

Das reicht mir nicht ... Zufriedenheit lernen

Eines sollten wir gleich zu Anfang klarstellen: Man kann kein Leben aus dem Vollen führen, wenn einem nicht gefällt, was man hat. Die erste Grundhaltung, die jeder Christ braucht, um das Leben ganz auskosten zu können, ist daher Zufriedenheit.

Sehr lange empfand ich Zufriedenheit als ein Wort, das Christen als faule Ausrede benutzten, als Methode, um mit dem Leben klarzukommen und das unvermeidliche Los zu akzeptieren, das ihnen zugeteilt worden war. Nun bin ich vielleicht ein bisschen zynischer als der durchschnittliche Erwachsene, aber vielleicht haben ja andere auch Probleme mit der Zufriedenheit in ihrem Leben als christlicher Single.

Die Kirschen in Nachbars Garten schmecken eben viel besser. Wer Single ist, will verheiratet sein. Wer verheiratet ist, will Single sein. Man hat einen festen Freund, wäre aber viel lieber mit einem anderen Mann zusammen. Man ist alt, träumt aber von den guten alten Zeiten, als man noch gut im Hürdenlauf war (obwohl jeder weiß, dass man eine Niete im Hürdenlauf war). Ganz gleich, wie die persönliche Lebenssituation aussieht, es scheint so, als wäre man immer knapp an dem vorbeigeschrammt, was man eigentlich wollte.

Die meisten von uns sind ihr Leben lang nie rundum zufrieden und glücklich mit dem Leben, das Gott ihnen hier und jetzt geschenkt hat. Dazu eine kleine Geschichte:

Ein reicher Industrieller war entsetzt, als er einen Fischer untätig neben seinem Boot liegen und Pfeife rauchen sah.

„Warum sind Sie denn nicht draußen auf dem Wasser beim Fischen?", fragte der Industrielle.

„Weil ich für heute schon genug Fische gefangen habe", erwiderte der Fischer.

„Warum fangen Sie dann nicht noch ein paar mehr?"

„Was sollte ich denn damit?"

„Damit könnten Sie mehr Geld verdienen", erklärte der Industrielle. „Damit könnten Sie einen Motor an Ihr Boot bauen und auf tieferes Wasser hinausfahren und noch mehr Fisch fangen. Dann könnten Sie sich davon Nylonnetze leisten, die Ihnen mehr Fisch und mehr Geld bringen. Und dann hätten Sie bald genug Geld, um sich ein zweites Boot anzuschaffen ... vielleicht sogar eine ganze Flotte. Dann wären Sie ein reicher Mann, so wie ich."

„Und was würde ich dann machen?", fragte der Fischer.

„Dann könnten Sie das Leben **richtig** *genießen", antwortete der Industrielle.*

„Und was meinen Sie, was ich hier gerade tue?"[3]

Wer sich beim Lesen dieser Geschichte über den Fischer dabei ertappt hat, sich nach dessen Zufriedenheit zu sehnen, dem kann ich sagen: Gott wünscht sich das auch für dich. Wenn du dich nach dem Frieden der Zufriedenheit sehnst, dann ist das eine gute Ausgangsposition.

Wahrscheinlich hast du mittlerweile festgestellt, dass kein Geld der Welt alle Bedürfnisse stillen kann, und hoffentlich hast du dich mit genügend verheirateten Leuten unterhalten, um zu wissen, dass keine Ehe je alle tiefsten Sehnsüchte stillen kann.

Einen großen Teil der Jahre zwischen meinem 20. und 30. Geburtstag habe ich damit verbracht, nach dem sprichwörtlichen Sechser im Lotto zu haschen: der Ehe. Ich ging einfach davon aus, dass das Gottes Wille für mein Leben war, denn war die Ehe nicht Gottes Wille für jede Frau? Als ich endlich einen Mann fand, der mir einen Heiratsantrag machte, sagte ich natürlich Ja. Es war ein einfaches Wort mit nur zwei Buchstaben, das mein Leben völlig ins Schleudern bringen sollte. Durch Gottes Gnade endete die Verlobung zwei Wochen vor der Hochzeit, und ich konnte endlich wieder durchatmen.

Dabei lernte ich eine wichtige Lektion für mein Leben: Ganz gleich, ob man Single und nie verheiratet oder Single und fast verheiratet war, *ein erfülltes Leben als Christ ist ohne Zufriedenheit unmöglich.*

Es hätte mich als Christin nicht überraschen sollen, dass Zufriedenheit eine wichtige Voraussetzung für ein erfülltes Leben ist, besonders, weil Paulus es in 1. Korinther 7 so deutlich sagt. Lesen wir Vers 17 einmal ganz aufmerksam: „Nehmt das Leben an, in das der Herr euch gestellt hat, und lebt so weiter, wie es war, als Gott euch berufen hat."

Als ob er wusste, dass wir erst überzeugt werden müssen, wiederholte Paulus seine Ermahnung in Vers 20: „Jeder *bleibe* in dem, was er war, als Gott ihn berief."

Und noch einmal in Vers 24: „Und so sage ich euch, liebe Brüder: *Bleibt* so vor Gott, wie ihr wart, als er euch berief." Mit anderen Worten, Paulus sagte: Wer verheiratet ist, soll verheiratet sein, und wer Single ist, soll Single sein.

Mir gefällt, wie einfach Gottes Wort ist. Man braucht nicht wie die Katze um den heißen Brei zu schleichen und zu versuchen, irgendeine versteckte Bedeutung herauszufinden. Der Text ist klar und leicht verständlich. Um als unverheirateter Christ ein Leben aus dem Vollen führen zu können, muss ich aufhören zu kämpfen und nach dem zu streben, was ich meine sein zu müssen, und einfach akzeptieren, was heute Gottes Wille für mein Leben ist.

Vielleicht ist dir aufgefallen, dass ich das Wort *bleiben* hervorgehoben habe. *Bleiben* ist ein sehr gutes Wort. Es bedeutet, im gleichen Zustand fortzufahren und nichts anderes zu wollen. Das ist die Definition von Zufriedenheit. Es bedeutet, ganz und gar zufrieden mit dem zu sein, was Gott gegeben hat, und es als ausreichend zu empfinden. Die meisten von uns würden wahrscheinlich zustimmen, dass Gott sich wünscht, dass jeder Christ zufrieden ist. Die Spannung entsteht für Unverheiratete dann, wenn die Kluft zwischen dem, was Gott ihnen gegeben hat, und dem, was sie lieber hätten, immer größer wird.

Kommt uns dieser Konflikt bekannt vor? Es ist eine uralte Geschichte, von der in der Bibel immer wieder erzählt wird. Im Alten Testament waren es die Israeliten, die immer das wollten, was sie nicht hatten. Als sie in Ägypten waren, konnten sie es kaum erwarten, das Land zu verlassen – aber in dem Moment, als sie die Grenze hinter sich gelassen hatten, fingen sie an, von dem Essen zu träumen, das sie in Ägypten zurückgelassen hatten. Sie waren nie zufrieden und wünschten sich immer das, was sie nicht haben konnten.

Solange sie das wollten, was Gott ihnen nicht gegeben hatte, konnten sie das Leben nicht voll ausschöpfen. Gott musste ihnen – oft durch schwierige Umstände – beibringen, dass sie zum Scheitern verurteilt waren, wenn sie nicht lernten, zufrieden zu sein. Und was auf die Israeliten im Alten Testament zutraf, trifft auch heute auf die Menschen zu, die Jesus Christus nachfolgen. Es gibt keine Ausnahmen von dieser Regel.

Ist es für dich als Single schwer, zufrieden zu sein? Fällt es dir schwer, zufrieden mit dem Geschenk zu sein, das Gott dir im Moment gegeben hat? Zweifelst du Gottes Weisheit und seine Führung in deinem Leben an?

Unglücklicherweise leiden viele Singles an einem Mangel an

Zufriedenheit. Ich persönlich hatte sehr lange die Sorge, dass Gott denken könnte, ich wollte überhaupt nicht heiraten, wenn ich ihm sage, dass mein Singledasein für mich okay ist. Kennst du diese Angst auch? Machst du dir manchmal Sorgen, ob es nicht bedeutet, dass du den Gedanken an eine Ehe ganz aufgibst, nur weil du akzeptierst, dass Gottes Plan *momentan* für dich bedeutet, Single zu sein? Aber heute mit dem Leben zufrieden zu sein, das man hat, hat nichts damit zu tun, was morgen passiert oder wie Gottes Wille für andere Phasen unseres Lebens aussieht. Zufriedenheit heute ist einfach nur ein Ausdruck des Glaubens an einen Gott, der immer gut ist.

Wie dumm und engstirnig wir doch in Bezug auf Gott sein können. Wie wenig kennen wir doch den, den wir unseren Vater nennen. Gottes Wille für jeden unverheirateten Christen ist ein rundum zufriedenes Leben. Ohne Zufriedenheit ist ein Leben aus dem Vollen nicht möglich. Aber wenn man Zufriedenheit lernt, wird man viel Frucht für Gottes Ehre und sein Königreich bringen.

Bist du schon bereit, Zufriedenheit zu lernen? Doch vorher möchte ich noch auf vier Phasen im Leben von christlichen Singles hinweisen, in denen Zufriedenheit eine enorme Herausforderung sein kann. Ich hoffe, dass es dir leichter fällt, Zufriedenheit zu lernen, wenn du einige häufige Auslöser für Unzufriedenheit kennst.

Situationen, die zu Unzufriedenheit führen können

1. Wenn Pärchen im Rudel auftreten

Ich habe einmal eine Liste von Situationen aufgestellt, bei denen es mir schwerer fällt, zufrieden zu sein. Diese Liste sah ein bisschen wie ein Werbeprospekt der Geschenkindustrie aus: Weihnachten, Valentinstag, Familientreffen, Silvester, Firmenfeiern, Feiern überhaupt, Sonntagsgottesdienste. Je länger meine Liste wurde, umso klarer wurde mir, dass alle diese Situationen eine Gemeinsamkeit hatten: Sie gingen mit großen Menschenansammlungen einher, die hauptsächlich aus Pärchen bestanden.

Ganz gleich, wie gut man versucht, sich vorher darauf vorzubereiten – der mentale Ansturm von Unzufriedenheit ist am stärksten, wenn sich Paare zu Feiern versammeln. Doch Feiertage und Feste sind unausweichliche Bestandteile unseres Lebens und unserer Kultur. Wenn man weiß, wie schwierig diese Anlässe für christliche Singles sind, kann man viel dafür tun, das unbehagliche Gefühl und die Unzufriedenheit zu mildern, die damit einhergehen.

Manch christliche Ehepaare entscheiden sich in dem Versuch, die Singles vor noch mehr Verletzungen und Schmerzen zu schützen, sie nicht zu ihren Feiern einzuladen. Auf den ersten Blick scheint das eine liebevolle Geste zu sein, ist es aber nicht. Ich höre von Singles in Gemeinden immer wieder die wehmütige Klage, dass sie das Gefühl haben, routinemäßig bei Gemeindeveranstaltungen außen vor gelassen zu werden. Den Kampf um die Zufriedenheit muss jeder alleinstehende Christ selbst ausfechten, ganz gleich, ob er in Feiern einbezogen wird oder nicht. Wenn jetzt ein Verheirateter diesen Teil des Buches liest: Sei so nett, und überlege weiter, wie du Singles in dein Leben einbeziehen kannst.

2. Wenn alle gehen

Frank Sinatra hat es in einem seiner Songs am besten zum Ausdruck gebracht: „Saturday night is the loneliest night of the week"[4] („Der Samstagabend ist der einsamste Abend in der Woche"). Als Single würde man wahrscheinlich gleich noch den Freitagabend auf die Liste der einsamen Abende setzen. Mir persönlich wird oft der Sonntagabend am schwersten.

Der Sonntagabend ist der Abend, an dem Familien normalerweise vor dem Beginn der neuen Woche zusammenkommen. Es ist der Abend nach einem ausgefüllten Wochenende voller Spaß. Für die meisten unverheirateten Christen ist der Sonntagabend der ruhigste Abend der Woche, und nichts kann einen ganz auf diese Einsamkeit vorbereiten.

Es ist das gleiche Gefühl, das das Haus erfüllt, wenn die Party vorbei ist und alle Gäste gehen. Man versucht, sich vom Fernseher Gesellschaft leisten zu lassen, aber die Stille im entleerten Raum gibt den Gedanken reichlich Möglichkeiten, sich um Pläne zu drehen, die nie Gestalt angenommen haben; um Träume, die nie wahr geworden sind; um Reue über vergangene Fehler. Ganz offen gesagt kommen spät am Abend – egal, an welchem Wochentag – viel Reue und unerfüllte Sehnsüchte hoch, und darin besteht die Herausforderung für die meisten von uns. Es ist schwer, zufrieden zu sein, wenn alle gehen, und in einer solchen Atmosphäre der Unzufriedenheit kann man unmöglich aufblühen.

3. Wenn Menschen zu viel sagen

Die dritte Situation, die im Kampf um Zufriedenheit oft eine Herausforderung darstellt, habe ich „Wenn Menschen zu viel sagen" genannt. Vielleicht hätte ich sie lieber „Wenn man auf ungebetene Ratschläge von glücklich verheirateten Ehepaaren und neugierigen entfernten Verwandten hört" nennen sollen.

Jeder christliche Single hat wahrscheinlich, ob es ihm gefällt oder nicht, einen Onkel mit einer Meinung dazu, warum man immer noch nicht verheiratet ist. Vielleicht siehst du gerade sein Gesicht vor dir? Er ist schnell dabei, deine Erziehung oder deinen allzu wählerischen Geschmack dafür verantwortlich zu machen. Er ist schnell dabei, Ratschläge zu erteilen. Und er braucht nicht lange, um dich zu deprimieren!

Es ist so leicht, sich von dem beeinflussen zu lassen, was Menschen sagen, und aus dem Blick zu verlieren, was Gott gesagt hat. Leider machen die meisten Menschen den Mund auf, ohne danach zu fragen, was Gott über die Sache denkt – und so sagen sie am Ende ihre eigene Meinung statt Gottes Wahrheit. Je weniger ich auf andere höre und je mehr ich mich auf meine Verbindung nach oben, auf Gottes Stimme, konzentriere, umso besser geht es mir und umso zufriedener bin ich.

Überraschenderweise können ungebetene Ratschläge auch von Singles aus dem Freundeskreis kommen. Wann warst du das letzte Mal mit einer Gruppe von Singles aus deiner Gemeinde unterwegs? Ich wette, keiner von ihnen hatte etwas über dein Singlesein zu sagen, oder? Du weißt sicher, was ich meine. Wir müssen vorsichtig sein, wenn Menschen zu viel sagen.

4. Wenn andere Singles heiraten

Ein letztes Hindernis auf dem Weg zur Zufriedenheit für die meisten unverheirateten Christen sind die Momente, wenn andere Singles heiraten. Das ist auch ein guter Moment, um einmal den „heimlichen Mr Right" zu erwähnen. Fast jede unverheiratete Frau kennt ihn. Er ist der Mann, den man insgeheim als perfekten potenziellen Ehemann betrachtet. Man baut seine Träume um ihn herum auf. Man stellt sich vor, eines Tages Babys zu haben, die ihm ein wenig ähnlich sehen. Er ist der perfekte Mann – wenn man ihn nur endlich näher kennenlernen würde.

Ich weiß noch, wie unzufrieden ich war, nachdem ich herausgefunden hatte, dass mein „heimlicher Mr Right" sich verlobt hatte, und wie glücklich ich war, als ich einige Monate später über ein soziales Netzwerk erfuhr, dass er seine Verlobung gelöst hatte. Ach, und habe ich schon erwähnt, dass mein heimlicher Mr Right ungefähr viereinhalbtausend Kilometer von mir entfernt lebt und nicht einmal von meiner Existenz weiß?

Es klingt albern, wenn man es aufschreibt, nicht wahr? Doch mehr christliche Singles, als ich zählen kann, haben sich von der Nachricht einer bevorstehenden Eheschließung umwerfen lassen. Wenn andere Singles heiraten, stellt sich leicht das Gefühl ein, von Gott vergessen worden zu sein oder selbst nie an die Reihe zu kommen. Wenn man nur auf das Glück anderer Leute schaut, können auch Eifersucht und Neid aufkommen. Beides ist Sünde und verstärkt nur das Gefühl der Niederlage.

Wenn deine Single-Freunde heiraten, solltest du besonders gut aufpassen. Vielleicht ist das eine Zeit, in der du dein Herz noch ein wenig besser schützen musst.

Nun haben wir die Frage beantwortet, *wann* man sich als Single besonders unzufrieden fühlen kann. Ich glaube, wir sollten auch noch über einige häufige Gründe nachdenken, *warum* bei unverheirateten Christen Unzufriedenheit aufkommen kann.

Gründe für Unzufriedenheit

1. Man ist zu sehr auf sich selbst fixiert

Ich verbringe viel zu viel Zeit damit, jeden Aspekt meines Lebens zu analysieren und zu sezieren. Ich schaue zu sehr auf das, was *ich* will. Damit unterscheide ich mich nicht allzu sehr von meinem Neffen (er ist in der vierten Klasse), der oft sagt: „Ich mag nicht, was ich habe", und: „Ich will eine andere Farbe", oder: „Ich will mehr davon." Immer geht es um mich, mich, mich.

Das Problem an dieser Lebenseinstellung: Wenn wir den Blick auf uns selbst richten, ist unsere Sicht eingeschränkt und unsere Fähigkeit, alles andere zu sehen, stark vermindert. Wenn man sich nur auf sich selbst konzentriert, werden alle Probleme größer, die Hoffnung kleiner und die Unzufriedenheit überdimensional.

Die meisten Christen denken entweder viel zu viel oder viel zu wenig über das „Ich" nach; sie werden nie ihren eigenen Erwartungen an sich selbst gerecht. Beide Extreme sind eine Sünde und haben ihre Ursache im Stolz. Eine biblische Sicht auf die eigene Persönlichkeit hat Christus zum Maßstab und stellt das Ich dorthin, wo es hingehört: unter das Kreuz.

In 1. Korinther 7,23 erinnert uns Paulus daran, wer wir wirklich in Christus sind, wenn er sagt: „Gott hat einen hohen Preis für euch bezahlt." Paulus hatte den Christen in Korinth an früherer Stelle (1. Korinther 6,19-20) schon einmal das Gleiche gesagt, aber offenbar brauchten sie eine Erinnerung.

Wie sollte man also als unverheirateter Christ über sich denken? Ich glaube, Jesus hat es in Lukas 9,23 am besten gesagt: „Wenn einer von euch mit mir gehen will, muss er sich selbst verleugnen, jeden Tag aufs Neue sein Kreuz auf sich nehmen und mir nachfolgen."

Die Antwort auf das Problem mit dem Ich ist schlichtweg, das Ich zu vergessen! Wer als Christ aus dem Vollen leben und immer zufriedener werden will, muss anfangen, sich aus der richtigen biblischen Perspektive zu betrachten.

2. Man ist zu sehr auf andere fixiert

Vielleicht hast du aber gar kein so großes Problem mit dem, was du nicht hast, sondern mit dem, was andere haben. Wenn unser Blick zu sehr auf andere gerichtet ist, lassen wir uns schnell von dem einnehmen, was sie haben und wir nicht. Mein Neffe würde es so sagen: „Warum hat sie ein größeres Stück Kuchen bekommen?", und: „Warum kommt er immer als Erster dran?" Du weißt schon, was ich meine ... und schön ist das nicht.

Du bist zwar nicht mehr in der vierten Klasse, aber vermutlich dennoch der gleichen Versuchung ausgesetzt. Ich will erklären, was ich meine. Ein todsicheres Rezept für Unzufriedenheit ist, den Computer hochzufahren und sich die nächste halbe Stunde lang auf Facebook anzuschauen, was für ein wunderbares Leben die anderen doch haben, denn auf Facebook ist alles immer wunderbar. Ich habe nichts gegen Facebook; allerdings gibt es keine bessere Methode, um in Unzufriedenheit zu versinken, als sich auf das zu fixieren, was man vom Leben anderer Leute sieht.

Egal, wie toll man selbst ist, es gibt immer jemanden, der noch toller ist. Egal, wie hübsch man selbst ist, es gibt immer jemanden, der noch hübscher ist. Und egal, wie reich man ist, es gibt immer jemanden, der noch reicher ist.

Der schnellste Weg in die Unzufriedenheit ist, sich nicht mehr voll und ganz auf Gott zu konzentrieren, sondern auf das Leben anderer Menschen. Dabei kann man nur verlieren.

3. Zu sehr auf die Sehnsucht fixiert

Was die Situation noch konfuser machen kann, sind die eigenen Wünsche. Man wünscht sich so sehr zu heiraten, dass man sich gar nicht mehr vorstellen kann, wie Gott in dieses Bild passt. Warum sollte ein guter Gott uns eine gute, ihm entsprechende Sehnsucht ins Herz legen und sie dann nicht erfüllen? An dieser Stelle müssen wir uns entscheiden. Was wird die Oberhand gewinnen? Unser Wunsch nach dem, was wir wollen, oder unser Wunsch nach dem, was Gott uns liebevoll gegeben hat?

Wenn das, wonach wir uns sehnen – selbst wenn es etwas Gutes ist –, stärker wird als unsere Liebe zu Gott, verschwindet die Zufriedenheit, und ein erfülltes Leben wird unmöglich. Der Wunsch zu heiraten, ist keine Sünde, aber er wird zur Sünde, wenn wir unser Glück davon abhängig machen.

Nichts verstärkt die Unzufriedenheit mehr, als sich auf die eigenen Sehnsüchte zu fixieren und Gott zu vergessen. Vielleicht hast du Gottes Güte und seinen vollkommenen Plan für dein Leben vergessen. Vielleicht hast du vergessen, dass Gott dir dein Singlesein geschenkt hat und dass du unabhängig von deinen Umständen ein erfülltes Leben führen sollst.

Ich denke an all die Dinge in meinem Leben, die ich will, aber nicht habe. Die meisten davon sind Dinge, die Gott ehren und verherrlichen. Ich wünsche mir, dass Gott dieses Buch gebraucht, um Christen in eine engere Beziehung mit ihm zu bringen. Es vergeht kein Tag, an dem ich nicht noch mehr für Gott tun will. Das sind keine sündigen Wünsche – sie werden aber zur Sünde, wenn sie mein Herz ganz einnehmen. Genauso ist die Ehe etwas Gutes, aber der Wunsch nach ihr kann uns das Herz stehlen und die Freude rauben.

In solchen Fällen vergisst man Gott schnell.

Doch zu unserem Glück lässt Gott sich nicht so schnell vergessen. Er hat trotzdem jeden Bereich unseres Lebens in der Hand und sorgt trotzdem dafür, dass sein perfekter Plan für uns Wirklichkeit wird. Er will der Mittelpunkt unserer Sehnsüchte werden. In Psalm 37,4 heißt es: „Freu dich am Herrn, und er wird dir geben, was dein Herz wünscht."

Ich weiß, dieser Vers wird bei christlichen Single-Treffen überstrapaziert und ist manchmal nur eine Phrase. Aber er ist Gottes Zusage an uns, und die ist wahr. Gottes Plan ist es, uns unsere Herzenswünsche zu erfüllen. Im Vertrauen auf sein Wort werden wir Zufriedenheit finden.

Meine Lieblingsfabel ist die von dem Hund, der ein Stück Fleisch im Maul hielt. Er kam an einen Teich und sah sein Spiegelbild im Wasser. Der Hund war so fixiert auf das Bild von dem Fleisch im Wasser, dass er das Fleisch in seinem Maul fallen ließ, um auch das andere Stück zu bekommen. Am Ende verlor er beides: das echte Stück Fleisch und das Spiegelbild. Er lernte schmerzlich, dass er das Opfer seiner eigenen Sehnsüchte geworden war.

Kennst du das auch? Bist du so fixiert auf deine Sehnsüchte, dass du nichts anderes mehr sehen kannst?

Oder bist du bereit, Zufriedenheit zu lernen? Dann möchte ich dieses Kapitel mit vier Punkten beenden, die dir dabei helfen können.

Vier Schritte zur Zufriedenheit

Ich bringe gern Dinge in Ordnung. Gib mir ein Problem und ich gebe dir eine Lösung. Das ist nichts Ungewöhnliches für eine Notärztin, und je mehr ich über Paulus' Lebenseinstellung lese, umso überzeugter bin ich, dass er auch gut in eine Notaufnahme passen würde. In 1. Korinther 7,17-24 geht Paulus vom Problem der Unzufriedenheit zur Lösung über und nennt vier einfache Schritte, wie man eine grundsätzliche Haltung der Zufriedenheit entwickeln kann:

1. Gehorsam

Gott nimmt kein Blatt vor den Mund. Alles, was in der Bibel steht, hat Gott dort aus einem bestimmten Grund stehen lassen. Schauen wir uns mit diesem Gedanken im Hinterkopf noch einmal 1. Korinther 7,17 an: „Nehmt das Leben an, in das der Herr euch gestellt hat, und *lebt so weiter,* wie es war, als Gott euch berufen hat."

Diesen Gedanken wiederholt Paulus in Vers 24, wo er sagt: „Und so sage ich euch, liebe Brüder: *Bleibt* so vor Gott, wie ihr wart, als er euch berief."

Die Hervorhebungen stammen von mir, aber die Bedeutung ist klar. Paulus macht hier nicht den Vorschlag, zufrieden zu sein. Vielmehr weist er deutlich darauf hin, dass wir in dieser Sache eine willentliche Entscheidung treffen müssen. Zufriedenheit ist damit nicht nur einfach ein Vorschlag, sondern eine Anweisung Gottes. Wir sollen das Leben akzeptieren, zu dem Gott uns berufen hat. Wenn du verheiratet bist – sei verheiratet. Wenn du Single bist – sei Single. Aber nimm auf jeden Fall deine Lebenssituation aktiv mit Leib und Seele an.

Dann vergleicht Paulus den Gehorsam der Zufriedenheit mit der Beschneidung, wenn er in Vers 19 sagt: „Denn es spielt keine Rolle, ob ein Mann beschnitten ist oder nicht. *Entscheidend ist es, Gottes Gebote zu halten.*"

Auch hier stammt die Hervorhebung wieder von mir, aber die Grundaussage ist klar. Gott ist unser Gehorsam wichtiger als unsere äußerliche Erscheinung. Wer sich bewusst für Zufriedenheit entscheidet, bringt damit willentlich seinen Gehorsam Gott gegenüber zum Ausdruck. Das ist eine Einstellung, die nicht davon abhängt, ob unsere Umstände so sind, wie wir sie uns wünschen, sondern nur von dem, was Gott uns heute schenkt.

Wenn man sich darauf einlässt, wird es mit der Zeit einfacher, zufrieden zu sein. Was im Moment noch furchterregend und unerreichbar scheint, wird leichter, je mehr wir uns gehorsam Gott unterordnen, selbst wenn es uns unlogisch erscheint.

2. Akzeptanz

Wenn wir uns erst einmal bewusst entschieden haben, zufrieden sein zu wollen, können wir den zweiten Schritt gehen: akzeptieren, was wir haben.

Ich formuliere es gern noch etwas anders: *Wir sollen wollen, was wir haben.* Ertappst du dich auch manchmal dabei, dass du genau die eine Sache haben willst, die du nicht haben kannst? Wir sind Eva sehr ähnlich: Wir haben die Schränke voller Dinge, wollen aber immer genau das Eine, das wir nicht haben.

Eva war unzufrieden, trotz allem, was Gott ihr geschenkt hatte. Sie hatte es genau auf das Eine abgesehen, das sie nicht hatte, und ging geradewegs der Sünde in die Falle. Der einzige Ausweg war Gottes rettende Gnade. Wenn du dein Leben mit dem nagenden Wunsch nach der einen Sache verbringst, die du nicht haben kannst, musst du sie vielleicht als das erkennen, was sie ist – Sünde –, und vor Gott bekennen. Bitte Gott um Vergebung und um die Gnade, das Leben annehmen zu können, zu dem er dich berufen hat.

3. Anbetung

Es ist an der Zeit, dass wir unsere Perspektive überprüfen. Dieser Gott, den wir „Vater" nennen, ist der Eine, der die Welt und unser Universum mit einem Wort ins Dasein rief. Er überblickt jeden Bereich unseres Lebens ebenso wie jede Ecke der Milchstraße. Auf unserem Kopf gibt es kein Haar, das er nicht gezählt hat. In unserem Herzen gibt es kein Geheimnis, das er nicht kennt. Er ist größer als jede Vorstellung, die wir uns von ihm machen. Er ist höher als unsere höchsten Gedanken über ihn. Mein Pastor sagt oft, dass Gott das Universum mit hochgelegten Füßen regiert. Wie wahr!

Gott ist der Gott der Israeliten. Er ist der Gott Jakobs. Er ist dein und mein Gott.

Er ist auch der Gott, der dich zu deinem Leben, so wie du es kennst, berufen hat. In 1. Korinther 7,17-24 wird das Wort *berufen* in verschiedenen Formen nicht weniger als fünf Mal wiederholt. Das sind viele Wiederholungen. Dass du Single bist, ist kein Irrtum. Es ist Gottes Plan für dein Leben heute.

Wirst du dich dafür entscheiden, Gott als den zu loben, der er ist? Wirst du ihn unabhängig von den Umständen anbeten? Wenn du das tust, wirst du feststellen, dass die Zufriedenheit dir etwas leichter fällt und normaler für dich wird.

4. Durchhalten

Der letzte Schritt zu einer Grundhaltung der Zufriedenheit ist, mit Gottes Hilfe durchzuhalten.

In 1. Korinther 7,20 und 24 weist uns Paulus an, in der Berufung, die Gott uns gegeben hat, zu *bleiben*: „Jeder bleibe in dem, was er war, als Gott ihn berief. ... Bleibt so vor Gott, wie ihr wart, als er euch berief."

Bleiben, wenn man lieber gehen würde, ist nicht immer einfach. Dazu gehören mentale Stärke und geistliche Beharrlichkeit. Dazu gehört, dass der Blick unerschütterlich nach oben gerichtet ist. Dazu gehören Entschlossenheit und Mut. Dazu ist nötig, dass Gott an unserer Seite steht. Darum gefällt mir, was Paulus uns am Ende von Vers 24 zuflüstert. Hast du es gehört? Er sagt: *„Bleibt vor Gott."*

Vor Gott bleiben – darin liegt der große Unterschied. *Vor Gott* zu sein, befreit uns dazu, der Mensch zu sein, als den Gott uns erschaffen hat. *Vor Gott* ist die Antwort auf all unsere Angst.

Gottes Gegenwart hilft uns zu bleiben, wenn wir lieber gehen würden. Gottes Gegenwart hilft uns, uns zu freuen, wenn uns eher nach Weinen zumute ist. Gottes Gegenwart hilft uns, aus dem Vollen zu leben, wenn wir das Gefühl haben, zu vertrocknen und zu sterben. Gottes Gegenwart hilft uns, zufrieden das Leben zu führen, zu dem Gott uns berufen hat, auch wenn wir lieber verheiratet wären.

Zufriedenheit bedeutet, sich an Gottes ausreichender Versorgung genügen zu lassen. Er kann uns alles geben, was wir brauchen. Kannst du die willentliche Entscheidung treffen, ihm dein Singlesein anzuvertrauen und aus dem Vollen zu leben?

Als Nächstes wird es um Selbstbeherrschung gehen. Jeder braucht sie. Also, los. Schlag die nächste Seite auf!

Kapitel 3

Oops, I Did It Again ... Zur Selbstbeherrschung entscheiden

Es ist kein Geheimnis, dass christliche Singles gern über Sex reden. Sie denken gern über Sex nach. Sie jammern gern über Sex. Sie vergöttern Sex gern. Und falls du es noch nicht gemerkt haben solltest: Das ist das obligatorische Sex-Kapitel.

Sex erinnert mich ein bisschen an die Krätze: Nur wenige Christen reden gern offen darüber. Man fängt sie sich leicht ein, und wenn man sie sich erst eingefangen hat, wird man sie schwerer los, als man meint. Und sie ist extrem ansteckend.

Doch um ein Leben aus dem Vollen führen zu können, muss jeder christliche Single begreifen, wie er seine sexuellen Impulse beherrschen kann. Wir sprechen über innere Haltungen, die wir brauchen, um aus dem Vollen leben zu können, und die nächste Haltung, über die wir nachdenken werden, ist Selbstbeherrschung.

Ganz gleich, ob du schon mehrere sexuelle Beziehungen hattest oder noch Jungfrau bist: Es ist ziemlich wahrscheinlich, dass du einen gewissen sexuellen Ballast mit dir herumträgst, den du anhand von Gottes Wort beurteilen musst. Die Schuld daran kannst du deiner Kultur geben oder Gott in die Schuhe schieben, aber den Ballast schleppst du mit dir herum, bis du dir überlegt hast, was du damit tun willst.

Bevor du nun der Versuchung erliegst, dich selbst zu bemitleiden, möchte ich dich daran erinnern, dass die Gemeinde in Korinth genau wusste, wie schwer es ist, als Christ in einer sexuell aufgeladenen Kultur zu leben. Die Menschen in Korinth mochten Sex. Sie spielten gern Transvestit, sie lebten gern unverheiratet zusammen, sie hatten außerehelichen Sex ... In Korinth machte man keinen Familienurlaub. Es war eine Stadt voller Sinnlichkeit und sexueller Unmoral.

Es sollte uns daher nicht überraschen, dass auch die Gemeinde in Korinth von dem starken Reiz, den Sex ausübt, beeinflusst wurde. Sie hatte viele Fragen an Paulus, wie man sich als Christ richtig verhält – unter anderem, ob ein Mann mit seiner Stiefmutter schlafen darf oder nicht! Natürlich erklärte Paulus umgehend, wie Christen sich untereinander verhalten und mit ihrem Verhalten Christus ehren sollten.

Die Grundaussage, die Paulus an die unverheirateten Nachfolger von Jesus richtete, war diese: Beherrscht euch oder heiratet. Das habe nicht ich mir ausgedacht – Paulus sagte es genau so in 1. Korinther 7,8-9: „Den Unverheirateten und Verwitweten sage ich aber, dass es besser ist, so wie ich unverheiratet zu bleiben. *Doch wenn sie sich nicht enthalten können, sollen sie heiraten.* Es ist besser zu heiraten, als von unerfülltem Verlangen beherrscht zu werden."

Deutlicher hätte Paulus sich nicht ausdrücken können. Übrigens ist das Problem der Selbstbeherrschung nicht auf sexuelle Impulse beschränkt. Es kann auch um Essen oder das Selbstbild oder andere Laster gehen. In diesem Vers ist allerdings ganz klar, wovon Paulus spricht: Einem unverheirateten Christen wird es im Hinblick auf sexuelles Verlangen schwerfallen, sich zu beherrschen. Sexuelles Verlangen kann zerstörerisch wirken, wenn man nicht biblisch damit umgeht. Und die biblische Lösung ist: Wer Probleme mit der Selbstbeherrschung hat, soll sich eine Ehefrau oder einen Ehemann suchen.

Das sollte doch kein Problem sein, oder? Aber wenn es dir wie mir geht, bist du vielleicht ein bisschen angesäuert über Paulus' scheinbar einfache Lösung. *Heiraten? Als ob ich das nicht schon probiert hätte! Ich war zweimal verlobt und war bis vor Kurzem auf drei verschiedenen Internet-Singlebörsen registriert – ohne den geringsten Erfolg. Du hast leicht reden, Paulus!*

Wie muss ein unverheirateter Christ, der in einer von Sex überfluteten Kultur lebt, mit diesem Kampf um die Selbstbeherrschung umgehen? Für viele unverheiratete Christen ist das Problem einfach zu groß. Man hat unkontrollierte Wünsche, unerfüllte Bedürfnisse und Sehnsüchte. Die Leidenschaft erscheint übermächtig, aber es ist niemand da, den man in absehbarer Zeit heiraten könnte.

Statt Selbstbeherrschung zu üben, entgleitet einem die Kontrolle teilweise oder ganz. Statt aus dem Vollen zu leben, schämt und versteckt man sich – voll Angst, entdeckt zu werden.

Also improvisiert man und belügt sich selbst.

Lügen über zügellose sexuelle Lust

1. Ein bisschen schadet nicht

Manchmal werde ich von Patienten gefragt, wie viel Gift sie umbringen würde. Die Antwort, die ich ihnen gebe, ist ganz logisch: Finger weg von allem Gift! Christen, die sich auf Experimente mit ihrem sexuellen Verlangen einlassen, sind wie ein Kind, das auf Erdnüsse allergisch ist und trotzdem Erdnussbutter probiert, um zu sehen, was passiert. Es spielt keine Rolle, wie man es verpackt: Das Kind nimmt Erdnüsse zu sich und könnte an einem allergischen Schock sterben. Ungezügelte sexuelle Begierde ist nichts, das sich wie mit einem „Diätplan" steuern lässt, sondern eine Sünde, die ausgeschaltet werden muss.

2. Es ist nicht so schlimm

Vielleicht ist dir Paulus ein wenig zu dogmatisch, ein wenig zu gesetzlich. Sicher hat er seinen Rat an die Singles in der Gemeinde nicht wörtlich gemeint. Sicher hatte die Gemeinde in Korinth nicht die gleiche lahme Singlegruppe, in der du feststeckst. Du sagst dir, dass es mit der Selbstbeherrschung sicher einfacher war, bevor es Fernsehen und Internet gab. Du redest dir ein, dass es nicht so schlimm ist, bis du „auf frischer Tat ertappt" wirst oder in einem Internet-Chatroom jemanden triffst, den du kennst.

Was als harmlose Angewohnheit zum Stressabbau begann, entwickelt sich bald zu einer selbstzerstörerischen Abhängigkeit, die einen nicht mehr loslässt. Bald erkennt man sich selbst nicht mehr wieder. Man ist nur noch ein Schatten der Person, die man einmal war. Glaub mir, zügellose sexuelle Begierde *ist* so schlimm – immer.

3. Niemand wird je davon erfahren

Man braucht nur den Fünfjährigen zu fragen, der beim Kekseklauen erwischt wurde, oder den Pastor, dessen außereheliche Affäre gerade vor seiner ganzen Gemeinde offengelegt wurde: Geheimnisse haben es so an sich, bekannt zu werden. Vielleicht kennst du den Spruch: „Was in Las Vegas passiert, bleibt in Las Vegas." Falsch! Gottes Gegenwart reicht sogar bis Las Vegas. In 4. Mose 32,23 sagt Gott es so: „Eure Sünde wird mit Sicherheit auf euch zurückfallen." Es spielt gar keine Rolle, wo man gestern Nacht war – Gott weiß es ganz genau, und auch, wie weit man gegangen ist. In Jeremia 23,24 heißt es: „Gibt es Schlupfwinkel, in denen sich ein Mensch verbergen könnte, sodass es mir nicht mehr möglich wäre, ihn zu sehen? Bin ich denn nicht überall, fülle ich nicht den Himmel und die Erde aus?"

Beides sind rhetorische Fragen. Die Antwort auf die erste Frage lautet: „Nein. Vor Gott kann man sich nicht verstecken", und die Antwort auf die zweite Frage: „Ja, Gott füllt Himmel und Erde aus." Gott weiß alles und sieht alles. Alle unsere Geheimnisse werden irgendwann offenliegen, und dann werden alle in unserer Umgebung davon betroffen sein. Das sage ich nicht, um dir Angst einzujagen, sondern weil es eine bessere Art zu leben gibt.

4. Alle machen es

Diese Lüge ist so kindisch, dass wir sie schon in der ersten Klasse verwendet haben, aber offenbar zieht sie noch, denn wir verwenden sie immer noch. Ein bisschen Leidenschaft wird schon okay sein, denn alle anderen machen es ja auch. Und im Vergleich zu dem neuen Mann in deiner Kleingruppe ist deine ungezügelte Leidenschaft schon fast jugendfrei. Ganz gleich, wie wir es nennen – wir belügen uns trotzdem selbst. Auch wenn alle anderen es tun: Was deine Sünde betrifft, interessiert Gott sich nur für dich.

5. Kein anderer hat dieses Problem

Die letzte Lüge ist diejenige, die uns am längsten in unserem Versteck gefangen hält. Wir reden uns ein, dass wir die einzigen Christen sind, die mit sexueller Begierde zu kämpfen haben. Vielleicht aus Scham entscheiden wir uns für die „Sicherheit" des Schweigens statt für die Freiheit der Beichte, und wir halten an unserem ungezügelten sexuellen Verlangen fest. Wer meint, kein anderer Christ hätte je so sehr mit sexueller Begierde zu kämpfen gehabt wie er selbst, hat seine Bibel noch nicht besonders gründlich gelesen.

In der Bibel finden wir sehr viele Menschen, die Sex mochten und deren ungezügelte sexuelle Begierde fast zu ihrem Untergang führte. Nehmen wir zum Beispiel Simson oder König David – einen Mann nach Gottes Herzen. Sie hatten genauso zu kämpfen wie wir, und jedes Mal streckte Gott liebevoll die Hand aus, überschüttete seine Kinder mit Gnade und befreite sie aus der Grube, die zu tief für sie war, und von einem Leben, das nie für sie bestimmt war.

Weißt du, ich bin 40 Jahre alt und noch Jungfrau, und ich weiß, wie es ist, mit sexuellem Verlangen und mangelnder Selbstbeherrschung zu kämpfen. Ich weiß auch, dass Gott einen Ausweg aus dieser Situation für jeden unverheirateten Christen geschaffen hat. Aber ohne sich für die Selbstbeherrschung zu entscheiden, ist ein Leben aus dem Vollen nicht möglich.

Was ist Selbstbeherrschung?

Der Definition nach ist *Selbstbeherrschung* die „Selbstbeschränkung, die man sich bezüglich der eigenen Impulse, Emotionen oder Wünsche auferlegt".[5]

Mir gefällt, was John Piper zu Selbstbeherrschung sagt: „Der Gedanke der Selbstbeherrschung an sich weist indirekt auf einen inneren Kampf eines geteilten Ichs hin. Er deutet darauf hin, dass unser ‚Selbst' Wünsche hervorbringt, die wir nicht befriedigen, sondern ‚beherrschen' sollten. Jesus sagt, wir sollen uns selbst verleugnen und täglich unser Kreuz auf uns nehmen und ihm nachfolgen. Täglich bringt unser Ich Wünsche hervor, denen wir uns verweigern oder die wir beherrschen sollten."[6]

John Piper meint damit, dass nicht jeder Wunsch, den wir haben, von Gott kommt. Wir haben Wünsche, die noch von unserem alten Wesen übrig sind, das wir hatten, bevor wir unser Leben Jesus Christus anvertrauten. Je mehr wir in unserer Beziehung zu Jesus wachsen, umso mehr sollten unsere alten, „fleischlichen“ Wünsche sterben. Wenn das geschieht, gibt uns der Heilige Geist neue Wünsche, die in uns Wurzeln schlagen und wachsen sollten.

Selbstbeherrschung kann man nicht aus eigener Kraft erreichen, indem man sich einfach anstrengt. In Galater 5,22-23 beschreibt Paulus Selbstbeherrschung als Frucht des Heiligen Geistes. Die Früchte eines Baumes sind abhängig von der Wurzel, das ist bekannt. Man kann die Früchte nicht von Hand an die Äste des Baumes bringen, ganz gleich, wie sehr man sich bemüht. Ganz ähnlich ist es mit den Früchten des Heiligen Geistes: Sie wachsen aus einer lebendigen Beziehung zu Jesus Christus. Christen, deren Herz von Christus verändert wurde, bringen als Beweis dafür Frucht. Je enger man in Beziehung zu Jesus Christus lebt, umso deutlicher sollten diese Früchte im Leben werden.

Das ist ein enormer Anspruch.

Mit anderen Worten, Selbstbeherrschung ist nicht unser menschliches Bemühen, gut zu sein. Es ist nicht unser Versuch, heilig zu sein, der uns „besser“ macht, je mehr wir uns anstrengen. Es ist nicht einmal unsere Fähigkeit, uns aus reiner Charakterfestigkeit an eine Liste von Ge- und Verboten zu halten. Nein. Selbstbeherrschung entsteht aus unserer Beziehung zu unserem Herrn. Ist das nicht eine Erleichterung?

Ich will kurz zusammenfassen, was wir bisher festgestellt haben. Im Hinblick auf sexuelles Verlangen haben christliche Singles zwei Möglichkeiten:

1. Heiraten.
2. Enthaltsam leben und Selbstbeherrschung üben.

Wir haben auch festgestellt, dass wir Selbstbeherrschung brauchen, um als Singles ein erfülltes Leben führen zu können. Außerdem ist Selbstbeherrschung nicht etwas, das wir „machen" können. Es ist eine Wirkung von Gottes Geist, der in den Menschen lebt, die Jesus Christus nachfolgen; und eine der Früchte, die er hervorbringt, ist Selbstbeherrschung.

Jetzt ist es an der Zeit, dass wir über einige besonders problematische Bereiche sprechen, die mit Selbstbeherrschung zu tun haben und die jeder zu bewältigen hat.

Selbstbefriedigung

Herzlichen Glückwunsch, du hast den Abschnitt des Buches gefunden, in dem es um Selbstbefriedigung geht. Das ist oft der Teil von Singlebüchern, in den die Leser zuerst hineinschauen.

Christen geraten beim Thema Selbstbefriedigung leicht in helle Aufregung. Ist es richtig? Ist es falsch? Dürfen Verheiratete es tun? Und wenn sie es dürfen, warum Singles dann nicht? Das wäre doch nur fair. Und was sagt eigentlich die Bibel dazu?

Die Statistiken zu diesem Thema sind verblüffend. Fast jeder hat es wenigstens einmal gemacht, wenn nicht sogar einmal im Monat. Wer in einer nicht ehelichen Beziehung lebt, befriedigt sich häufiger selbst als andere, die gar keine Beziehung haben.[7] Christen sprechen sehr ungern darüber. Eltern behandeln das Thema, als sei es die Pest. Feministinnen sehen es als Initiationsritus in die „coole" Welt. Pastoren schlucken, wenn nur das Wort „Selbstbeherrschung" fällt.

Im Durchschnitt beginnen Männer im Alter von 13,45 Jahren, sich selbst zu befriedigen und Frauen im Alter von 12,75 Jahren.[8] Ich bin mir ziemlich sicher, dass ich dieser Statistik mindestens zwei Jahre voraus war. Ich bin mir außerdem ziemlich sicher, dass ich mich seit 30 Jahren mit Schuldgefühlen herumschlage, immer wieder versagt zu haben. Und glaub mir: Nichts verhindert ein Leben aus dem Vollen so sehr wie ein Haufen Schuldgefühle, die man wie einen Rucksack mit sich herumträgt.

Wenn deine Probleme mit der Selbstbeherrschung sich nur auf dieses eine Thema beschränken, dann lies die nächsten zwei Aussagen besonders aufmerksam:

Es bringt dich nicht um, wenn du dich selbst befriedigst. Ich dachte sehr lange, der Vers im Matthäusevangelium, in dem es heißt, man soll sich die rechte Hand abhacken, wenn sie Ursache zur Sünde ist, bezöge sich auf Selbstbefriedigung. Das stimmt nicht. Selbstbefriedigung ist nicht die unvergebbare Sünde. Leider meinen viele christliche Singles, sie seien nicht gut genug für ein Leben im Dienst für Gott und die Gesellschaft, weil sie denken, sie hätten das Unvergebbare getan und könnten von Gott weder Hilfe erwarten noch gebraucht werden. Christus ist für unsere Sünden gestorben – für jede einzelne – und dazu gehört auch die Sünde der Selbstbefriedigung. Es bringt dich nicht um, wenn du dich selbst befriedigst, aber es wird dir schwerfallen, ein erfülltes Leben zu führen, wenn du dich nicht damit auseinandersetzt.

Und dann solltest du dir auch noch meine zweite Aussage anhören:

Es bringt dich nicht um, wenn du dich **nicht** *selbst befriedigst.* Vielleicht hast du irgendwo gehört, dass Selbstbefriedigung etwas Natürliches ist und dass du ohne Selbstbefriedigung einen natürlichen körperlichen Drang unterdrückst und dir damit schadest. Das ist eine Lüge. Und wenn ich der erste Arzt bin, der dir das sagt: Du wirst auch weiterleben, wenn du dich in deinem Leben nie wieder selbst befriedigst. Du wirst nicht spontan in Flammen aufgehen und explodieren. Du kannst als unverheirateter

Christ ein glückliches Leben haben, ohne dich je wieder selbst zu befriedigen.

Gott möchte in unserem Leben jeden Teil unseres Geistes, unseres Körpers und unserer Seele ausfüllen. Wir dürfen nie vergessen, dass wir uns nicht selbst gehören, wenn wir Jesus Christus nachfolgen. Wir wurden mit einem hohen Preis erkauft. Unser Körper ist ein Tempel des Heiligen Geistes. Gottes Plan für unser Leben ist nicht, dass wir uns, kontrolliert von unseren körperlichen Bedürfnissen, gerade so über Wasser halten. Wir wurden zu mehr erschaffen. Wir wurden zu einem Leben aus dem Vollen, einem Leben im Überfluss und in Freiheit erschaffen, in dem Gott unser einziger Herr ist. Sein Weg ist bei Weitem der bessere Weg.

Vielleicht ist es an der Zeit, dass wir uns vier Fakten über Selbstbefriedigung klarmachen:

1. Fast immer ist sexuelle Begierde im Spiel. Die meisten Menschen, besonders Frauen, können sich nicht selbst befriedigen, ohne zunächst begehrlichen Gedanken Raum zu geben. Das geschieht meist durch sexuell aufreizende Bilder, Bücher oder Fantasien. Die Bibel äußert sich eindeutig zum Thema Begierde: Sie ist Sünde und führt mit der Zeit zum Tod (Jakobus 1,14-15).

2. Es ist eine Sucht, die das Herz betrifft. Selbstbefriedigung ist nicht einfach nur ein körperlicher Akt, sondern auch Zeichen einer geistlichen Fehlfunktion. Wer mit einem unkontrollierbaren Drang zur Selbstbefriedigung kämpft, hat vielleicht vergessen, wie gut Gott zu ihm ist. Vielleicht hat er auch eine innere Rebellion entwickelt und den Wunsch, die Dinge selbst in die Hand zu nehmen (nein, dieses Wortspiel war nicht beabsichtigt!). Wer sich gewohnheitsmäßig selbst befriedigt, sollte sich einmal fragen, was an seinem Gottesbild nicht stimmt, und darum beten, sich von dieser inneren Haltung abkehren zu können.

3. Es ist eigennützig. Selbstbefriedigung ist von vorn bis hinten egoistisch. Ganz platt ausgedrückt ist Selbstbefriedigung Sex mit sich selbst. Wer die Dinge selbst in die Hand nimmt und sich weigert abzuwarten, wie Gottes Plan in seinem Leben zur Entfaltung kommt, hört auf, Gott zu dienen, und fängt an, sich selbst zu dienen. Das ist keine gute Idee.

4. Man erntet, was man sät. Keiner sollte sich einreden, dass er aufhört, sich selbst zu befriedigen, sobald Gott ihm den perfekten Partner schenkt. Wer sich regelmäßig selbst befriedigt, dessen Eheleben wird davon beeinträchtigt werden. Wir alle ernten, was wir säen. Es ist besser, das Problem gleich bei der Wurzel zu packen und sich größere Probleme in der Zukunft zu ersparen.

Wer sich Befriedigung im Leben verschafft, indem er sich selbst befriedigt, dessen Beziehung zu Gott wird wahrscheinlich darunter leiden. Es wird unmöglich sein, aus dem Vollen zu leben, bis man Gott um Heilung bittet und diese Sucht besiegt ist. Es ist möglich, ein Leben in sexueller Reinheit zu führen, ganz gleich, wie die Vergangenheit aussah und wie oft man versagt hat. Wir sind zu mehr erschaffen, als Sklaven unserer Begierden zu sein.

Pornografie

Die Statistiken dazu sind wahrlich schwindelerregend. Pornografie ist ein Milliardengeschäft, und es ist nicht nur ein Problem der Männer. Sogar die amerikanische Talkmasterin Oprah Winfrey hält es für ein Problem: „In Schlafzimmern der USA passiert etwas", sagt sie. „Es gibt Berichte, dass einer von drei Konsumenten von Online-Pornografie in unserem Land heutzutage Frauen sind."[9]

Pornografie ist überall: im Fernsehen, im Internet, in E-Books, in Filmen, auf Reklametafeln. Wir leben in einer hypersexualisierten Gesellschaft. Es spielt keine Rolle, ob man ein Mann oder eine Frau ist, reich oder arm – die Pornografie hat sich in unsere Kultur eingewoben. Unsere Kultur ist voller Pornografie und wir haben sie – buchstäblich und im übertragenen Sinn – stets vor Augen; nur sind die meisten von uns zu beschäftigt, um es zu bemerken.

Niemand ist mehr sicher davor, und für christliche Singles in einer pornoverseuchten Kultur ist es besonders schwierig. Es ist so, als wollte man in den Niagarafällen gegen den Strom schwimmen: Um es zu schaffen, ist ein Wunder nötig. Man braucht übernatürliche Fähigkeiten, um überhaupt zu überleben. Man braucht Gott auf seiner Seite und im Herzen. Man braucht Freunde, die das Gleiche erlebt haben und gerettet wurden. Man braucht Zeit auf den Knien und ein weiches Herz. Man braucht die Fähigkeit, Nein zu sagen, und den Mut, anders zu leben. Und man braucht die Fähigkeit, einfach Nein zu sagen, obwohl Ja sagen ein so gutes Gefühl wäre.

Trotz der Unmoral in der Stadt Korinth hielt Paulus es für möglich, dass die Christen dort ein Leben in Reinheit führen konnten – und mit Gottes Hilfe kannst du das auch. Es ist an der Zeit für eine Entscheidung: weiter im Dunkeln zu tappen oder das Licht von Gottes Wahrheit „anzuschalten". Es ist nicht zu spät, dein Leben zu ändern. Es ist nicht zu spät, unsere Kultur zu ändern. Auch mitten in einer pornoverseuchten Gesellschaft ist ein Leben aus dem Vollen möglich.

Auch ich bin meinen Begierden fast einmal zum Opfer gefallen. Es hat mich völlig überrascht und kam wie aus dem Nichts. Es kam nicht aus dem Internet oder Fernsehen, sondern auf einem ganz unerwarteten und sogar respektablen Weg.

Ich stolperte ein bisschen herum und dachte, ich könnte es in den Griff bekommen. Das war ein Irrtum. Die Verlockung war zu stark und das Fleisch zu schwach. Ich versuchte, es zu relativieren, zu rechtfertigen und zu leugnen. Aber ich kannte die Wahrheit. Pornografie in allen ihren Formen ist Sünde und muss an der Wurzel ausgerissen werden.

Hin und wieder habe ich in der Notaufnahme einen Patienten, der einfach nicht aufhört zu bluten. Das ist keine besonders komplizierte Situation. Man kann die Blutung nur auf einem Weg stoppen, nämlich indem man Druck auf die offensichtliche Wunde ausübt, während man die versteckte Ursache der Blutung sucht. Dazu braucht man ein gutes Team in der Notaufnahme, und man muss sich an den vorgeschriebenen Handlungsplan halten.

Der „Handlungsplan" ist Gottes Wort. Halten wir uns daran. Christen, die von Gottes Geist erfüllt sind, sind unser „Notaufnahme-Team". Freunden wir uns mit ihnen an. Die „offensichtlichen Wunden" sind die Dinge, die uns äußerlich zu Fall bringen: eine Fernsehsendung, eine Internetseite, ein E-Book. Diese Auslöser müssen wir radikal beseitigen und uns gute Freunde suchen, die von uns in dieser Sache Rechenschaft fordern. Die weniger offensichtlichen „Blutungsherde" sind schwerer zu finden: Einsamkeit, Enttäuschung, Angst, Ablehnung. Früher oder später muss man sich auch mit diesen Ursachen auseinandersetzen, oder die Blutung wird nie zum Stillstand kommen, sodass man sich weiterhin nach unheiligen Dingen sehnt.

Es ist ein Krieg gegen die Kultur, in der wir leben. Wir müssen uns weigern zu lachen, wenn alle anderen lachen, und wir müssen uns weigern hinzuschauen, wenn alle anderen hinstarren. Wir müssen wieder dahin kommen, dass Pornografie uns schockiert.

In 1. Korinther 7,5 sagt Paulus im Hinblick auf sexuelle Versuchungen: „... damit euch der Satan nicht in Versuchung führt, weil ihr euch nicht beherrschen könnt."

Der Satan ist erbarmungslos. Er tritt zu, wenn man schon am Boden liegt. Er lacht, wenn wir versagt haben. Er rammt uns das Messer in den Rücken. Und er beabsichtigt zu gewinnen.

Aber gewinnen wird er nie, weil Jesus ihn bereits am Kreuz besiegt hat. Das ist unsere Geheimwaffe.

Außerehelicher Geschlechtsverkehr

Wie bereits erwähnt, gibt es nur eine gute Lösung für unverheiratete Christen, die ein Problem mit der Selbstbeherrschung haben: heiraten. Paulus sagte das, weil er begriff, welche Anziehungskraft Sex hat und wie gefährlich ungezügelte sexuelle Begierde ist. Außerehelicher Geschlechtsverkehr war zu Paulus' Zeiten weit verbreitet – so wie heute.

Außerehelicher Geschlechtsverkehr ist im engeren Sinn Sex zwischen zwei unverheirateten Menschen. Ehebruch ist Sex zwischen einer verheirateten Person und jemandem, der nicht der Ehepartner dieser Person ist. Wahrscheinlich kennen viele von uns jemanden, der außerehelichen Geschlechtsverkehr hat – zum Beispiel Paare, die zusammenleben, ohne verheiratet zu sein. Laut Statistik hatten in den USA 80 Prozent der unverheirateten evangelikalen Christen zwischen 18 und 29 Jahren schon einmal Sex.[10] Das ist ein ziemlich hoher Anteil für eine eigentlich bibeltreue Gruppierung. Aber vielleicht überrascht uns diese Zahl doch nicht so sehr, wie sie sollte.

Außerehelichen Geschlechtsverkehr zu vermeiden, ist nicht so leicht, wie es klingt – aber wenn man es nicht tut, bringt es einen langsam um. Unverheiratete Christen, die mit dem Feuer ungezügelter Leidenschaften spielen, sind wie Frösche in kochendem Wasser: Sie sterben langsam, ohne es überhaupt zu merken.

Unterm Strich heißt das: Wer nicht verheiratet und sexuell aktiv ist, begeht das, was alte Bibelübersetzungen „Unzucht" nennen. Die Bibellehrerin und Autorin Kay Arthur sagt häufig: „Unzüchtige und Ehebrecher werden das Reich Gottes nicht erben." Sie hat recht, und sie hat sich das nicht ausgedacht. Es steht so in der Bibel, in 1. Korinther 6,9-10. Für Personen, die außerehelichen Geschlechtsverkehr haben, habe ich keine guten Nachrichten ... außer der einen: Ihr könnt immer noch umkehren und euer Leben ändern.

Gott sagt die Wahrheit immer ganz direkt, und diese Wahrheit ist ziemlich unmissverständlich. Unverheiratete Christen, die aus dem Vollen leben wollen, können keinen außerehelichen Geschlechtsverkehr haben. Paulus' Antwort ist ganz einfach: Wenn es euch so schwerfällt, die Finger voneinander zu lassen, dann heiratet!

Überschrittene Grenzen

Ihr sagt euch, dass ihr nur ein bisschen kuscheln wollt, und im nächsten Moment berührt ihr euch an Stellen, an denen ihr euch nicht berühren solltet, und fühlt Dinge, die ihr nicht fühlen solltet. Jeder unverheiratete Christ, jede unverheiratete Christin, der oder die einen festen Freund/eine feste Freundin hat, weiß, wie groß die Spannung sein kann, in dieser Beziehung bestimmte Grenzen einzuhalten.

Ich habe diesen „Problembereich" zu meiner Aufzählung hinzugefügt, weil viele unverheiratete Christen, die in einer Beziehung leben, ganz stolz darauf sind, „nicht zu weit" zu gehen –

und doch tun sie im Laufe des Abends alles Mögliche, außer tatsächlich miteinander zu schlafen.

Wenn ihr das lest und euch fragt, wie weit ihr gehen und trotzdem noch Gott gefallen könnt, stellt ihr leider die falsche Frage. Beim Leben als Christ geht es nicht darum, wie nahe man ans Feuer gehen kann, ohne sich zu verbrennen, sondern darum, wie nahe man bei Jesus ist und ein erfülltes Leben hat.

Vielleicht solltet ihr Schluss damit machen zu überlegen, ob Petting, intensive Liebkosungen, Küsse, Zungenküsse oder Oralverkehr okay sind. Stattdessen könntet ihr euch ja folgende Fragen stellen, um eure Grenzen zu überprüfen:

- Würdet ihr es vor euren Eltern tun?
- Würdet ihr es vor dem Leiter eurer Kleingruppe tun?
- Würdet ihr es tun, wenn Jesus dabei wäre?

Wenn die Antwort auf eine dieser Fragen Nein ist, geht ihr wahrscheinlich zu weit.

Ungezügelte Sinnlichkeit

Der letzte Bereich, in dem Singles oft mit Selbstbeherrschung zu kämpfen haben, ist die ungezügelte Sinnlichkeit, also das unbegrenzte Schwelgen in sinnlichen Genüssen. In diesem Bereich kann es sein, dass besonders einer der folgenden vier Punkte problematisch ist:

1. Kleidung

Was bezweckst du mit der Art, wie du dich kleidest? Versuchst du, die Aufmerksamkeit der Männer auf dich zu ziehen, oder nimmst du Rücksicht darauf, welche Wirkung dein Outfit auf das andere Geschlecht hat?

Eine Frau erzählte mir vor Kurzem, dass ihr Mann in seinem Kampf gegen seine Pornografiesucht eine andere Frau in der gemeinsamen Kleingruppe bat, sich etwas weniger aufreizend anzuziehen. Statt der Bitte des Mannes nachzukommen, schloss die Kleingruppe den Mann und seine Frau aus der Gruppe aus. Wie tragisch, dass wir unseren persönlichen Rechten und unserer Freiheit in Christus eine höhere Priorität einräumen als dem Kampf um sexuelle Reinheit, den unsere Mitchristen führen.

Zielst du mit deiner Kleidung darauf ab, eine Verabredung mit deinem Traummann zu bekommen, indem du mit seinen sexuellen Instinkten spielst? Oder ist dein Ziel, ganz Gott zu gefallen? Wenn du dieses Spiel spielst, solltest du dich in Acht nehmen. Du bist dem Feuer vielleicht näher, als du meinst.

2. Filme/Fernsehsendungen

Vielleicht meidest du Pornografie und Selbstbefriedigung wie die Pest und hängst doch mehr an sinnlichem Vergnügen, als du meinst. Denk einmal darüber nach, welche Sendungen du dir im Fernsehen anschaust. Achtest du darauf, was du an deine Augen heranlässt? In Psalm 101,3 sagt David: „Böses und Gemeines will ich nicht einmal ansehen." Kannst du das Gleiche von dir behaupten? Historisch betrachtet hielt man immer die Männer für die visuelleren Wesen, aber ich stelle fest, dass Frauen sich genauso von ihren Augen verleiten lassen. Also lieber aufpassen, was unseren Blick auf sich zieht.

3. Lektüre

Besonders Frauen überschreiten oft die Grenzen der Sinnlichkeit mit dem, was sie lesen. Mit der Einführung der E-Books haben die meisten Christen Zugriff auf Lektüre, die alles Mögliche ist, aber Jesus keine Ehre macht. Viele dieser E-Books sind kostenlos. Die Verlage wissen, dass die Verlockung der sexuellen Begierde besonders für Frauen in Geschichten liegt. Wer seine Gedanken mit nutzlosen und schmutzigen Geschichten füllt, erntet nutzlose und schmutzige Folgen. Wer seine Gedanken mit Dingen füllt, die Jesus Ehre machen, blüht auf. Das muss jeder selbst entscheiden.

4. Gedanken

Es heißt: Man ist, was man denkt. Vor Kurzem fragte ich einen 14-jährigen Patienten, warum er versucht hatte, sich zu erdrosseln. Er antwortete: „Erst habe ich eine Weile darüber nachgedacht, und dann habe ich es einfach getan."

Wie wahr! Worüber wir nachdenken, bestimmt am Ende unser Handeln. In Römer 12,2 sagt Gott uns, wir sollen uns nicht dieser Welt anpassen, sondern uns durch die Erneuerung unserer Gedankenwelt verändern lassen. Verändertes Denken ist erneuertes Denken, und ein erneuertes Denken führt zu einem erfüllten Leben.

Solange bei einem Menschen in Herz und Gedanken Sex der höchste Maßstab für Freude ist, bleibt er leer und unzufrieden, und sein Leben wird alles andere als erfüllt sein. Seine Seele wird nie völlige Zufriedenheit finden, ganz gleich, in welcher Form oder wie oft oder wie sehr er mit einer anderen Person intim ist.

Wir sind zu mehr erschaffen. Wollen wir das glauben?

Wie entwickelt man Selbstbeherrschung?

1. Auf die Knie

Vor allem anderen ist es wahrscheinlich nötig, sich Zeit allein mit Gott zu nehmen und Buße zu tun. Wenn du dich von Gott getrennt fühlst und seine Nähe nicht spüren kannst, könnte es daran liegen, dass es Sünde in deinem Leben gibt. In Jesaja 59,2 heißt es: „Eure Sünden sind eine Schranke, die euch von Gott trennt. Wegen eurer Sünden verbirgt er sein Antlitz vor euch und will euch nicht mehr hören."

Du wirst dich Gott nicht nahe fühlen, bis du Buße tust. Buße bedeutet, dem zuzustimmen, was Gott über die Sünde sagt, und sich von der Sünde abzuwenden. Es bedeutet buchstäblich eine Kehrtwendung und eine neue Richtung fürs Leben. Die unbegreiflich gute Nachricht ist, dass Gott bereit ist, uns trotz unseres wiederholten Versagens seine Barmherzigkeit zu schenken und uns durch seine Gnade zu vergeben. In 1. Johannes 1,9 sagt er uns: „Wenn wir ihm unsere Sünden bekennen, ist er treu und gerecht, dass er uns vergibt und uns von allem Bösen reinigt." Das ist eine wunderbare Nachricht. Aber ein Vers ist mir noch wichtiger. In Sprüche 28,13 heißt es: „Wer seine Sünden verheimlicht, dem wird es nicht gut gehen. Aber wenn er sie bekennt und davon lässt, wird er Barmherzigkeit finden."

Willst du aus dem Vollen leben? Dann hör auf Gottes Wort. Deck deine Sünde auf und lass sie dann bleiben; wenn nicht, wird es dir nicht gut gehen.

2. Weg mit dem Müll

Wem es ernst damit ist, die Angewohnheiten zu überwinden, die ihn beherrschen, muss auch ernst damit machen, den Müll aus seinem Leben zu beseitigen. In Römer 13,14 heißt es: „Haltet euch an Jesus Christus, den Herrn, und lasst euer Leben von ihm bestimmen. Gebt euren Wünschen nicht so weit nach, dass ihr von euren Leidenschaften beherrscht werdet."

Wenn Gott sagt, wir sollen uns nicht von unseren Leidenschaften beherrschen lassen, meint er es ernst. Wir müssen alles beseitigen, was unsere sündigen Angewohnheiten fördert. Für manche heißt das, den Fernseher oder das Internet abzuschaffen. Ich kenne einen Mann, der ein Problem mit Pornografie hatte und den sein Smartphone immer wieder in Versuchung führte. Es war ihm so ernst damit, die Sünde loszuwerden, dass er wieder auf ein normales, einfaches Mobiltelefon umstellte. Das ist ein radikaler Schritt, aber genau das bedeutet es, sich nicht von seinen Leidenschaften beherrschen zu lassen.

Für mich persönlich sind E-Books problematisch. Auf einem *Kindle* kann man keine Sicherheitseinstellungen vornehmen, und einen großen Teil der entsprechenden Lektüre muss man nicht einmal kaufen. Eine Weile versuchte ich, damit klarzukommen. Ich löschte die iBooks-App, aber bald darauf entdeckte ich die Kindle-App. Nachdem ich immer wieder versagt hatte, schaffte ich schließlich mein iPad ab, löschte die Kindle-App von meinem iPhone und bat eine Freundin, immer mal wieder mein Telefon zu überprüfen, um dafür zu sorgen, dass ich meine Entscheidung durchhalte.

Die Bibel beschreibt den Satan als Engel des Lichts, brüllenden Löwen, Lügner und Betrüger (2. Korinther 11,3.14; 1. Petrus 5,8; Johannes 8,44). Ohne drastische und ernsthafte „Müllbeseitigung" in unserem Leben können wir nicht über unsere sexuellen Impulse siegen.

Meine Verandatür ist mit einem Insektengitter versehen. Es dient als Barriere und schützt mein Haus vor großen Tieren und Mücken. Die beste Möglichkeit, ein Haus vor ungewöhnlichen Tieren und Insekten zu schützen, ist, die Insektengitter-Tür dicht verschlossen zu halten.

Auf ganz ähnliche Weise sind unsere Gedanken die Tür zu unserer Seele. Die beste Möglichkeit, unsere Seele vor gefährlichen Tieren zu schützen, ist, die Tür unserer Gedanken mit einem Gitter zu versehen. Jesus sagte es in Matthäus 15,18-19 so: „Böse Worte aber kommen aus einem bösen Herzen und machen den Menschen, aus dessen Mund sie kommen, unrein. Aus dem Herzen kommen böse Gedanken wie zum Beispiel Mord, Ehebruch, Unzucht, Diebstahl, Lüge und Verleumdung." Darum sagt die Bibel, wir sollen unser Herz behüten, denn aus ihm entspringt das Leben (Sprüche 4,23).

Vor Kurzem sah ich einen Film, in dem Menschen in die Träume anderer Menschen eindrangen und im Unterbewusstsein ihre Gedanken veränderten. Auf dem Weg aus dem Kino lachten die Zuschauer. Sie verdrehten die Augen: Im wirklichen Leben ist es doch ziemlich unwahrscheinlich, dass so etwas geschieht. Doch Abend für Abend sitzen wir daheim vor einer großen, eckigen Kiste, während die „Insektengitter-Türen" unserer Gedanken für jeden Angriff, der uns da entgegengeschleudert wird, weit offen stehen.

Man behauptet vielleicht, dass Sex nur in einer Ehe zwischen einem Mann und einer Frau gut ist, und doch kichert und lacht man über Sitcoms, in denen Sex keine ernste Sache ist und Unmoral als niedlich dargestellt wird. Man behauptet, Mord zu hassen, aber man schaut sich regelmäßig Sendungen an, in denen Menschen andere Menschen umbringen. Man sagt, man hasst

Pornografie, doch man lässt zu, dass man langsam innerlich abstumpft, während ein schockierendes Bild nach dem anderen in einer angeblich „familienfreundlichen" Sendung zu sehen ist.

Das ist kein Spaß. Es ist an der Zeit, mit der Selbstbeherrschung ernst zu machen. Die Gedanken sind das Tor zur Seele. Wir müssen sie bewachen und beschützen. Wir müssen gut darauf achtgeben, was wir in uns hineinlassen.

4. Freunde, die nach Gottes Willen leben

Rechenschaft ist ein interessantes Phänomen. Es ist biblisch, und die meisten Christen finden es gut, aber nur wenige Menschen praktizieren es wirklich.

Erstens brauchst du dazu einen Freund, dem du vertrauen kannst. Das ist nicht immer so leicht, wie es klingt, aber wir machen es manchmal komplizierter, als es sein sollte.

Zweitens muss man total und vollständig ehrlich sein. Schluss mit dem Reden über deine „respektablen" Sünden: Triff dich mit einer Person deines Vertrauens zum Frühstück und leg alle Karten auf den Tisch – jede peinliche, schädliche Angewohnheit, die du hast. Vielleicht ist auch ein zweites Frühstück notwendig, um alle hässlichen Details aufzudecken, aber es lohnt sich wirklich.

Drittens brauchst du einen konkreten Plan, wie du dich von deiner Vertrauensperson überprüfen lassen willst. Dieser Teil muss greifbar und konkret sein. Ich habe bereits erzählt, dass ich meine „Beichtpartnerin" gebeten habe, immer wieder einmal mein Telefon auf die Kindle-App hin zu prüfen. Ich habe sie auch gebeten, mir immer wieder spontan E-Mails zu schreiben und mir darin die schwierigen Fragen zu stellen, die ich hören musste.

Rechenschaft zu geben ist nichts, was uns von Natur aus leichtfällt, aber es wird mit der Zeit leichter. Und es ist absolut notwendig, wenn wir das erfüllte Leben haben wollen, das Gott uns schenken will. Wenn dir spontan kein Mensch einfällt, dem gegenüber du so ehrlich sein kannst, dann bitte Gott, dass er dir einen solchen Menschen schickt. Ich habe es so gemacht, und Gott hat mir meine Freundin geschickt. Wem es ernst damit ist, über die Sünde siegen zu wollen, dem wird Gott auch den Weg ebnen, ganz sicher.

Als Ärztin in der Notaufnahme muss ich oft Abszesse behandeln – große, eiternde Infektionsherde. Wenn der Eiter aus dem infizierten Bereich entfernt ist, bleibt ein großes Loch in der Haut. Dieses Loch kann nicht offen bleiben, sonst sammelt sich darin einfach wieder Eiter an. Stattdessen muss das Loch mit einer speziellen Gaze gefüllt werden, um den Heilungsprozess zu beschleunigen. Bisher haben wir in diesem Kapitel nur den Abszess geöffnet und den Eiter der sexuellen Sünde beseitigt. Jetzt ist es an der Zeit, das Loch mit etwas Heiligem zu füllen, damit die Infektion nicht einfach wiederkommt.

Zeit für das Thema Heiligung. Ich kann's kaum erwarten. Hoffentlich geht es dir genauso.

Kapitel 4

Vom Glaubensheld bis zur Kirchenmaus – Geheiligt leben

Jeder Christ, der schon einmal im Bereich der Sexualität mit einer Sünde zu kämpfen hatte, will sie dauerhaft besiegen. Natürlich kann man einen großen Teil seiner Zeit darauf verwenden, sich einzureden, dass man ein erfülltes Leben führen kann, obwohl man weiterhin seinen Angewohnheiten anhängt, aber das ist nicht möglich.

Wer ist es nicht leid, in Schuld und Scham zu leben? Wer ist es nicht leid, auch nur noch einen Tag mit sexuellem Versagen zu verschwenden? Wer ist es nicht leid, sein Leben als Christ „gerade so" hinzubekommen? Wer fragt sich nicht, wie lange Gott angesichts des ständigen Versagens noch Geduld haben wird?

Es klingt zu gut, um wahr zu sein, dieses „Leben im Sieg". Es klingt ein bisschen nach Himmel. Aber es ist so real wie die Sonne, und es ist Gottes Wille für unser Leben.

Gott wünscht sich viel mehr für uns, als wir uns überhaupt vorzustellen wagen. Er will, dass wir frei sind. Er will, dass wir ein Leben im Überfluss haben. Er will, dass wir blühen und gedeihen. Und sicher gehört zu diesem Leben im Überfluss nicht der Kreislauf von Versagen – Buße – Sieg, der uns inzwischen so vertraut ist.

Das Problem bei den meisten Ansätzen für einen Sieg über Sünden im sexuellen Bereich ist, dass sie sich darauf konzentrieren, den Müll loszuwerden und die Sünde an der Wurzel auszureißen, aber oft vergessen, dass dieses klaffende Loch im Leben gefüllt werden muss.

Vielleicht können wir es uns folgendermaßen vorstellen:

Jemand geht zu einer Routineuntersuchung zum Arzt, und der stellt beim Patienten Übergewicht fest. Er sagt, der Patient soll aufhören, so übermäßig viel Fast Food, Kuchen, Kekse und Nachtisch zu essen. Außerdem soll er nicht mehr so viele Kohlenhydrate zu sich nehmen. Und wenn er einmal dabei ist, soll er auch frittierte Speisen und Pommes weglassen.

Der Patient muss dem Arzt recht geben – er hat Übergewicht. Bald darauf landet der gesamte Inhalt seines Kühlschranks in der Biotonne. Ungefähr fünf Stunden lang ist alles gut, doch dann bekommt er wieder Hunger. Er öffnet den Kühlschrank und der ist … leer. Nun hat er zwei Möglichkeiten: Er muss entweder gesunde Lebensmittel kaufen oder aus Verzweiflung in die Mülltonne greifen.

Der Mensch ist dazu geschaffen zu essen. Essen ist nicht das Problem. Hunger ist nicht das Problem. Das Problem ist, dass der Patient vergessen hat, den Kühlschrank mit gesunden Lebensmitteln zu füllen, mit Nahrung, die gut für ihn ist. Und so kann er sich nicht darüber freuen, dass er ein paar Schritte in die richtige Richtung gemacht hat, sondern denkt nur daran, wie hungrig und gereizt er ist und was für schreckliche Kopfschmerzen er gerade bekommt. Ich glaube, es ist klar, worauf ich hinauswill.

Viele christliche Singles bleiben bei der Frage der Selbstbeherrschung im immer gleichen Lebensmuster stecken: Sie schaffen den Computer ab, tauschen ihr Smartphone gegen ein altes Mobiltelefon ohne Internetfunktionen aus, bestellen das Kabelfernsehen ab, üben sich in Befriedigungsaufschub – und dann wachen sie eines Tages auf und stellen fest, dass sie immer noch halb verhungert sind.

Für viele unverheiratete Christen ist das Problem nicht, dass sie Sehnsüchte haben, sondern dass sie nicht wissen, wie sie ihre Sehnsüchte stillen sollen.

John Piper fasst das Ringen um einen Sieg über die sexuelle Begierde in seinem Buch *Future Grace* folgendermaßen zusammen: „Wir müssen Feuer mit Feuer bekämpfen. Das Feuer des Vergnügens an sexuellem Verlangen muss mit dem Feuer der Freude an Gott bekämpft werden. Wenn wir versuchen, das Feuer der sexuellen Begierde allein mit Verboten und Drohungen zu bekämpfen – selbst wenn es die schrecklichen Warnungen sind, die Jesus selbst gibt –, werden wir versagen. Wir müssen es mit der überwältigenden Aussicht auf ein größeres Glück bekämpfen. Wir müssen die kleinen Flammen des Vergnügens an sexueller Begierde vom Flächenbrand heiliger Zufriedenheit verschlingen lassen."[11]

Ich bin überzeugt davon, dass das, was John Piper hier beschreibt, der Schlüssel zum Sieg über Sünden im sexuellen Bereich ist.

Er reicht nicht, sich einfach zu sagen, man sollte nicht sündigen, weil jemand es herausfinden könnte (auch wenn das passieren kann). Er reicht nicht, sich einfach zu sagen, dass man es beim nächsten Mal besser machen will, denn mit den eigenen Mitteln und Möglichkeiten schafft man es nicht. Er reicht nicht, sich einfach zu sagen, dass man aufhören muss zu wollen, denn solange man atmet, wird man wollen. Es ist das Objekt des Wunsches, das geklärt werden muss.

Unsere Wünsche wurden uns von Gott geschenkt, damit sie uns näher zu ihm bringen. Unsere Wünsche sollen uns nicht zu Fall bringen. Unsere Wünsche sind ein Geschenk, das Gott uns gegeben hat, um uns in eine innigere Beziehung zu ihm zu ziehen. Der Weg zu einer innigeren Beziehung zu Gott heißt „Heiligung" und zeigt sich durch ein zunehmend heiliges Leben.

In diesem Kapitel soll es um die dritte innere Einstellung gehen, die jeder christliche Single für ein erfülltes Leben braucht, nämlich um persönliche Heiligkeit.

Moment mal, Heiligkeit? Wirklich? Eine der fünf inneren Haltungen für ein erfülltes Leben als christlicher Single ist, heilig zu sein? Wie Mutter Teresa oder irgend so eine mausgraue Kirchenkaffeetante?

Vielleicht bist du jetzt versucht, dieses Kapitel zu überspringen und, so schnell du kannst, wegzurennen. Natürlich weißt du, dass in der Bibel vom Heiligsein die Rede ist, und du weißt, dass Gott heilig ist. Das weiß doch jeder. Aber allein die Vorstellung von Heiligkeit klingt so anstrengend, langweilig und altmodisch. Es klingt wie etwas, um das man in seiner Kleingruppe betet, um den Gruppenleiter zu beeindrucken. Aber tatsächlich so zu leben? Darüber kann man vielleicht nachdenken, wenn man über vierzig ist. Aber nicht jetzt und heute. Jetzt und heute bist du zu cool, um deinen Heiligenschein zu putzen.

Heiligkeit hat einen schlechten Ruf. Dazu fallen einem nur Bilder von langen Gewändern, stillen Kathedralen mit Buntglasfenstern und 21-tägige Fastenzeiten ein. Wir leben im 21. Jahrhundert. Welcher Mensch, der halbwegs bei Verstand ist, will schon heilig sein? Reicht *normal* denn nicht aus?

Leider haben viele christliche Singles missverstanden und verkannt, was Heiligkeit ist. Heiligkeit ist Gottes Plan für jeden Christen, und es ist Gottes Plan für dich als Single, wenn du ein erfülltes Leben haben willst.

Was versteht die Bibel unter „Heiligkeit"?

Bevor wir uns damit beschäftigen, wie man ein heiliges Leben führen kann, ist es vielleicht hilfreich, erst einmal zu klären, was Heiligkeit ist. Am besten beginne ich mit einer kurzen Aufzählung dessen, was Heiligkeit *nicht* ist.

1. Heiligkeit ist *keine* Gesetzlichkeit

Heiligkeit lässt sich leicht mit einem äußerlichen Regelwerk verwechseln, das manch konservative christliche Glaubensgemeinschaften aufgestellt haben, um ihre Mitglieder zu kontrollieren oder ihnen ein falsches Gefühl der Gerechtigkeit zu vermitteln. Ganz offen gesagt: Das ist keine Heiligkeit, sondern Gesetzlichkeit und damit Sünde. Die Pharisäer wirkten rein äußerlich heilig, doch sie erkannten den Messias nicht, als er direkt vor ihrer Nase stand. Wer meint, er sei heilig, nur weil er eine bestimmte Art von Musik hört oder bestimmte weltliche Orte meidet, den möchte ich daran erinnern, dass Jesus selbst „Freund der Sünder" genannt wurde und oft an Orten und bei Menschen zu finden war, die auch viele von uns heute als fragwürdig betrachten würden. Selbst der Apostel Paulus, wohl der „heiligste" Christ aller Zeiten, sagte in 1. Korinther 9,22 über sich: „Wenn ich bei den Schwachen bin, werde ich bei ihnen wie ein Schwacher, um sie für Christus zu gewinnen. Ja, ich versuche bei allen Menschen eine gemeinsame Grundlage zu finden, um wenigstens einige von ihnen für Christus zu gewinnen."

Gott ist das Innere unseres Herzens wichtiger als unsere äußere Erscheinung. Vielleicht solltest du dir einmal folgende Fragen stellen: Welche Beweggründe stecken hinter deinen „heiligen" Aktivitäten? Suchst du nach der Anerkennung und dem Lob von Menschen? Hoffst du, dass Gott dich sieht und so beeindruckt ist, dass er endlich deine Gebete erhört?

In meinem eigenen Leben habe ich festgestellt, dass ich mich oft besonders dann um Heiligkeit bemühe, wenn ich gerade wieder einmal im Bereich des sexuellen Begehrens versagt habe. Ich hoffe dann, mir ein paar zusätzliche Pluspunkte bei Gott zu erarbeiten. Ganz platt ausgedrückt: Ich versuche, Gott dahin gehend zu manipulieren, dass er mich liebt und mich trotzdem weiterhin zu seiner Ehre gebraucht. Aber nichts ist weiter entfernt von echter Heiligkeit als dieses Leistungs-Christsein. Gottes Gnade lässt sich nicht verdienen. Sie wird uns durch den Tod Jesu am Kreuz *geschenkt*. Gott in seiner Gnade weiß, dass wir uns oft nur in einer Form von Gesetzlichkeit um Heiligkeit bemühen, und er lässt nicht zu, dass wir ein erfülltes Leben haben, bis nicht jede Wurzel der selbstgerechten Heiligkeit aus unserem Leben ausgerissen ist. Dafür bin ich sehr dankbar.

2. Heiligkeit ist *keine* Askese

Manche alleinstehende Christen haben sich eine Form der Heiligkeit angewöhnt, bei der sie durch einen asketischen Lebensstil den Gefahren der (weltlichen) Kultur aus dem Weg gehen wollen.

Ein asketischer Lebensstil ist gekennzeichnet durch Enthaltsamkeit von verschiedenen weltlichen Genüssen mit dem Ziel, religiöse oder geistliche Ziele zu erreichen. Leider erwartet die Askese – so wie die Gesetzlichkeit –, aufgrund der eigenen Leistungen gerettet zu werden und bei Gott Gefallen zu finden.

Manche Menschen sind so asketisch, dass sie sich jegliche körperlichen Genüsse versagen, einschließlich der Ehe, um geistlicher zu sein. Diese Praxis ist nicht biblisch, und Paulus sagt in 1. Korinther 7,28 ganz deutlich, dass die Ehe von Gott geschenkt und gestiftet ist. Die Gefahr bei Askese besteht darin, dass sie manchmal in Stolz wurzelt und aus dem Blick verliert, was Christus für uns getan hat und uns schenkt.

Ich muss gestehen, dass ich oft Angst vor Gott habe. Das meine ich nicht in dem gesunden, frommen Sinn der „Gottesfurcht“, sondern im Sinn von existenzieller, panischer Angst.

Ich bekomme Angst, wenn ich in Apostelgeschichte 5 die Geschichte von Hananias und Saphira lese und wie Gott sie ihre Lügen mit dem Leben bezahlen ließ. Ich bekomme Angst, wenn ich in 1. Chronik 31 die Geschichte von Usa lese und wie Gott ihn tötete, weil er die Bundeslade berührt hatte.

Gottes Heiligkeit ist etwas Ernstes, und sein Handeln ist sehr geheimnisvoll. Es fällt uns leicht, ausschließlich auf seine Liebe und Barmherzigkeit zu schauen und dabei zu ignorieren, dass er ein Gott ist, der die Sünde hasst und Heiligkeit verlangt. Wir stehen oft in der Versuchung, Gott zu dem zu machen, was wir gerade wollen oder brauchen, statt ihn als den anzubeten, der er wirklich ist und als der er sich uns in seinem Wort offenbart.

Willst du wissen, wie verzerrt mein Denken manchmal ist? Weil ich im Bereich der Selbstbefriedigung immer wieder versage, fühle ich mich so schuldig, dass ich mich manchmal frage, ob Gott mich dafür bestraft, indem er mir die Ehe vorenthält.

Das ist unbiblisches Denken. Gott ist heilig und hasst unsere Sünde, daran besteht kein Zweifel. Aber er sehnt sich danach, dass wir heilig sind, damit wir in ungestörter Gemeinschaft mit ihm leben können! Heiligkeit ist keine Strafe, die Gott uns für unsere sündige Vergangenheit auferlegt.

Du bist nicht unverheiratet geblieben, weil du versagt hast. Gott kannte unser Versagen bereits, als er am Kreuz für uns starb. Und doch hat er seine Arme weit ausgebreitet und es trotzdem getan. So unbegreiflich ist seine Liebe! Je mehr ich begreife, wer Gott ist, umso mehr möchte ich heilig sein. Ich liebe Psalm 103,12 und rufe mir die Worte regelmäßig in Erinnerung: „So fern der Osten vom Westen ist, hat er unsere Verfehlungen von uns entfernt."

Heiligkeit ist nicht Gottes Strafe für uns, weil wir in der Vergangenheit gesündigt und Fehler gemacht haben. Heiligkeit ist ein Vorrecht, das jeder Mensch hat, der Jesus Christus nachfolgt. Heiligkeit ist unsere Möglichkeit, Gott eine Freude zu machen. Paulus beschreibt es in 1. Korinther 7,32 und 34 so: „Ein unverheirateter Mann kann seine Zeit ganz für die Sache des Herrn einsetzen und darüber nachdenken, wie er ihm Freude machen kann. ... Genauso kann eine Frau, die nicht mehr verheiratet ist oder nie verheiratet war, sich körperlich und geistig sehr viel stärker für den Herrn einsetzen als eine verheiratete Frau, die sich um ihre irdischen Verpflichtungen kümmern und darüber nachdenken muss, wie sie ihrem Mann gefallen kann."

Es ist eine große Freude, wenn es uns gelingt, Heiligkeit nicht als Gottes Strafe zu verstehen, sondern als sein Geschenk an uns, um uns näher zu sich zu ziehen!

4. Heiligkeit ist *nicht* nur für Pastoren da

Ich bin von Natur aus faul und gestehe, dass Heiligkeit für mich ein bisschen zu anstrengend klingt. Es klingt wie etwas, das nur professionelle Christen tun – Pastoren zum Beispiel oder Bibelschüler.

Das Problem an meiner Theorie: Sie ist nicht biblisch. Gott ruft jeden Christen zu einem heiligen Leben auf. Heiligkeit ist nicht nur für Theologiestudenten oder Gemeindestreber da. Sie ist Gottes Wille für jeden Menschen, der Jesus Christus nachfolgt. In 1. Thessalonicher 4,3-4 lesen wir: „Gott möchte, dass ihr heilig seid; deshalb sollt ihr nicht unzüchtig leben. Dann wird jeder von euch so leben, dass er Gott Ehre macht."

Ich glaube, deutlicher hätte Paulus es gar nicht sagen können. Wir können aufhören zu überlegen, was Gottes Wille für unser Leben ist. Wir haben es gerade in Gottes Wort gelesen. Bei Gottes Willen geht es nicht darum, in welcher Stadt wir leben oder welches Haus wir kaufen sollen. Es geht nicht darum, mit welchem Mann, den wir über die christliche Partnervermittlung kennengelernt haben, wir zur nächsten Kennenlernstufe übergehen sollen. Gottes Wille für unser Leben ist vor allem anderen Heiligkeit. Und die erreichen wir unter anderem dadurch, dass wir uns von sexueller Unmoral fernhalten und dem nachstreben, was heilig ist.

5. Heiligkeit ist *nicht* unerreichbar

Ein Letztes: Heiligkeit ist nicht unerreichbar oder unrealistisch. Nein; in Wirklichkeit liegt die Heiligkeit für uns in Reichweite.

Die Werke von Oswald Chambers haben mich stark beeinflusst. Über Heiligkeit schreibt er: „Wir sind nicht dazu bestimmt, uns glücklich oder gesund zu fühlen, sondern heilig zu sein … Halte ich es überhaupt für nötig, heilig zu sein? Und glaube ich, dass Gott in mich hereinkommen und mich heilig machen kann? Wenn du mir durch deine Predigt klarmachst, dass ich nicht heilig bin, dann nehme ich dir deine Predigt übel. Wenn man das Evangelium predigt, nehmen die Leute das oft sehr übel, denn es soll ja zeigen, dass wir nicht heilig sind; aber es weckt zugleich eine große Sehnsucht im Menschen. Gott hat für die Menschheit nur ein Ziel: Heiligkeit.“[12]

Fazit: Heiligkeit ist durchaus erreichbar. Sie ist mehr als nur möglich. Sie ist unser Recht und Vorrecht in Christus. Heiligkeit ist Gottes Wille für jeden einzelnen Menschen, der Jesus Christus nachfolgt, und sie ist die einzige Möglichkeit, als Christ ein erfülltes Leben zu haben.

Und was genau ist Heiligkeit nun?

Ein wunderbares Beispiel für Heiligkeit finden wir im Alten Testament, nämlich im Leben von Mose. In 2. Mose 34,29-35 lesen wir einen erstaunlichen Bericht über Moses tägliches Leben. Zugegebenermaßen war Mose ein ziemlich außergewöhnlicher Mann. Er führte das Volk Israel aus Ägypten, nachdem er vierzig Jahre in der Wüste verbracht hatte. Ganz eindeutig war er ein von Gott erwählter Mann.

Während der Wüstenwanderung der Israeliten sonderte sich Mose regelmäßig vom Volk ab und verbrachte Zeit mit Gott. Er ging auf den Berg und sprach von Angesicht zu Angesicht mit Gott, so, wie ein Mensch mit seinem Freund redet. Das sind übrigens nicht meine Worte; ich habe sie aus 2. Mose 33,11 ausgeliehen.

Einmal, als Mose vom Berg Sinai kam, nachdem er dort längere Zeit in Gottes Gegenwart verbracht hatte, leuchtete sein Gesicht so sehr, dass die Menschen in seiner Umgebung Angst hatten und ihn nicht einmal anschauen konnten. Er musste sein Gesicht mit einem Tuch verhüllen. Das Interessante ist, dass Mose nicht einmal wusste, wie sehr sein Gesicht leuchtete. Es war einfach so, weil er so viel Zeit mit Gott verbracht hatte und Gottes Heiligkeit sich in Moses Gesicht widerspiegelte.

Von diesem Tag an nahm Mose immer das Tuch von seinem Gesicht, bevor er sich zu einer Begegnung mit Gott aufmachte, und hängte es sich dann wieder über, wenn er zurückkam, um zum Volk zu sprechen.

Vielleicht denkst du jetzt: *Das ist eine tolle Geschichte, aber ich bin nicht Mose.* Du bist einfach ein unverheirateter Christ, der sich nur ein erfülltes Leben wünscht. Das verstehe ich. Ich könnte auch nie wie Mose sein. Aber einen Teil der Geschichte möchte ich doch besonders hervorheben.

Das ganze Volk wandte das Gesicht von Mose ab – bis auf einen Mann. In 2. Mose 33,11 lesen wir von einem jungen Mann namens Josua; und dort heißt es: „Danach kehrte Mose wieder ins Lager zurück, doch ein junger Mann namens Josua, ein Sohn Nuns, verließ das Zelt der Begegnung nie."

Wenn ich diesen Vers lese, läuft mir immer ein Schauer über den Rücken. Mose ist für die meisten von uns ein zu einschüchterndes Vorbild. Aber was ist mit Josua? In 2. Mose 33 war er noch ein junger Mann. Ich wette, er wusste nicht, dass er derjenige sein sollte, der nach Moses Tod das Volk Israel anführt. Ich wette, er wusste nicht, dass er einmal um Jericho herum marschieren und es mit einem Posaunenstoß zu Fall bringen würde. Ich wette, er wusste nicht, dass sich später für ihn das Wasser des Jordans teilen würde. All das können wir in dem Buch nachlesen, das seinen Namen trägt.

Josua wusste nur, dass es einen Gott gibt, der zu seinem Volk spricht, und Josua wollte Anteil an ihm haben. Er hätte alles gegeben, solange er nur Gott ein wenig besser kennenlernen konnte – selbst wenn das bedeutete, dass er noch blieb, nachdem Mose gegangen war. Selbst wenn es bedeutete, irgendwo in der Ecke eines Zeltes zu stehen. Selbst wenn es bedeutete, einfach zu warten, bis Gott sich ihm zeigte.

Das nenne ich „Streben nach persönlicher Heiligung"! Bist du auch bereit zu tun, was Josua tat? Sehnst du dich auch so sehr nach Gottes Gegenwart in deinem Leben? Was bist du bereit zu tun, um Gott in deinem Leben zu sehen?

Gott verspricht: Wer ihn so sucht, dem wird er sich zeigen. Das ist garantiert. Wie sieht's bei dir aus?

Heiligkeit als innere Haltung

Wir haben bisher festgestellt, dass für ein erfülltes Leben Heiligkeit notwendig ist, indem wir darüber gesprochen haben, was Heiligkeit ist und was nicht. Außerdem haben wir über das Vorbild Josuas gesprochen. Nun sollten wir überlegen, wie wir in dieser Grundhaltung der Heiligkeit wachsen können. Mir sind dazu die folgenden fünf Schritte klar geworden:

1. Erkennen, wer man selbst ist

Ich habe ein ziemlich stressiges Leben und vergesse hin und wieder einmal, wer ich bin. Also halte ich ungefähr einmal am Tag inne und schaue in den Spiegel, um mich daran zu erinnern. Ich schaue mein Gesicht an, meine Haare, meine Zähne. Vielleicht sogar meine Kleidung. Es dauert nur einen Moment, aber es ist notwendig und hilfreich.

Das Gleiche gilt in geistlicher Hinsicht. Man kann so in seinem Leben aufgehen, dass man vergisst, wer man ist.

Auch was unseren persönlichen Zustand der Heiligkeit in Jesus Christus betrifft, sind wir sehr vergesslich. Es ist leicht zu vergessen, dass Jesus alle unsere Sünden getilgt hat – vergangene, gegenwärtige und zukünftige. Es ist leicht zu vergessen, dass Jesus uns wieder in die vollkommene Gemeinschaft mit dem Vater versetzt hat, indem er am Kreuz sein Blut vergoss. Es ist leicht zu vergessen, dass Heiligung vom Heiligen Geist bewirkt wird, der in jedem Menschen lebt, der Jesus Christus nachfolgt – auch in dir.

Wenn du Christ bist, ist also deine persönliche Heiligkeit das Ergebnis der Heiligung. Du ehrst Jesus Christus für das, was er für dich getan hat. Wenn du Jesus Christus nachfolgst, kannst du aufgrund deiner Identität in ihm heilig sein. Und als Single bekommst du sogar noch einen Bonus: Du kannst die ganze Zeit, die verheiratete Menschen füreinander aufwenden, damit verbringen, dich einfach auf Jesus zu konzentrieren. Das ist ein großes Vorrecht!

2. Raum für die Heiligung schaffen

Ich habe einen sehr kleinen Kleiderschrank. Neue Sachen passen nur hinein, wenn ich alte Sachen hinauswerfe. Über dieses Prinzip haben wir schon im letzten Kapitel nachgedacht, aber ich will es noch einmal aufgreifen. Um heilig werden zu können, muss man zuerst die Sünde aus seinem Leben werfen.

In 2. Korinther 7,1 heißt es: „Weil wir diese Zusagen haben, liebe Freunde, wollen wir uns von allem reinigen, was unserem Körper oder unserem Geist schaden könnte. Denn wir fürchten Gott; deshalb streben wir nach einem geheiligten Leben."

In diesem Abschnitt hat Paulus gerade die Christen in Korinth daran erinnert, dass ihr Körper ein Tempel des Heiligen Geistes ist. Er rundet seine Ausführung damit ab, dass er die Christen in Korinth auffordert, radikal mit allem zu brechen, was sie ablenkt oder verunreinigt. Das ist nicht nur ein äußerlicher Bruch, sondern vor allem eine radikale innere Entscheidung.

Es gab Zeiten in meinem Leben, in denen ich Predigten über Buße und Umkehr gehört und Bücher darüber gelesen habe. Den prinzipiellen Aussagen darin stimmte ich zu, aber in der Durchführung hatte ich nur vorübergehend Erfolg. Mein Problem war, dass ich meine Sünde nicht genug hasste. Obwohl ich sagte, dass ich Buße tun will, stand ich innerlich eigentlich nicht dahinter. Das zeigte sich daran, wie schnell ich der Versuchung erlag oder dass ich das, was mich zur Sünde verleitete, nur unvollständig aus meinem Leben entfernte. Es fiel mir schwer, die Sünde zu lassen, weil ich sie immer noch mehr liebte als Gott. Ich fand Ausreden, warum ich sie immer noch in meinem Leben zuließ. Ich redete mir ein, dass ich heiliger werden konnte, obwohl ich immer noch einen kleinen Schrank voller Sünde in meinem Leben hatte.

Das war ein Irrtum.

Ich musste zwei Dinge lernen: erstens, dass Buße und Umkehr ein Geschenk von Gott sind. Ich begann ernsthaft um Buße zu beten, und Gott hat meine Gebete erhört. Zweitens: Ich lernte, dass Gottes Wort immer über meinen Gefühlen stehen muss. Mir muss nicht nach Gehorsam zumute sein. Ich muss einfach gehorchen. Gefühle sind schreckliche Anführer, aber als Gefolge sind sie gut geeignet.

Echte Buße und Umkehr geben zu, dass Gott recht hat, auch wenn man es nicht ganz versteht. Man entscheidet sich, Gottes Wort im Glauben zu vertrauen und zu gehorchen, selbst wenn man den Grund nicht nachvollziehen kann. So schafft man Raum für die Heiligung und geht einen weiteren Schritt hin zu einem Leben aus dem Vollen.

Eines meiner Lieblingszitate von C.S. Lewis lautet: Es scheint, „als müssten unsere Wünsche dem Herrn eher zu schwach als zu groß vorkommen. Wir sind halbherzige Geschöpfe, die sich mit Alkohol, Sex und Karriere zufriedengeben, wo uns unendliche Freude angeboten wird – wie ein unwissendes Kind, das weiter im Elendsviertel seine Schlammkuchen backen will, weil es sich nicht vorstellen kann, was eine Einladung zu Ferien an der See bedeutet. Wir geben uns viel zu schnell zufrieden."[13]

Wir verbringen viel zu viel Zeit damit, uns darum zu sorgen, ob Gott eine Lösung für unsere Frustration hat. Oder wir versuchen, die Sache mit der Heiligkeit noch ein wenig aufzuschieben, und hoffen auf vorübergehende irdische Genüsse, so schwach sie auch sein mögen. Manchmal versuchen wir, die persönliche Heiligung und unsere eigene Version von christlicher Sinnlichkeit nebeneinanderher zu jonglieren. Aber so funktioniert das Ganze nicht.

Gott hasst Sünde. Heiligkeit kann nicht mit Sünde koexistieren. Die gute Nachricht ist, dass Gott viel mehr für seine Kinder bereithält, als jedes irdische Vergnügen je geben kann. Die einzige Einschränkung: Man muss den Glaubensschritt gehen und Gottes Wort gehorchen, um zu erfahren, dass das wahr ist. Das weiß ich, weil ich mich darauf eingelassen habe. Ich hoffe, du kannst das auch.

3. Auf die Heiligung konzentrieren

Hast du dir schon einmal etwas so sehr gewünscht, dass du nicht mehr aufhören konntest, daran zu denken? Zum Beispiel in der Schulzeit, als du unbedingt in den neuesten Freizeitpark wolltest und an nichts anderes mehr denken konntest? Beim Aufwachen war es dein erster Gedanke und der letzte vor dem Einschlafen. Du hast dich nur auf diese eine Sache konzentriert.

Der dritte Schritt zur Heiligung ist, sich voll und ganz darauf zu konzentrieren. Schauen wir uns noch einmal 1. Korinther 7,32 an. Dort heißt es nach der Bibelübertragung „The Message“: „Ich wünsche mir, dass euer Leben so wenig von Komplikationen belastet ist wie möglich. Wer unverheiratet ist, hat die Freiheit, sich einfach darauf zu konzentrieren, dem Meister Freude zu machen.“

Freiheit, sich darauf zu konzentrieren, Gott Freude zu machen. Freiheit, sich auf die Heiligung zu konzentrieren. Freiheit, um alle Gedanken, Worte, Handlungen und Beweggründe auf

Gottes Spur zu bringen. Freiheit, darüber nachzudenken, welche Sünden noch aufzugeben und welche Aspekte der Heiligung noch umzusetzen sind.

In meiner Kirche haben wir früher einen kleinen Chorus gesungen, der so ging: *„Holiness, holiness is what I long for. Holiness is what I need. Holiness, holiness is what You want for me".* („Heiligkeit ist das, wonach ich mich sehne. Heiligkeit ist das, was ich brauche. Heiligkeit ist das, was du für mich willst").[14]

Sehnst du dich nach Heiligkeit? Bist du ganz auf Gott konzentriert, so wie Josua, und sehnst du dich nach seiner Gegenwart in deinem Leben? Ein Tag hat 1440 und eine Woche 10 080 Minuten. Wie viele davon konzentrierst du dich auf Heiligung? Viele Christen sprechen davon, sich auf Gott zu konzentrieren, verwenden aber leider nur wenig Zeit darauf.

Vielleicht ist es Zeit für Veränderung.

4. Sich um Heiligung bemühen

Das Letzte, was man über Heiligung wissen muss, ist, dass Gott keinen einfachen Weg dorthin versprochen hat. In Matthäus 7,14 beschreibt Jesus das Leben in seiner Nachfolge als einen schmalen, schwierigen Pfad. Doch viele Christen kommen im Lauf der Zeit allmählich vom Weg ab, kratzen sich am Kopf und fragen sich, warum niemand ihnen gesagt hat, dass das Leben so schwer ist.

Eines will ich ganz deutlich sagen: Das Leben als Christ ist nicht leicht. Jesus Christus nachzufolgen bedeutet, täglich sein Kreuz auf sich zu nehmen und dem Retter zu folgen, der an diesem Kreuz hing. Er ist in jeder Hinsicht unser Vorbild – auch im Leiden.

Mein Lieblingsvers zum Thema Heiligung ist Hebräer 12,14.

Dort sagt der Schreiber des Briefes: „Versucht, mit allen Menschen in Frieden zu leben, und bemüht euch, ein heiliges Leben nach dem Willen Gottes zu führen, denn wer nicht heilig ist, wird den Herrn nicht sehen."

Dieser Vers ist äußerst inhaltsschwer. Hast du mitbekommen, was darin gesagt wird? Vielleicht solltest du ihn noch einmal lesen. „Wer nicht heilig ist, wird den Herrn nicht sehen." Wenn ein Christ Gott nicht in seinem Leben sehen kann, liegt es vielleicht daran, dass es ihm an Heiligkeit fehlt.

Ich möchte aber auch noch auf ein anderes Wort in Hebräer 12,14 hinweisen, nämlich das Wort *bemühen*. „Bemühen" (andere Bibelübersetzungen schreiben „nachjagen" oder „streben") lässt sich folgendermaßen definieren:

1. sich sehr anstrengen,
2. angestrengt auf ein Ziel hinarbeiten,
3. in einem Widerstreit, einer Schlacht oder einem Konflikt kämpfen,
4. sich mit aller Kraft bemühen, zum Beispiel im Widerstand gegen etwas oder jemanden.[15]

Wenn du dieses Buch liest, sehnst du dich wahrscheinlich irgendwie nach Heiligkeit in deinem Leben und möchtest, dass dein Leben mit Jesus noch erfüllter wird. – Die gute Nachricht ist, dass Gott genau das Gleiche für dein Leben will. Die schlechte Nachricht ist, dass es nicht einfach wird.

Bist du bereit, dich um Heiligkeit zu bemühen? Bist du bereit, dafür auch Beschwernisse und Leiden auf dich zu nehmen? Bist du bereit, deine persönlichen Rechte und Vorteile aufzugeben, um Jesus mehr in deinem Leben zu haben?

Ich habe noch eine gute Nachricht: Du bist nicht allein damit. Christus in dir ist der Einzige, der dich zur Heiligkeit führen kann. Sein Geist in dir macht es möglich. Jesus Christus ist deine Stärke. Er ist gegenwärtig. Er ist dein Ziel. Du musst diese Schlacht nicht allein schlagen. Die Frage ist: Bist du bereit, ihm zu vertrauen und darauf, dass er dich heilig machen wird? Bist du bereit, ihm dein Leben anzuvertrauen?

Kapitel 5

Frei wie ein Vogel – Begreifen, was Freiheit wirklich ist

Am 19. Juli 1987 zog meine Familie von Beirut im Libanon ins amerikanische Green Bay in Wisconsin. Das taten wir nicht, weil wir so begeisterte Fans der dort ansässigen Football-Mannschaft *Packers* waren, und auch nicht, weil wir den Winter der nördlichen Breiten so toll fanden. Und ganz bestimmt war auch nicht die Küche von Wisconsin mit Bratwurst und Frischkäse der Grund.

Nein. Vor knapp dreißig Jahren zog mein Vater mit unserer Familie einmal halb um den Globus, weil wir frei sein wollten. Wir sehnten uns nach einem Leben frei von politischer Unterdrückung und wirtschaftlichen Umbrüchen. Wir sehnten uns nach einem Leben frei von Angst um unsere Sicherheit. Wir träumten von einem Leben, in dem individuelle Freiheiten nicht nur ein Gesprächsthema am Esstisch waren, sondern gelebte und geglaubte Realitäten.

Damals war ich fünfzehn Jahre alt, und ich habe mich nie zurückgesehnt.

Für Menschen, die in den USA aufgewachsen sind, ist „Freiheit" etwas so Banales und „Unabhängigkeit" so ins kollektive Unterbewusstsein eingewoben, dass ein Leben ohne Freiheit und Unabhängigkeit ganz außer Frage steht und etwas völlig Fremdes ist. Und doch opfern seit Jahrhunderten Männer und Frauen ihr Leben für die Freiheit. Es fanden Freiheitskämpfe statt. Männer und Frauen starben, während sie die Grenzen ihrer eigenen unterdrückten Länder überschritten, um in Länder zu gelangen, in denen sie frei sein konnten.

Freiheit.

Lieder werden darüber geschrieben. Teenagerträume bauen darauf auf. Doch vor allem ist sie der Dreh- und Angelpunkt des christlichen Glaubens.

In Galater 5,1 fasst Paulus es so zusammen: „So hat uns Christus also wirklich befreit. Sorgt nun dafür, dass ihr frei bleibt, und lasst euch nicht wieder unter das Gesetz versklaven."

Durch Christus wird jede Gefängnistür geöffnet. Durch Christus wird jeder Gefangene befreit. Durch Christus wird jede Sklaverei schon im Ansatz vernichtet. Durch Christus sind wir frei zu leben und frei, zu blühen und zu gedeihen.

Es spielt keine Rolle, ob wir uns frei fühlen oder uns so verhalten, als wären wir frei. Die Realität ist, dass Jesus Christus uns mit seinem Tod am Kreuz für alle Zeiten die Freiheit erkauft hat. Stell dir vor, nachdem wir den Libanon verlassen hatten, hätte meine Familie beschlossen, im Keller zu leben und bei gedämpftem Licht Brot und Wasser zu horten, damit der Feind nicht herausfindet, wo wir sind. Du würdest doch sicher denken, dass wir dumm oder zumindest unwissend sind. Stell dir vor, nachdem meine Familie den Libanon verlassen hatte, hätten meine Eltern uns aus Angst vor Bombenangriffen nicht in die Schule geschickt. Du würdest dich doch sicher fragen, welches Verständnis wir von der westlichen Welt haben ... oder vielleicht auch, ob wir ganz bei Trost sind.

Oder du würdest uns einfach daran erinnern: Ihr seid frei! Ihr müsst keine Angst mehr haben! Ihr müsst nicht mehr im Dunkeln leben. Ihr seid frei – und ihr dürft auch so leben!

Eines der größten Geschenke für einen unverheirateten Christen ist das Geschenk der Freiheit. Trotzdem leben manche noch das Szenario, das ich eben gezeichnet habe. Statt die Freiheit anzunehmen, die sie geschenkt bekommen haben, schließen sie sich beharrlich im Keller des Lebens ein und zählen die Tage, bis ihre Strafe vorbei ist. Statt aus dem Vollen zu leben, verwelken sie langsam und ignorieren die Freiheit, die Gott ihnen in dieser Phase ihres Lebens so gnädig geschenkt hat.

Paulus begriff, was für ein Geschenk diese Freiheit ist. In 1. Korinther 7,32-34 fasste er seine Gedanken zusammen und sagte den unverheirateten Christen Folgendes: „Ich möchte, dass ihr in allem, was ihr tut, von den Sorgen dieses Lebens frei seid. Ein unverheirateter Mann kann seine Zeit ganz für die Sache des Herrn einsetzen und darüber nachdenken, wie er ihm Freude machen kann. Für einen verheirateten Mann ist das sehr viel schwerer. Er muss seine irdischen Verpflichtungen erfüllen und sich überlegen, wie er seiner Frau gefallen kann. Seine Aufmerksamkeit ist geteilt."

Es ist an der Zeit, dass wir uns mit der vierten inneren Haltung befassen, die jeder christliche Single für ein erfülltes Leben braucht: wahre Freiheit. Du befindest dich wahrscheinlich auf dem Spektrum der Freiheit an einem der Extrempunkte. Entweder verabscheust du die Freiheit, die mit dem Unverheiratetsein einhergeht, und sehnst dich nach dem sicheren Rahmen einer Ehe, oder – wenn es dir wie mir geht – du liebst diese Freiheit zu sehr: so sehr, dass keiner dir vorschreiben darf, was du tun sollst.

Du liebst deine Freiheit so sehr, dass keiner eine tiefere Beziehung zu dir eingehen darf. Du hast nichts dagegen, hin und wieder mal einen Freund zu haben, aber der Gedanke an eine langfristige Beziehung ist dir nicht geheuer, weil ein Mann eine Gefahr für deine Freiheit darstellen könnte.

Das kenne ich nur zu gut. Ich wurde mit einer genetischen Veranlagung zur Unabhängigkeit geboren. Mit sechzehn Jahren zog ich daheim aus und ging ans College. Seit 20 Jahren lebe ich allein. Ich liebe meine Freiheit – fast zu sehr. Ich werde meistens gefragt, wie ich es überlebt habe, nicht nur eine, sondern zwei Verlobungen zu lösen. Die Wahrheit ist: Beide Male war ich erleichtert, weil ich wusste, dass ich endlich frei von Verwicklungen und Verpflichtungen war. Das muss ich zu meiner Schande gestehen.

Ja, Jesus hat die Freiheit für mich erkauft. Ja, Jesus kam, um mich zu befreien. Aber Jesus starb nicht am Kreuz, damit ich tun und lassen kann, was ich will und wann ich es will. Meine Freiheit hat einen hohen Preis gefordert, und im Gegenzug bin ich mit meinem ganzen Leben gefordert. Jesus Christus ist nicht gestorben, damit ich unabhängig für meinen Eigenwillen und meine eigene Ehre lebe. Er starb, damit ich frei bin, zu seiner Ehre ein erfülltes Leben zu führen.

Wenn Jesus mich also nicht befreit hat, damit ich meine eigenen Pläne durchziehen kann, was *darf* ich dann mit meiner neuen Freiheit in Christus tun?

Das ist eine gute Frage – gut, dass du sie gestellt hast. Bevor ich erkläre, *wozu* wir befreit sind, wollen wir erst einmal von Paulus erfahren, *wovon* wir befreit sind.

Frei wovon?

1. Freiheit von Sorgen

Ich bin kein komplizierter Mensch. Ich nehme Dinge für bare Münze. Wenn Paulus sagt: „Ich möchte, dass ihr in allem, was ihr tut, von den Sorgen dieses Lebens frei seid", dann denke ich, er meint, dass wir frei von Sorge sein sollen.

Wahrscheinlich weißt du ziemlich gut, was Sorge ist, aber ich habe trotzdem einmal ein paar Definitionen nachgeschlagen. Sorge ist „Kummer oder Unruhe, ausgelöst durch Angst vor Gefahr oder Unglück".[16] Man könnte es auch „Befürchtung" nennen. Es ist ein allgemeines Gefühl von Beunruhigung oder nahendem Unglück.

Vielleicht kennst du dieses Gefühl gut. Ich schon. Es ist das Gefühl, das einen überkommt, wenn man einen unerwarteten Steuerbescheid erhält. Wenn man mitten in der Nacht einen Anruf bekommt. Wenn man den Umschlag mit den Testergebnissen öffnet und liest, was man befürchtet hatte. Plötzlich ist einem speiübel. Man fühlt sich, als hätte man einen Schlag in die Magengrube bekommen. Der Kopf fühlt sich an wie in einer Schraubzwinge.

Die Sorge überrollt einen.

Wahrscheinlich gibt es in deinem Leben alle möglichen Dinge, die Sorgen auslösen, aber für mich vervielfacht nichts die Sorgen so sehr wie andere Menschen. Darum finde ich Familientreffen an Feiertagen so stressig. Darum sind einsame Ferien in entlegenen Gegenden für mich so entspannend. Der Umgang mit anderen Menschen bringt unweigerlich mehr Unruhe ins Leben. Man kann nicht mehr tun, was man will und wann man es will, sondern muss die Bedürfnisse und Wünsche anderer Menschen berücksichtigen. Es ist nicht leicht, in Gegenwart anderer Menschen ein Mensch zu sein.

Und nun stell dir vor, du lebst für den Rest deines Lebens in großer Nähe mit einem anderen Menschen zusammen – in guten wie in schlechten Tagen, in Gesundheit und Krankheit, was auch kommen mag, bis Jesus wiederkommt oder der Tod euch scheidet. Gott nennt dieses Arrangement *Ehe,* und es bringt ein gewisses Maß an Sorge mit sich, das nur verheiratete Menschen wirklich verstehen können, selbst wenn sie einander unendlich lieben.

Kommen wir noch einmal auf 1. Korinther 7 zurück. Wenn Paulus über Ehelosigkeit und Ehe redet, sagt er den Korinthern nicht, sie sollen die Ehe meiden, weil sie mehr Sorge ins Leben bringt. Ganz im Gegenteil: Paulus verteidigt die Ehe als ein Geschenk Gottes und etwas Gutes. Aber er sagt auch: Unverheiratet zu sein, sollte einen Menschen von der zusätzlichen Sorge befreien, die verheiratete Menschen haben. Mit anderen Worten: Als unverheirateter Christ sollte man weniger Sorgen haben, nicht mehr!

Warum also leben wir so oft in einem Zustand täglicher Sorge und Unruhe?

Ich glaube, das ist eine direkte Folge eines geteilten Herzens. Sorge entsteht, wenn man den Blick von Jesus abwendet und sich auf seine Umstände konzentriert. Wenn Probleme groß werden, wird Gott klein, und die Sorge wächst. Die Bibel sagt uns, wir sollen uns nicht um den morgigen Tag sorgen, doch der morgige Tag hat schon vielen Christen die Freude am Heute geraubt. Wenn man den Blick auf die eigenen Umstände richtet, rücken die Dinge dieser Welt in den Mittelpunkt, und alle Probleme werden größer. Man fängt an, sich Fragen zu stellen, wie zum Beispiel: *Wird Gott mir je den richtigen Mann schicken? Hat Gott meine biologische Uhr vergessen? Wie soll ich mit nur einem Einkommen für mein Alter vorsorgen? Sollte ich ein Haus kaufen oder weiter Miete zahlen?*

Ganz gleich, was uns Sorge macht: Es raubt uns die Freude und Freiheit in Christus und damit die Fähigkeit, ein erfülltes Leben zu führen. Es ist an der Zeit, den Blick von den Umständen und weltlichen Sorgen abzuwenden und fest auf Jesus Christus zu richten.

Der Vorteil, den ein unverheirateter Christ hat, ist die Fähigkeit, seine Aufmerksamkeit ungeteilt auf Jesus Christus zu richten. Das Leben frei von Sorge, das christliche Singles genießen, ist eine direkte Folge der Ausrichtung auf Jesus. Wer seinen Blick ganz auf Jesus richtet, findet Frieden. Paulus schreibt in Philipper 4,6-7: „Sorgt euch um nichts, sondern betet um alles. Sagt Gott, was ihr braucht, und dankt ihm. Ihr werdet Gottes Frieden erfahren, der größer ist, als unser menschlicher Verstand es je begreifen kann. Sein Friede wird eure Herzen und Gedanken im Glauben an Jesus Christus bewahren."

Gebet ist das Geheimnis für ein sorgenfreies Leben. Gottes Geschenk an dich ist zusätzliche Zeit zum Beten und die Freiheit, ihm deine ungeteilte Aufmerksamkeit zu widmen. Konzentrierst du dich ganz auf Jesus und hast damit ein Leben frei von Sorge? Wenn nicht, könntest du ja jetzt damit anfangen.

2. Freiheit, anderen Menschen nicht alles recht machen zu müssen

Die meisten von uns sind von Natur aus darauf bedacht, es allen recht zu machen. Wir sehnen uns nach Anerkennung. Wir bemühen uns, andere glücklich zu machen. Wir leben unter der Herrschaft dessen, was andere über uns denken und sagen. Wenn man Single ist, kann das noch schlimmer sein. Man lässt sich vom anderen Geschlecht definieren und sehnt sich nach Bestätigung.

Aber wir sind zu sehr viel mehr erschaffen.

In 1. Korinther 7,32 nimmt Paulus uns behutsam beim Kinn, schaut uns in die Augen und sagt uns, so direkt er nur kann: Konzentrier dich darauf, es *Gott* recht zu machen. Mach das zu deinem Lebensziel. Wenn alles in dir darauf ausgerichtet ist, Gott zu gefallen, wirst du wahre Freiheit erleben. Sei frei von der Last, es anderen Menschen recht machen zu müssen. Der Segen eines Lebens als Single besteht darin, dass du nicht erst mit dem Ehepartner besprechen musst, in welcher Farbe ihr die Wände im Esszimmer streicht. Du brauchst nicht die Meinung der Schwiegereltern über das nächste Urlaubsziel einzuholen. Als unverheirateter Christ bist du frei, das Leben zu führen, das Gott für dich bereithält.

Wenn du gerade den Teil über den Streit um die Wandfarbe und die Meinung der Schwiegereltern gelesen und gedacht hast: *Diese Probleme hätte ich aber gern,* ist nicht angekommen, worum es mir geht. Verschwendest du vielleicht die Freiheit, die Gott dir gegeben hat – nämlich die Freiheit von der ständigen Sorge darum, was deine bessere Hälfte will und denkt? Deine wichtigste Frage sollte jeden Tag sein: *Herr, was willst du heute von mir?*

Wer Jesus diese Frage stellt, könnte von der Antwort überrascht sein. Meiner Meinung nach sind es besonders zwei Bereiche, in denen Gott uns gebrauchen will, um mit an seinem Reich zu bauen:

3. Finanzielle Freiräume

Wer unverheiratet, älter als 18 Jahre und berufstätig ist, kann sein Geld ausgeben, wofür er will. Manche von uns wissen das nur allzu genau, weil sie Unmengen Geld für ihre Hobbys und Spontankäufe ausgeben, sich um den Ausbau ihrer Kreditwürdigkeit bemühen und ihre Freiheit ungehemmt für ihre eigenen Wünsche ausnutzen.

Doch wer anfängt, sich ganz auf Gott zu konzentrieren, dessen gesamtes Leben ändert sich. Wie würde es aussehen, wenn du anfangen würdest, Gott zu fragen, wie du die finanziellen Mittel einsetzen sollst, die er dir anvertraut hat? Sicher wäre es dir nicht mehr wichtig, dein eigenes kleines Reich aufzubauen oder dir die neueste technische Spielerei anzuschaffen. Stattdessen wäre es dir wohl wichtiger, dich für den Bau von Gottes Reich einzusetzen.

Manche Menschen beruft Gott dazu, etwas ganz Verrücktes mit ihren finanziellen Mitteln anzustellen – ihr Haus zu verkaufen oder Geld anzusparen und Missionar zu werden. Vielleicht bist du nicht ganz so radikal, aber trotzdem … Gott könnte dich gebrauchen, um einen Missionar zu unterstützen, eine Schule in Afrika zu bauen oder einem Kind in Not zu helfen. Vielleicht ist es an der Zeit, deine Träume loszulassen und Gottes Geist zu gestatten, etwas zu tun, das dich von dieser Welt und ihren Ablenkungen befreit, um das erfüllte Leben führen zu können, das Gott für dich hat. Das nenne ich Freiheit!

4. Zeitliche Freiräume

Überlegen wir einmal, worauf wir unsere freie Zeit verwenden. Sind wir es nicht leid, mit den anderen Singles aus unserer Gemeinde das x-te neue Restaurant in der Stadt auszuprobieren? Sind wir es nicht leid, unser Einkommen für den x-ten Hollywood-Streifen und eine kalorienbombige Tüte Popcorn auszugeben und unser Gehirn von endloser Unterhaltung betäuben zu lassen, die den Eindruck, dass wir nie gut genug sein werden, nur noch verstärkt? Ich sage ja nicht, dass wir nicht auch Entspannung brauchen. Aber wenn wir lange genug innehalten, um Gott zu fragen, wie wir unsere freie Zeit verbringen sollten, wird uns seine Antwort vielleicht überraschen. Wahre Freiheit entsteht aus Gehorsam und nicht aus Sichgehenlassen. Wahre Freiheit bekommen wir, wenn wir unsere gesamte Zeit Gott schenken und erleben, wie er in unserem Leben bleibende Frucht mit Ewigkeitswert wachsen lässt. Alles, was weniger ist als diese Freiheit, führt nur dazu, dass wir unsere Tage mit der endlosen, vergeblichen Jagd nach irgendeinem irgendwo versteckten Wunschtraum verbringen und am Ende leer und unzufrieden sind.

Bei jeder einzelnen Entscheidung unseres Lebens, in jeder einzelnen Situation, müssen wir uns entscheiden: Wollen wir es Gott recht machen oder uns selbst? Die Antwort auf diese Frage ist ein Hinweis darauf, wie frei wir wirklich sind.

5. Freiheit von Ablenkungen

Ein Blick auf das Leben vieler Singles zeigt nicht ein Leben mit ungeteiltem Herzen, sondern eines, das randvoll mit Ablenkungen ist: Wohin soll ich in den Urlaub fahren? Was soll ich heute essen? Welches Hobby sollte ich mir zulegen? Auf wie vielen Internet-Partnerbörsen sollte ich mich registrieren?

Unverheiratete Christen meinen vielleicht, dass es auf der Jagd nach einem Ehepartner ihre Marktchancen erhöht, wenn sie ihren Interessenhorizont erweitern, doch das ist schlichtweg nicht wahr. Ablenkungen gehören zu den größten Tricks des Satans, um die Christen davon abzuhalten, Jesus treu zu dienen. Doch standen uns noch nie zuvor so viele Ablenkungen zur Verfügung wie heute. Wir haben mehr Fernsehkanäle als Speicherplätze in unserem Fernseher. Die Auswahl an Videospielkonsolen, die Männern Jahre ihres Lebens rauben, ist lähmend. Wir haben Bücher, die wir mit einem Fingertippen aufrufen und lesen können, und private Bibliotheken mit mehr ungelesenen Bänden als je zuvor. Wir haben soziale Netzwerke, reale Netzwerke, Netzwerke im Internet zur Partnervermittlung und Gemeindenetzwerke. Ganz gleich, welche Gedanken uns beschäftigen – wahrscheinlich gibt es bereits einen Blog darüber. Zu jedem Interesse, das es gibt, gibt es wahrscheinlich auch eine Interessengruppe.

Verwundert es da, dass so viele alleinstehende Christen keine

Ahnung haben, was sie mit ihrer Freiheit anfangen sollen? Denken wir auf der anderen Seite einmal an die Männer und Frauen, die nur wenige Generationen vor uns lebten. Nehmen wir zum Beispiel David Brainerd, den großen Indianermissionar, der sein Leben aufgab, um Gott zu dienen; oder Amy Carmichael, eine alleinstehende Christin, die nach Indien zog und ihr Leben riskierte, um Waisenkindern die Gute Nachricht von Jesus zu bringen. Erst die Ewigkeit wird zeigen, wie viele Menschen in den Dienst für Gott gegangen sind, weil andere Männer und Frauen sich weigerten, den Ablenkungen ihrer Zeit nachzugeben und sich ganz auf Gottes Reich konzentrierten. Es waren Männer und Frauen, die begriffen, welche Freiheit ein Leben ohne Ablenkungen bedeutet, und Jesus Christus mit ganzem Verstand und ganzem Herzen nachfolgten.

Ich würde uns wünschen, dass Gott eine neue Generation von Christusnachfolgern beruft, die begreifen, dass das Leben als christlicher Single ein Geschenk ist, das größere Freiheit für den Dienst für Gott bedeutet. Es ist eine Freiheit ohne die Ablenkungen, die eine Familie oder weltliche Sorgen bedeuten – eine Freiheit, in der der Name von Jesus Christus groß gemacht und sein Reich gebaut wird!

Frei wofür?

Zwischen 30 und 40 lebte ich den amerikanischen Traum: Ich hatte eine Eigentumswohnung im Zentrum von Chicago, ganz in der Nähe der Michigan Avenue, mit einem herrlichen Blick auf den Michigansee. Ich hatte eine fantastische Arbeit als Leiterin der Notaufnahme in einem der besten Kinderkrankenhäuser der Welt. Ich hatte ein super Auto, war bei guter Gesundheit und besaß genug Geld, um alles zu tun, was ich wollte. Ich konnte mit jedem Mann ausgehen, alles tun, überall hingehen – ganz nach Herzenslust.

Und doch saß ich freitagabends meistens auf dem Sofa in meinem Wohnzimmer, die Fernbedienung in der Hand, und überlegte, welchen Fernsehfilm ich schauen wollte.

Ich nenne diese Art von Freiheit *vergeudete Freiheit.*

Wenn du frei bist, alles Mögliche zu tun, aber nicht genau weißt, *was* du tun sollst, dann bist du vielleicht auch ein Experte im Vergeuden der Freiheit, die Gott dir gegeben hat. Es ist an der Zeit aufzuwachen und herauszufinden, wofür du befreit bist.

1. Befreit zur Freude

Die erste Freiheit, die ein alleinstehender Christ genießen soll, ist die Freiheit, Gott ganz zu lieben. John Piper ist für mich einer der größten Theologen unserer Generation. Er hat sein Leben und seine Arbeit auf einem Prinzip aufgebaut, das zusammenfasst, was es bedeutet, sich an Gott zu freuen. Es lautet: „Gott wird am meisten in uns verherrlicht, wenn wir unsere größte Zufriedenheit in ihm finden.“[17]

Vielleicht hast du dieses Kapitel bis hierhin gelesen und denkst dir jetzt: *Okay, ich hab's kapiert. Ich soll etwas für Gott tun. Also gut, bin schon dabei.* Aber ich kann dir sagen, dass Freiheit in Christus durch nichts so schnell verloren geht, wie wenn wir für Christus arbeiten, ohne uns an ihm zu freuen. Wer sich bleibende Freiheit wünscht, muss in seinem Leben mit Jesus von reiner Pflichterfüllung zu heller Freude gelangen, oder er wird als Jesusnachfolger nie aus dem Vollen leben.

Ja, Gott will, dass wir ihm gehorchen und dienen, aber nichts bricht ihm so das Herz, wie wenn er sieht, dass wir es nur aus

Pflichtgefühl tun. Dienst für und Gehorsam gegenüber Gott müssen aus dem Überfluss unserer Beziehung zu ihm entspringen. Wer in Jesus Christus vollkommen zufrieden ist, *will* ihm auch dienen.

Denken wir einmal ans Bibellesen. Vielleicht denken wir, dass Gott, wenn wir täglich die Bibel lesen, zufrieden mit uns ist, unsere Gebete erhört und uns vielleicht sogar einen Ehepartner schenkt. Also setzen wir uns pflichtgemäß hin und haken unsere Bibellese für den Tag ab – und dann fragen wir uns, warum wir diesen großen Gott kaum kennen und seine Gegenwart so wenig genießen. Bald darauf fragen wir uns, warum unser Leben als Christ eher einem Gefängnis gleicht, das uns in Ketten legt, als einem weiten Feld, das uns befreit. Was uns fehlt, ist eine Beziehung. Was uns fehlt, ist die einfache Freude an unserem persönlichen Retter. Die tägliche Bibellese ist dazu da, unsere Beziehung zu dem Einen, der unsere Freiheit erkauft hat, enger werden zu lassen. Durch sein Wort lernen wir ihn besser kennen und begreifen seinen Willen für unser Leben. Die Freiheit, die mit dem Leben als unverheirateter Christ einhergeht, ist die Freiheit, in aller Ruhe Zeit mit Gott zu verbringen, ohne die Ablenkung, die verheiratete Menschen spüren. Es ist die Freiheit, sich an dem König der Könige, der alles für uns getan hat, zu freuen und ihn anzubeten.

Das Leben in Christus können wir am meisten genießen, wenn es mit Freude erfüllt ist. König David verstand das und brachte es in vielen seiner Psalmen zum Ausdruck, wo er immer wieder die Stimme voller Lob und Anbetung für den erhob, der ihm das Leben geschenkt hatte.

Wenn man verheiratete Christen fragt, was sie am meisten aus ihrer Zeit als Single vermissen, werden die meisten antworten: die konzentrierte, ungehetzte Zeit mit Gott. Obwohl sie immer noch ihre Stille Zeit machen, wird sie oft gestört oder ist heftig umkämpft.

Wenn du Christ und unverheiratet bist, ist es wichtig zu lernen, dich an Gott zu freuen. Verbringe Zeit mit ihm, suche seine Gegenwart, und bitte ihn, dass er sich dir auf eine ganz neue Art und Weise zeigt. Du hast die Freiheit erhalten, Gott kennenzulernen, und diese Freiheit ist so wertvoll, dass Paulus selbst beschloss, nicht zu heiraten, um ungestörte Freude an Gott genießen zu können. Es ist ein großes Vorrecht und ein großer Segen, den wir da erhalten haben!

2. Frei zur Liebe

Unsere Kultur hat es geschafft, die Liebe mehr als jedes andere Gefühl der Welt auf einen Sockel zu stellen. Natürlich ist es leicht, Walt Disney die Schuld an unseren verdrehten Vorstellungen von Liebe und „Glücklich bis ans Lebensende" zuzuschieben. Aber tief in unserem Inneren sehnen wir uns alle nach einer Liebe, die so bedingungslos und unvergänglich ist, dass nichts sie jemals zerbrechen kann.

Dabei haben wir vergessen, dass wir nicht heiraten müssen, um eine solche Liebe zu haben. Jeder verheiratete Christ wird uns sagen, dass die Ehe unser Liebesproblem nicht löst. Das kann nur Jesus Christus. Nur er kann alle unsere Bedürfnisse stillen. Nur er liebt uns bedingungslos. Er ist der Einzige, der uns nie enttäuschen und nie die Treue brechen wird. Aus Liebe zu uns hat er sich selbst gegeben. Wir sind die große Liebe von Jesus Christus. Und seit dem Augenblick, als wir ihn in unser Leben aufnahmen, lebt seine Liebe in uns. Sobald wir Jesu bedingungslose Liebe begreifen, sind wir bereit, andere genauso zu lieben.

Ich hatte einmal eine Zimmerpflanze, die ich immer wieder

goss und die trotzdem einging. Ich wusste nicht, warum – bis eine Freundin vorschlug, ich sollte mir doch einmal den Blumentopf anschauen. Im Boden des Topfes waren keine Löcher, und so konnte das Wasser, das ich auf meine Pflanze goss, nirgendwohin. Sie ging ein, weil sie zu viel gegossen wurde. Ich nannte das „Tod durch Überfluss".

Unglücklicherweise erleiden viele Christen das gleiche Schicksal. Die Liebe von Jesus Christus soll durch uns hindurch und zu anderen fließen. Für christliche Singles heißt das, dass sie nicht verheiratet sein müssen, um bedingungslos zu lieben. Sie können und sollen andere Menschen hier und jetzt lieben.

Die Menschen in unserer Welt sehnen sich nach einer solchen bedingungslosen Liebe. Wir leben in einer Zeit, in der Liebe selten und flüchtig ist. Die Menschen sind daran gewöhnt, verletzt zu werden. Sie erwarten es. Doch Gottes Plan für seine Kinder ist, der Welt mit der Liebe von Jesus Christus zu begegnen und ihnen die erlösende Wahrheit des Evangeliums zu bringen. Die Menschen warten auf eine Liebe, die durchhält, die bleibt und geduldig und gütig ist. Man kann sich einreden, andere zu lieben; doch bis man die Tür seines Herzens öffnet und die Liebe von Jesus zu den Menschen fließen lässt, betrügt man sich vielleicht selbst.

Allerdings muss ich fairerweise noch eine Warnung loswerden: Wer andere Menschen bedingungslos mit der Liebe von Jesus Christus liebt, macht sich verletzlich für Schmerz, Verleumdung und vielleicht sogar Ablehnung. Das sollte aber keinen überraschen, denn unser Retter musste das Gleiche ertragen, als er seine vollkommene Liebe zu uns zeigte. Petrus beschreibt es folgendermaßen (1. Petrus 2,21-23): „Dieses Leiden gehört zu dem Leben, zu dem Gott euch berufen hat. Christus, der für euch litt, ist euer Vorbild, dem ihr nacheifert. Er hat nie gesündigt und nie jemanden mit seinen Worten getäuscht. Er hat sich nicht gewehrt, wenn er beschimpft wurde. Als er litt, drohte er nicht mit Vergeltung. Er überließ seine Sache Gott, der gerecht richtet."

Das ist die Art von Liebe, die die Welt braucht. Wir sind in einer strategisch günstigen Position, diese Liebe weiterzugeben. Wir sind mit einem Leben in großer Freiheit gesegnet, die man für Gottes Herrlichkeit und sein Reich einsetzen soll.

Man kann sich um Kinder kümmern, die es brauchen. Man kann in unterversorgte Gegenden reisen, ein sechsstelliges Jahresgehalt aufgeben, um Kirchen und Schulen zu bauen. Man kann den nervigen Büronachbarn zum Essen einladen. Man kann geduldig die unrealistischen Erwartungen eines bedürftigen Familienmitglieds ertragen. Oder man kann sich sogar noch extravagantere Dinge einfallen lassen, die man für Jesus und um seinetwillen tun kann.

Wir sind frei, so zu lieben, wie wir es nie für möglich gehalten hätten.

Und was wirst *du* tun, um der sterbenden Welt die Liebe von Jesus Christus zu zeigen? Bete doch darum, dass Gott dich als Instrument seiner Liebe gebraucht, um sie anderen Menschen weiterzugeben.

Das ist die Art von Liebe, die ein Leben aus dem Vollen entfesselt.

Kapitel 6

Unbeirrbar – Sich ungeteilt Gott hingeben

Es ist an der Zeit, das Navigationssystem neu zu justieren.

Bisher haben wir darüber gesprochen, was ein „Leben aus dem Vollen" ist. Wir haben anhand unseres Bibeltextes aus 1. Korinther 7 eine Grundlage gelegt, und wir haben über das Geschenk des Single-Status und den damit einhergehenden Segen gesprochen. Dann haben wir uns damit beschäftigt, *wie* man aus dem Vollen leben kann, und in den letzten Kapiteln über die vier inneren Haltungen gesprochen, die jeder alleinstehende Christ für ein erfülltes Leben braucht.

Nun kommen wir zur fünften und letzten – und vielleicht wichtigsten – inneren Haltung, die ein christlicher Single braucht, um aus dem Vollen leben zu können. Zumindest wird sie unsere ganze Aufmerksamkeit benötigen. Es geht um die ungeteilte Hingabe an Gott.

Niemand wusste so gut wie Paulus, wie wichtig eine unbeirrbare Zielausrichtung ist, als er in 1. Korinther 7,35 schrieb: „Ich sage das, um euch zu helfen, und nicht, um euch zu bedrängen. Ich möchte, dass ihr anständig lebt *und zuverlässig dem Herrn dient, ohne euch ablenken zu lassen.*"

Darf ich dich noch einmal an Paulus' eigene Geschichte erinnern? Er war ein Mann, der um jeden Preis darauf aus war, jeden Nachfolger von Jesus Christus umzubringen, als ihm eines Tages Jesus erschien und ihn rettete. Paulus' Begegnung mit Jesus auf der Straße nach Damaskus änderte nicht nur radikal den Kurs seines Lebens, sondern er konnte auch nie den Eindruck vergessen, den diese Begegnung auf ihn gemacht hatte.

Paulus' Bekehrung stellte seine gesamte Welt auf den Kopf. Sein ganzes Leben änderte sich. Er ließ die Karawane hinter sich, ging nach Damaskus und weihte sein Leben ganz Gott. In Galater 1,23-24 schrieb Paulus darüber, wie andere Jesusnachfolger auf seine Bekehrung reagierten: „Sie wussten nur, dass die Leute sagten: ‚Der, der uns früher verfolgt hat, verkündet jetzt den Glauben, den er immer vernichten wollte!' Und sie lobten Gott für das, was er mit mir getan hat." Wenn irgendjemand verstand, was es bedeutet, sein Leben ganz Gott hinzugeben, war es der Apostel Paulus.

Fragst du dich manchmal, warum manche Menschen scheinbar näher an Gott dran sind als andere?

Vielleicht hilft Lukas 7,36-50, diese Frage zu beantworten. Jesus war bei einer Feier im Haus eines Pharisäers namens Simon, als plötzlich eine sündige Frau aus der Stadt (sonst auch „Prostituierte" genannt) auftauchte und aus Anbetung und Verehrung ein Alabastergefäß mit wohlriechendem Salböl über seinen Füßen zerbrach. Simon war entsetzt. Wie konnte Jesus solche überschwänglichen Gefühle zulassen, und noch dazu von einer Hure? Da schaute Jesus Simon fest in die Augen und erzählte ihm ein Gleichnis. Darin beschrieb Jesus zwei Menschen, denen eine Schuld erlassen wurde. Dem einen wurden fünfhundert Denare erlassen, dem anderen fünfzig. Jesus fragte Simon, welcher der beiden Männer wohl dankbarer war. Die Antwort war sogar Simon sonnenklar: Der Mann mit der größeren Schuld war dankbarer. Dann traf Jesus mit folgenden Worten seine letzte Aussage zu dem Thema: „Ich sage dir, ihre Sünden – und es sind viele – sind ihr vergeben; deshalb hat sie mir viel Liebe erwiesen. Ein Mensch jedoch, dem nur wenig vergeben wurde, zeigt nur wenig Liebe" (Lukas 7,47).

Paulus. Ein Mann, der dafür bekannt war, Christen umbringen

zu lassen. Er war nichts ahnend auf Reisen, als Gott sich ihm in den Weg stellte, ihm alle seine Sünden vergab und ihm ein völlig neues Leben schenkte. Paulus konnte nie genug von Jesus Christus bekommen. Er war ein Mann, der verstand, was es bedeutet, viel vergeben zu bekommen. Seine Hingabe an Jesus war umfassend und ohne Vorbehalte.

Vielleicht konntest du bisher meinen Gedanken zur ungeteilten Hingabe folgen, aber nun fragst du dich, wo die Verbindung zwischen der großen Vergebung, die Paulus erfahren hatte, und deinem Singlesein liegt.

Gute Frage. Die einzige Antwort, die ich darauf habe, ist: unbeirrbare Zielausrichtung.

Paulus ließ sich nie von seinem Ziel abbringen, weil er nie vergaß, was Jesus Christus für ihn getan hatte. Das Ergebnis war seine ungeteilte Hingabe an seinen Retter. Genauso sollten auch unsere Interessen ungeteilt sein und unser Augenmerk so fest auf Jesus Christus liegen, dass er die gleiche ungeteilte Hingabe bekommt, wie Paulus sie hatte.

Leider ist mein Leben eher wie eine Speisekarte im chinesischen Restaurant. Ich verliere mich leicht in den vielen Möglichkeiten, die ich habe. Die Speisekarte hat zwar viele Seiten, aber ich weiß nie, was ich bestellen soll. Am Ende bestelle ich immer etwas, das nicht ganz so gut ist, wie ich es mir vorgestellt hatte.

Geht es dir manchmal auch so?

Ich lasse mich leicht ablenken und verliere mein Ziel aus dem Blick. Ich fange fest entschlossen an, doch schon bald ertappe ich mich dabei, wie ich mit weniger wichtigen Dingen beschäftigt bin – Dinge, auf die ich mich eigentlich gar nicht konzentrieren sollte. Ich lasse mich von meinen eigenen Plänen aus der Spur bringen und vergesse leicht, worum es in meinem Leben eigentlich gehen sollte. Meine Vision für mein Leben wird leicht zu einem verschwommenen Bild. Helen Keller sagte bekanntermaßen einmal: „Schlimmer, als blind zu sein, wäre es, sehen zu können, aber keine Vision zu haben."

Brauchst du eine klare Vision für dein Leben?

Eine Vision zu haben – das war etwas, womit Paulus sich auskannte. Er wusste, was es bedeutet, sich intensiv darauf zu konzentrieren, Jesus Christus mit unbestrittener und ungeteilter Hingabe immer besser kennenzulernen. Paulus war ein Mann, der seinen Status als Unverheirateter aus einem einzigen Grund als Segen betrachtete: Er gab ihm die Gelegenheit, sein Leben in absoluter Hingabe Gott zu widmen, der ihn, Paulus, den größten aller Sünder, vor einer Ewigkeit in der Hölle gerettet hatte.

Und wie Paulus aus dem Vollen lebte! Das können wir uns gar nicht vorstellen. Egal, wohin das Leben Paulus verschlug – ins Gefängnis, in Gemeinden, auf eine Reise, auf ein Schiff –, dieser Mann verstand, dass „Ort" einfach nur eine geografische Angabe ist. Er wusste auch, dass ein erfülltes Leben damit steht und fällt, dass Jesus Christus unser Ein und Alles ist.

Aber vielleicht versuchst du gar nicht, ein Überflieger wie Paulus zu sein. Du wärst schon mit dem Durchschnitt zufrieden. Leider gibt es bei Jesus keinen „Durchschnitt". So ein Christsein steht gar nicht zur Auswahl. In Matthäus 13,44 beschreibt Jesus das Leben mit ihm: „Das Himmelreich ist wie ein Schatz, den ein Mann in einem Feld verborgen fand. In seiner Aufregung versteckte er ihn wieder und verkaufte alles, was er besaß, um genug Geld zu beschaffen, damit er das Feld kaufen konnte – und mit ihm den Schatz zu erwerben!"

Noch nicht dramatisch genug? Dann passt vielleicht Lukas 9,62 noch besser: „Doch Jesus sagte: ‚Wer eine Hand an den Pflug legt und dann zurückschaut, ist nicht geeignet für das Reich Gottes.'"

Lukas 9,23-24 ist diesem Vers ganz ähnlich: „Dann sagte er zu der Menge: ‚Wenn einer von euch mit mir gehen will, muss er sich selbst verleugnen, jeden Tag aufs Neue sein Kreuz auf sich nehmen und mir nachfolgen. Wer versucht, sein Leben zu retten, wird es verlieren. Aber wer sein Leben für mich aufgibt, wird es retten.'"

Der Anspruch von Jesus Christus an uns, unabhängig von unserem Familienstand, ist ganz einfach: absolute Übergabe jedes einzelnen Lebensbereichs. Wir können nicht selektiv aussuchen, welche Teile des Christseins uns passen und welche wir auf die Rente verschieben, wenn wir mehr Zeit haben. Jesus wartet *heute* auf unsere ungeteilte Hingabe.

Der Segen, den ein unverheirateter Christ genießt, besteht darin, dass er sich dieser ungeteilten Hingabe ausschließlicher und mit mehr Energie widmen kann als ein verheirateter Mensch. Als unverheirateter Christ ist man nämlich frei von dem Gedanken, immer dem Ehepartner gefallen zu wollen, und von allen Sorgen, die ein Eheleben und eine Familie mit sich bringen.

Mit anderen Worten, Zweck und Ziel des Lebens eines unverheirateten Christen ist es – wenn man sich als Nachfolger von Jesus Christus versteht –, Gott ganz hingegeben zu leben.

Doch statt in ungeteilter Hingabe zu leben, sammeln viele von uns jede Menge Schrott an, der uns den Blick für diese Vision verstellt und vernebelt. Statt der echten Liebe zu Jesus schleicht sich die Liebe zu weniger wichtigen Dingen ein. Statt ein Leben zu führen, das durch die enge Beziehung zu Jesus blüht und gedeiht, fühlen sich viele alleinstehende Christen noch mehr von Gott isoliert und getrennt.

Fragen wir uns also: Was steht meiner ungeteilten Hingabe an Gott im Weg, und wie sieht eine solche ungeteilte Hingabe überhaupt aus? Sehen wir uns zuerst den größten Konkurrenten um die ungeteilte Hingabe an Gott an.

Hingabe-Konkurrent Nr. 1: Geld

Ich bin ein riesiger Fan der *Green Bay Packers,* und obwohl diese Footballmannschaft viele Rivalen hat, hat sie in der *National Football League* eigentlich nur einen großen Feind: die *Chicago Bears.* Dabei spielt es keine Rolle, dass ich in Chicago lebe und Chicago liebe. Wenn es um Football geht, kann ich nicht die *Packers und* die *Bears* lieben. Ich entscheide mich immer für die *Packers.*

Natürlich geht es uns hier um die ungeteilte Hingabe an Gott, nicht um Football, doch das Prinzip ist das gleiche. Die Bibel sagt uns, dass die Liebe zu Gott einen großen Konkurrenten hat: „Niemand kann zwei Herren dienen. Immer wird er den einen hassen und den anderen lieben oder dem einen treu ergeben sein und den anderen verabscheuen. Ihr könnt nicht gleichzeitig Gott und dem Geld dienen."

Da haben wir es. Wer das Geld liebt, kann Gott nicht lieben. Wer Gott liebt, kann nicht das Geld lieben. Leichter verständlich kann man es kaum ausdrücken.

Meinen ersten „richtigen" Gehaltsscheck bekam ich kurz nach Beendigung meines Medizinstudiums. Ich war gerade nach Houston gezogen, und als Assistenzärztin im ersten Jahr bekam ich ein Jahresgehalt von 32 000 Dollar. Ich dachte, ich bin im Himmel gelandet. Ich weiß noch, wie ich meinen ersten Gehaltsscheck bekam, den Scheck für meinen Zehnten für die Gemeinde ausstellte und dann in den Supermarkt ging, um Lebensmittel einzukaufen. An der Kasse gönnte ich mir zur Feier des Tages einen großen Luxus: ein Exemplar des *People Magazine* und einen Strauß billige Blumen.

Ich hatte mich noch nie so reich gefühlt. Ich war noch nie so glücklich gewesen.

Heute verdiene ich viel mehr Geld, und ich kann kaum mehr glauben, dass ich von meinem ersten Gehalt leben konnte.

Was ich versuche zu sagen, ist Folgendes: Beim Thema Geld geht es nicht um reiche oder arme Menschen. Geld ist eine Frage des Herzens. Entweder man ist innerlich auf die Ewigkeit ausgerichtet oder auf die Erde. Entweder man baut sein eigenes Reich auf oder Gottes Reich.

In der Frage nach der ungeteilten Hingabe an Gott und Konzentration auf ihn ist also das Geld der größte Konkurrent. Warum ist das für unverheiratete Christen ein so großes Problem?

Ich beobachte christliche Singles schon eine ganze Weile, und in meinen Augen teilen sie sich mehr oder weniger in drei Gruppen auf:

1. Diejenigen, die nicht viel Geld verdienen.
2. Diejenigen, die genug Geld verdienen und nur *denken*, sie verdienen nicht genug.
3. Diejenigen, die genug Geld verdienen und *wissen*, dass sie genug verdienen.

Wenn du herausgefunden hast, zu welcher Kategorie du gehörst, kannst du weiterlesen.

Gott ist es egal, wie viel Geld du verdienst, und ganz ehrlich – mir auch. Was Gott *nicht* egal ist: was du mit dem Geld machst, das du hast. Und es ist ihm auch nicht egal, an welchem Platz in deiner Prioritätenliste er steht.

Vielleicht bist du so besorgt um deine Finanzen, dass du einen zweiten Job angenommen und keine Zeit für Gott übrighast. Vielleicht versuchst du so sehr, mehr Geld zu sparen, dass du nicht mehr regelmäßig spendest. Oder vielleicht bist du so pleite, dass du gar nichts für Gott tun kannst; du kannst nicht einmal zum Gottesdienst fahren, weil du nicht genug Geld fürs Benzin hast.

Wenn du dir einredest, dein Leben wäre einfacher, wenn du verheiratet wärst, machst du dir etwas vor. Du hättest einfach noch mehr Ausgaben – oder andere Ausgaben.

Vollständige, ungeteilte Hingabe an Gott lässt das Geld in den Hintergrund treten. Wer den Blick ganz auf Gott gerichtet hält, der kann anfangen, ihn als seinen Versorger zu sehen. Die Mittel, die Gott dir gibt – ganz gleich, ob es wenig oder viel ist –, sind dann einfach Mittel, die du zum Bau seines Reiches einsetzt und um dir einen Schatz im Himmel zu sammeln.

Denken wir einmal an die großen Männer und Frauen Gottes, die die Kirchengeschichte am stärksten beeinflusst haben. Die meisten von ihnen waren bettelarm, aber sie blieben unbeirrt in ihrer ungeteilten Hingabe an Gott und erlebten, wie er sie in allen Bereichen versorgte.

Wer hat unser Portemonnaie in der Hand – wir selbst, Gott oder unsere Bank? Stecken wir durch den Versuch, unseren Schmerz mit materiellen Dingen zu betäuben, so tief in Schulden, dass wir uns selbst lahmgelegt haben und Gott nicht mehr dienen können?

Ein Herz, das von der Liebe zum Geld gefangen gehalten wird, verhindert ein erfülltes Leben. Man kann seine Hingabe nur einem widmen – Gott oder dem Geld. Wofür entscheiden wir uns?

Es mag sein, dass Geld der Hauptkonkurrent um unsere ungeteilte Hingabe ist, aber mir fallen noch mindestens zwei andere Konkurrenten ein, die Gott in dieser Hinsicht den Rang ablaufen wollen. Hier kommen sie.

Hingabe-Konkurrent Nr. 2: Ich

Wer schon einmal bei einem Foto-Shooting zugeschaut hat, dem ist vielleicht aufgefallen, dass niemand auf den Mann hinter der Kamera achtet. Stattdessen liegt die gesamte Aufmerksamkeit auf der berühmten Person, die fotografiert wird. Die Aufgabe jedes Christen ist es, Gott „berühmt" zu machen. Unsere Aufgabe ist es, hinter die Kamera zu treten und zu versuchen, das bestmögliche Bild von ihm zu machen. Aber vielleicht geht es ja anderen auch wie mir: Ich lasse mich verstricken und versuche dann, den Platz mit ihm zu tauschen. Dann ertappe ich mich dabei, von aller Welt lautstark Aufmerksamkeit zu fordern: „Schaut her zu mir! Schaut her zu mir!"

Das Problem dabei: Wer Jesus nachfolgt, dessen Leben dreht sich nicht um ihn selbst, sondern um Jesus. Es geht darum, *seinen* Namen groß zu machen. Es geht darum, zu bekennen, dass *er* der Einzige ist, der die Aufmerksamkeit verdient. Was tust du in deinem Leben, um Gott groß zu machen? Wenn Menschen dich anschauen, sehen sie dich oder Gott in dir?

Wenn ich mich zum Mittelpunkt der Aufmerksamkeit gemacht habe, merke ich das in der Regel daran, dass ich verstimmt reagiere, wenn andere mir nicht die Anerkennung schenken, die ich meiner Meinung nach verdiene. In solchen Fällen muss ich meinen Fokus neu justieren und die „Kamera" wieder auf Jesus richten.

Ein Christ, dessen Blick fest auf Jesus Christus gerichtet ist, ist unbestechlich. Wenn er für gute Arbeit kein Lob erhält, macht ihm das nichts aus, weil er es von vornherein für Gott getan hat. Wenn er wieder einmal bei den Beförderungen übergangen wurde, wird er darüber nicht wütend, weil er auf Gottes Souveränität vertraut und ihm weiterhin seine ungeteilte Hingabe schenkt.

Das Leben ist gut, wenn Jesus im Mittelpunkt steht.

Hingabe-Konkurrent Nr. 3: Ablenkungen

Ein Mensch ist durchschnittlich 49 Minuten pro Tag mit seinen E-Mails beschäftigt; und er erhält durchschnittlich 75 E-Mails pro Tag.[18] Das ist ziemlich verrückt.

Vielleicht geht es dir auch so, vielleicht nicht. Fakt ist, viele unverheiratete Christen leiden an einer Art geistlichem ADS. Sie wollen Gott ihre ungeteilte Hingabe schenken, aber sie lassen sich leicht davon abbringen. Sie flattern umher, ohne je wirklich eine tiefe Beziehung mit Gott einzugehen, und schon bald müssen sie feststellen, dass sie kaum noch das Ziel erkennen können, das sie sich am Anfang ihres Lebens mit Jesus gesetzt hatten.

Ein Beispiel für das Gegenteil dieser geistlichen Aufmerksamkeitsstörung wäre mein Vater. Er war einer jener altmodischen plastischen Chirurgen: Er lebte und atmete plastische Chirurgie. Wenn man ihn fragte, was er gern in seiner Freizeit tat, erntete man einen verständnislosen Blick, so als hätte man gerade die dümmste Frage der Welt gestellt. Wenn er einmal etwas las, dann war es eine Fachzeitschrift zu plastischer Chirurgie. In seinem Berufsleben hatte mein Vater eine große Liebe – die plastische Chirurgie. Mein Vater ist der allerbeste Vater der Welt, aber er ist auch ein wunderbares Beispiel für einen Menschen mit ungestörter und ungeteilter Hingabe.

Lässt du dich in deinem Leben mit Jesus leicht ablenken? Merkst du, dass deine Liebe zu ihm nicht ungeteilt ist? Fehlt es dir zwischen all deinen Hobbys, Beziehungen und Zielen an Zeit für ihn? Solange deine Liebe zu Jesus nicht ungeteilt ist, wirst du kein erfülltes Leben haben können.

Weißt du noch, wie es war, als du Jesus kennengelernt hast? Damals war deine Liebe leidenschaftlich und brannte – jetzt ist sie vielleicht nur noch lauwarm. In Offenbarung 2,4-5 nennt Jesus das Heilmittel gegen lauwarme Liebe. Er sagt: „Kehre wieder zu mir zurück, und bemühe dich so, wie du es am Anfang getan hast."

Weißt du noch, wodurch du am Anfang Jesus deine ungeteilte Hingabe geschenkt hast? Ich will einige Punkte aufzählen.

Wie sieht ungeteilte Hingabe an Jesus aus?

In 1. Korinther 7,35 weist Paulus die christlichen Singles an, Jesus ihre ungeteilte Hingabe zu schenken. Was bedeutet das? Ungeteilte Hingabe ist nicht das harmonische, romantische, warme, lauschige Gefühl, das man als Teenager im Ferienlager am Lagerfeuer hatte, während man Stöckchen in die Flammen warf. Ungeteilte Hingabe an Gott geschieht nicht über Nacht. Sie ist etwas Bewusstes und Konkretes und muss geplant werden.

Gut, dass Gottes Wort uns hilft herauszufinden, wie Hingabe an Gott aussieht. Ich habe jeden Vers in der Bibel nachgeschlagen, in dem es um Hingabe geht, und vier Bereiche identifiziert, die unsere Hingabe erfordern und uns zu einer engeren Beziehung zu Jesus verhelfen können.

1. Bibellesen

Die Treue zu Gottes Wort wird im Neuen Testament an mehreren Stellen erwähnt. Es ist keine Überraschung, dass man, um Gott besser kennenzulernen und ihm ungeteilt nachfolgen zu können, die Bibel kennen muss. Manchmal ist das aber leichter gesagt als getan.

Den größten Teil meiner Teenagerjahre über fiel es mir schwer, täglich meine Stille Zeit mit Gott einzuhalten. Ich wollte es schon, aber irgendwie versagte ich immer. Ich nahm mir vor, täglich die Bibel zu lesen, tat das auch eine Woche lang, doch dann war es wieder vorbei. Ehrlich gesagt dachte ich nicht, dass ich das jemals auf die Reihe bekommen könnte.

Als ich mit dem Medizinstudium begann, riet man mir, täglich Sport zu treiben, um mental und körperlich gesund zu bleiben. Da ich auch Jesus nachfolgte und nicht ganz dumm war, zählte ich zwei und zwei zusammen und dachte mir, das wäre doch eine gute Gelegenheit für ein geistliches „Gesundheitsprogramm". Also nahm ich mir vor, mir jeden Tag regelmäßig Zeit zu nehmen, um für meine geistliche Gesundheit zu sorgen. Ungefähr zu der Zeit hörte ich auch irgendwo, dass man 21 Tage braucht, um eine Gewohnheit zu entwickeln. Das glaubte ich sofort. Ich holte meinen Kalender hervor und strich buchstäblich die Tage ab, bis ich 21 Tage hinter mir hatte – und ich stellte fest, dass ich in meinem Leben zwei neue Gewohnheiten entwickelt hatte: Ich ging joggen und ich las täglich die Bibel.

Zwanzig Jahre und einige Sportverletzungen später gehe ich nur noch gelegentlich joggen, aber ich lese immer noch täglich die Bibel und lerne immer mehr, nur für Gott zu leben.

Niemand wird mit Lexikonwissen über die Bibel geboren. Also sollten wir uns nicht mit unserem Pastor oder unseren Eltern vergleichen und stattdessen heute beginnen, Gottes Wort zu lesen. Je besser wir Gottes Wort kennenlernen, umso stärker wird auch unsere Hingabe an ihn werden.

2. Gebet

Durch das Lesen in der Bibel hören wir als Christen Gottes Stimme in unserem Leben; im Gebet sprechen wir mit Gott. Wir dürfen voller Zuversicht beten, weil Jesus Christus für uns den Weg zum Vater frei gemacht hat. Das ist ein unglaubliches Vorrecht, eines, das viele Christen nicht in Anspruch nehmen.

Wenn Paulus den unverheirateten Christen sagt, dass sie Gott ihre ungeteilte Hingabe schenken sollen, ist eine Möglichkeit dazu das Gebet. Unverheiratet zu sein, gibt uns mehr Zeit und Gelegenheit, uns auf ein starkes Gebetsleben zu konzentrieren und es auszubauen.

Je mehr ich bete und sehe, dass Gott auf meine Bitten antwortet, desto betroffener macht es mich, wie wenig ich bete. Je länger ich lebe, desto mehr erkenne ich, dass alle Strategien und Methoden der Welt mich nicht dahin bringen, wohin das Gebet mich bringen kann. Wer das Gefühl hat, Gott nicht nahe genug zu sein, der sollte vielleicht mehr beten.

3. Gutes tun

In Titus 3,14 heißt es: „Denn die zu uns gehören, sollen kein nutzloses Leben führen, sondern lernen, überall dort Gutes zu tun und zu helfen, wo es nötig ist."

In diesem Buch geht es um „Leben aus dem Vollen". Wer ein fruchtbares, erfülltes Leben führen will, sollte anfangen, Gutes zu tun. Als unverheirateter Christ ist man in der besten Situation, um auf dringende Notfälle zu reagieren. Die meisten von uns müssen keine Kinder vom Fußballtraining abholen (ich sage das nicht, um einen wunden Punkt noch wunder zu machen – ich stelle es nur als Tatsache fest). Wir haben keinen Ehemann, der sich darauf freut, bekocht zu werden. Wir sind frei, uns anderen Menschen zu widmen. Eine alleinerziehende Mutter hat sicherlich kaum freie Zeit zur Verfügung, doch Gott kann auch ihr überraschende Möglichkeiten geben, ihm ihre Hingabe durch gute Taten zu zeigen.

Wahrscheinlich war keine Gruppe von Christen so eifrig in ihrer Hingabe an Gott wie die erste Gemeinde, von der wir in Apostelgeschichte 2 lesen. Sie hatten gerade Pfingsten erlebt und sprudelten über vor Heiligem Geist. Den nächsten Schnappschuss von der Urgemeinde finden wir in Apostelgeschichte 2,42-47. In diesem Abschnitt lesen wir über die ersten Christen: „[Sie] unterstellten sich der Lehre der Apostel und der Gemeinschaft und nahmen teil am Abendmahl und am Gebet" (Vers 2,42).

Mit anderen Worten: Nachdem die ersten Christen mit dem Heiligen Geist erfüllt worden waren, begriffen sie gleich, dass Hingabe an Gott auch Hingabe an seine Gemeinde bedeutet.

Singles sind wie niemand sonst für den hingebungsvollen Einsatz in der Gemeinde ausgerüstet. Leider haben viele von ihnen negative Gefühle bezüglich ihrer Ortsgemeinde. Manche haben durch die Gemeinde Verletzungen erlebt. Andere haben in ihrer Ortsgemeinde eher eine Konsumentenrolle eingenommen. Wieder andere schrecken vor der Liste mit den Verhaltensregeln zurück, der sie als Mitarbeiter in ihrer Ortsgemeinde zustimmen müssten. Sie haben Angst, die Ärmel hochzukrempeln und für Jesus zu arbeiten. Stattdessen sind sie ganz zufrieden damit, einfach auf der „Zuschauerbank" zu sitzen und zuzusehen, wie alle anderen Einsatz für Gott bringen.

Es ist an der Zeit, sich aufs Spielfeld zu begeben. Wer sein Leben für andere und für Jesus einsetzt, wird eine so intensive Beziehung zu Jesus bekommen, wie er sie nie für möglich gehalten hätte. Je mehr man sich für die Sache Jesu aus ehrlicher Liebe zu ihm einsetzt, umso näher kommt man ihm. Probier es doch selbst einmal aus!

Ein letztes Beispiel

Es gibt eine Geschichte über Luciano Pavarotti, den berühmten Opernsänger, die ich einmal in einem Zeitungsartikel gelesen habe. Ich denke, darin kommt sehr gut zum Ausdruck, was ungeteilte Hingabe ist.

> *Als Kind führte mein Vater, der Bäcker war, mich in die wunderbare Welt der Lieder ein. Er drängte mich, intensiv an meiner Stimmbildung zu arbeiten. Arrigo Pola, ein Berufs-Tenor in meiner Heimatstadt Modena, Italien, nahm mich als Schüler an. Außerdem schrieb ich mich am Lehrerseminar ein. Bei meinem Abschluss fragte ich meinen Vater: „Soll ich Lehrer oder Sänger werden?"*
>
> *„Luciano", antwortete mein Vater, „wenn du versuchst, auf zwei Stühlen zu sitzen, wirst du in die Lücke dazwischen fallen. Im Leben muss man sich immer für einen Stuhl entscheiden." Ich entschied mich. Erst nach sieben Jahren Studium und Frustration hatte ich meinen ersten professionellen Auftritt. Es dauerte weitere sieben Jahre, bis ich es an die Metropolitan Opera schaffte. Heute denke ich, ganz gleich, was wir tun – mauern oder Bücher schreiben –, wir sollten uns ganz hineingeben. Voller Einsatz, das ist der Schlüssel. Man muss sich für einen Stuhl entscheiden.*[19]

Jeder muss die gleiche Entscheidung treffen. Für welchen Stuhl wirst du dich entscheiden? Für ein Leben in ungeteilter Hingabe an Gott oder für ein Leben nur für dich selbst?

Vergiss nicht: „Das Tor zum Leben dagegen ist eng und der Weg dorthin ist schmal, deshalb finden ihn nur wenige" (Matthäus 7,14). Ich bete darum, dass du zu denjenigen gehörst, die ihn finden.

Teil 3

Vier Hindernisse

Kapitel 7

Ich, ich, ich – Selbstmitleid überwinden

Ich habe ein Talent, von dem nur wenige Menschen etwas wissen: Meine Stimmung kann schneller von „himmelhoch jauchzend“ in „zu Tode betrübt“ umschlagen, als ein Rennwagen von 0 auf 100 beschleunigt.

Ja, ich bin Expertin für Selbstmitleid, fast schon ein Profi. Darum bin ich genau die Richtige, um über das erste Hindernis zu sprechen, das man überwinden muss, um als christlicher Single aus dem Vollen leben zu können.

Selbstmitleid. Es ist nur zu menschlich. Und ein bisschen wie ein Fluch, ein Stimmungskiller. Man muss lernen, es in seinem eigenen Leben zu erkennen, und Gott gestatten, es zu besiegen – andernfalls bleibt man im Tief stecken.

Mir gefällt folgendes Zitat von John Gardner über Selbstmitleid: „Selbstmitleid ist wohl das zerstörerischste aller nicht medikamentösen Betäubungsmittel: Es macht abhängig, es bringt nur vorübergehende Befriedigung, und es entzieht seinem Opfer den Realitätssinn.“[20]

Zu viele Christen sind in diesem giftigen Gefühl gefangen. Zu viele Christen sind im Abseits des Lebens angekommen, immer in der Wartehaltung, ob jemand ihnen aufhilft und sich um sie kümmert, und unfähig, diesen scheinbar unbezwingbaren Berg zu überwinden.

Ich weiß noch, wie ich als Single zum ersten Mal erdrückendes Selbstmitleid empfand. Ich war gerade in eine neue Stadt gezogen, um meine Facharztausbildung für Kinder-Notfallmedizin zu beginnen. Es war der Sommer, nachdem ich die Verlobung mit einem wunderbaren jungen Mann gelöst hatte, der einfach nicht der Richtige war. Besonders dramatisch war der Umstand, dass ich es zwei Wochen vor der Hochzeit tat, doch die Trennung war nicht so melodramatisch, wie man meinen könnte. An einem Tag war ich noch verlobt und am nächsten nicht mehr. Meistens, wenn Menschen meine Geschichte hören, kommentieren sie meinen Mut, gehen aber auch davon aus, dass die Sache mir das Herz in Stücke gerissen hat. Die Wahrheit sieht ganz anders aus.

Die Wahrheit ist, dass ich mich in einen anderen Mann verliebt hatte – den Mann, der seit zehn Jahren mein bester Freund war.

Leider bin ich in jeder Hinsicht ein Spätentwickler, und als ich endlich begriffen hatte, was andere schon seit Jahren wussten, war ich bereits mit jemand anderem verlobt und stand zwei Wochen vor der Hochzeit. Wahrscheinlich bist du viel schlauer als ich und weißt, dass das Leben kein Hollywood-Film ist, und so bekam ich nicht das Happy End, das ich mir vorgestellt hatte. Als mir mein verdrehter Herzenszustand endlich bewusst wurde, hatte mein bester Freund bereits einen ganz anderen Weg eingeschlagen und war so weit von mir entfernt, dass ich ihn einfach nicht mehr einholen konnte.

Als ich endlich in der neuen Stadt in meine neue Wohnung eingezogen war, um mit meiner Facharztausbildung zu beginnen, war ich am Ende. Ich war allein, deprimiert und durcheinander. Nicht nur mein Traum vom „Glücklich bis an ihr Lebensende“ war geplatzt, sondern ich hatte auch noch meinen besten Freund verloren. In jenem Sommer kam der Film *Die Hochzeit meines besten Freundes* ins Kino, und in einem Anfall von Masochismus schaute ich mir dort still und gequält an, wie mein Leben sich auf der großen Leinwand abspielte. Ich spürte, wie ich noch ein wenig tiefer in dem Loch aus Selbstmitleid versank, das ich mir bereits selbst gegraben hatte.

Damals hatte ich eine Zwei-Zimmer-Wohnung am Strand. Ich zog in das eine Zimmer und mein Selbstmitleid in das andere. Ich erinnere mich noch deutlich daran, wie ich nach einer langen Schicht in der Notaufnahme nach Hause kam und einfach mitten in meinem Wohnzimmer saß, auf den Sonnenuntergang wartete und zu deprimiert war, um das Licht anzuschalten. Wenn ich das jetzt so aufschreibe, klingt es ziemlich melodramatisch, aber wahrscheinlich habe ich einfach einen Hang zum Drama. An diesen Abenden leistete mir nur das Zirpen der Grillen in dem künstlich angelegten Teich vor meiner Wohnung Gesellschaft – und die Stimme in meinem Kopf, die solche Dinge sagte wie: *Du wolltest es doch nicht anders. Wenn du dich doch nur nicht verlobt hättest. Wo ist Gott jetzt?*

Hast du nicht gesagt, dass Gott dir aufgetragen hat, die Verlobung zu lösen? Hm? Du hast etwas Besseres verdient. Es wird sich nie etwas in deinem Leben ändern.

Beten? Was hat das Beten dir letztes Jahr genützt, oder das Jahr davor?

Wenn das Liebe ist, willst du es dann wirklich?

Wo ist Gott jetzt, in diesem Moment? Ich wette, er hat dich ganz vergessen. Wenn du ihm wichtig wärst, würdest du nicht so tief in der Tinte sitzen.

Kommen dir diese Sätze bekannt vor? Vielleicht hast du irgendwann in deinem Leben schon selbst einmal solche oder ähnliche Selbstgespräche geführt. Wahrscheinlich weißt du dann auch, dass es nicht lange dauert, bis aus Selbstmitleid Aufgabe wird und dann Verzweiflung – und Satan tanzt voller Schadenfreude herum und schaut zu, wie unsere Herzen langsam und stetig bluten, während unser Glaube stückchenweise zerbröselt.

Selbstmitleid ist eine giftige Empfindung, die besiegt werden muss, wenn man ein erfülltes Leben führen will. Ich würde „Selbstmitleid" als „in den eigenen Schwierigkeiten und (negativen) Umständen schwelgen" definieren. Ironischerweise erscheint Selbstmitleid nach außen hin zwar als Hilferuf der Schwachen, aber in Wirklichkeit hat es seine Wurzeln im Stolz. John Piper sagt Folgendes über Selbstmitleid:

Das Wesen und die Tiefe des menschlichen Stolzes zeigen sich deutlich, wenn man Prahlerei und Selbstmitleid miteinander vergleicht. Beide sind Ausdrucksformen von Stolz. Prahlerei ist die Reaktion des Stolzes auf Erfolg. Selbstmitleid ist die Reaktion des Stolzes auf Leid. Die Prahlerei sagt: „Ich verdiene Bewunderung, weil ich so viel erreicht habe." Das Selbstmitleid sagt: „Ich verdiene Bewunderung, weil ich so viel geopfert habe." Prahlerei ist die Stimme des Stolzes im Herzen der Starken. Selbstmitleid ist die Stimme des Stolzes im Herzen der Schwachen. Prahlerei klingt selbstzufrieden. Selbstmitleid klingt selbstaufopfernd. Der Grund, warum Selbstmitleid nicht wie Stolz aussieht, ist, dass es bedürftig auftritt. Doch die Bedürftigkeit entspringt aus einem verletzten Ego, und der Wunsch bei Selbstmitleid ist eigentlich nicht, dass andere den Betreffenden als hilflos betrachten, sondern als Helden. Die Bedürftigkeit des Selbstmitleids entstammt nicht einem Gefühl der Unwürdigkeit, sondern einem Gefühl des unerkannten Wertes. Es ist die Reaktion des Stolzes, der keinen Beifall erhält.[21]

In Jeremia 17,9 sagt Gott: „Nichts auf dieser Welt ist so hinterhältig und verschlagen wie das Herz des Menschen. Wer kann es durchschauen?" Wie wahr Gottes Wort doch ist. Mein Herz log mich in der Dunkelheit meines Wohnzimmers an und redete mir ein, ich sei das Opfer, Gott habe mich verlassen und das Leben sei unfair – dabei versank ich nur immer tiefer in der Grube meines Stolzes.

Am Ende überwand ich das Hindernis „Selbstmitleid". Etwas später in diesem Kapitel werde ich erzählen, wie es dazu kam. Hin und wieder kehre ich in den Sumpf des Selbstmitleids zurück, um der guten alten Zeiten willen, doch Gott in seiner Barmherzigkeit lässt mich nie allzu lange dortbleiben.

Zunächst möchte ich nun auf einige bekannte „Symptome" des Selbstmitleids eingehen:

Anzeichen und Symptome von Selbstmitleid

Als Notärztin habe ich gelernt, dass das Geheimnis einer korrekten Diagnose darin liegt, sorgfältig zuzuhören, welche Symptome der Patient aufzählt. Deshalb möchte ich die bekannten Anzeichen aufzählen, die darauf hindeuten, dass jemand wahrscheinlich mit Selbstmitleid zu kämpfen hat:

1. „Ich habe weniger bekommen, als ich verdiene"

Wenn du dir dein Leben ansiehst, kommst du nicht umhin, dich zu fragen, ob Gott dich irgendwie übers Ohr gehauen hat. Du sagst dir, dass du deinen Teil beigetragen hast. Du hast versucht, unberührt zu bleiben. Du bist noch Jungfrau. Du liest die Bibel und betest. Irgendwann hast du sogar mal den Ferienbibelkurs geleitet. Aber wenn du ehrlich zu dir bist, bist du inzwischen an einem Punkt angelangt, an dem du sogar an Gottes Existenz zweifelst. Du weißt nicht, ob Beten tatsächlich überhaupt etwas bringt. Du hast versucht zu beten, und nichts ist passiert. Wenn du an Gottes Stelle wärst, würdest du merken, dass niemand das miserable Leben verdient, das er dir gegeben hat.

Bei der Geschichte vom verlorenen Sohn fühlst du dich ein bisschen wie der ältere Bruder. Du kannst irgendwie dieses Gefühl nicht loswerden, dass du all die Jahre alle Arbeit allein gemacht hast und dass du mehr verdienst. Bald sickert der Gedanke aus dem Kopf ins Herz, bis die Lücke zwischen dir und Jesus zu groß ist, um sie je zu überwinden.

Wenn du mit dem Gedanken durch die Gegend läufst, du würdest mehr verdienen als das, was du bekommen hast, dann überleg einmal, ob es in deinem Herzen nicht Selbstmitleid gibt.

2. „Ich habe weniger bekommen als andere"

In diesem Fall hast du nicht nur das Gefühl, dass du mehr verdienst, als du bekommen hast, sondern du fragst dich auch, warum Gott allen anderen etwas Besseres gegeben hat. Es ist leicht, das überzubewerten, was andere Menschen in ihrem Leben haben, und zu unterstellen, Gott habe ihnen eine Vorzugsbehandlung gewährt. Als ich meinen besten Freund verlor, konnte ich nicht verstehen, warum Gott seine frisch angetraute Ehefrau belohnt hatte, während ich allein in meiner dunklen Wohnung saß. War nicht ich diejenige gewesen, die als Teenager ihr Leben Jesus anvertraut hatte, während *sie* erst vor Kurzem eine Jesusnachfolgerin geworden war? Das konnte doch nicht fair sein!

In der heutigen Welt kann man sich auch bei Facebook bedanken, wenn man in einem Sumpf von Selbstmitleid landet. Eine neuere Studie gelangte zu dem Ergebnis, dass Facebook-Neid Menschen tatsächlich unglücklich machen kann: „Jede dritte Person fühlte sich nach dem Besuch der Seite schlechter und war unzufriedener mit ihrem Leben; dabei waren die Personen, die nur auf der Seite herumsurften, ohne selbst Beiträge zu schreiben, am meisten betroffen."[22] Das sind keine guten Statistiken, wenn man ohnehin dafür anfällig ist, sich mit anderen zu vergleichen. Nichts ist ein besserer Türöffner für Selbstmitleid, als sein Leben oberflächlich mit dem seiner Facebook-Freunde zu vergleichen und dabei den Kürzeren zu ziehen. Man weiß vielleicht verstandesmäßig, dass man auf Facebook nur die schönere, lustigere, perfektere Version des Lebens der anderen findet, aber im Herzen zweifelt man doch im Stillen daran, ob Gott einen fair behandelt.

Noch schlimmer ist es, wenn der „Ex" (Ex-Verlobter, Ex-Mann, Ex-Freund) auf Facebook ist. So kann man immer nachschauen, wie er im Leben vorankommt, während man selbst mit den alltäglichen Herausforderungen kämpft. Wenn es dir auch so geht, dann kann ich dir gleich einen Lösungsvorschlag für dein Problem anbieten: Melde dich bei Facebook ab. Der Kreislauf wird nie enden. Es wird immer jemanden geben, der schöner, klüger, reicher oder besser ist als du. Gottes Plan für dein Leben ist ganz einzigartig auf dich zugeschnitten. Bevor man nicht aufhört, nach den Kirschen in Nachbars Garten zu schielen, wird man immer gegen das Selbstmitleid verlieren.

3. „Ich habe nichts Gutes bekommen"

Ich habe Phasen in meinem Leben, in denen meine Haare fliegen, mein Gesicht zu blass ist und ich mir einfach nur selbst leidtue. Ich bin Single, die nächste Verabredung ist nicht mal in Sicht, und außerdem habe ich Schwimmringe. Das sind die Tage, an denen nichts, was man anzieht, gut aussieht. Ich träume mit offenen Augen davon, wie mein Leben verlaufen wäre, wenn ich einfach geheiratet hätte, als ich das erste Mal verlobt war, und in Osttexas gelandet wäre. Dann kneife ich mich. O Mann! Kann mir bitte mal jemand die Wahrheit ins Gesicht sagen? Was sollte eine Frau wie ich in Osttexas?

Wenn du irgendetwas über Selbstmitleid weißt, weißt du auch, wie sehr du den Moment fürchtest, in dem dich jemand bittet, das Gute in deinem Leben aufzuzählen. Gutes? Welches Gute? In meinem Leben gibt es nichts Gutes! – Wenn ich mich in einer solchen negativen Phase befinde, ist es am besten, wenn man mir aus dem Weg geht und mir sagt, ich soll aufhören zu reden!

4. „Es wird nie wieder besser"

„Ich werde nie wieder eine Verabredung haben. Ich werde nie meine Schulden abbezahlen. Ich werde immer in meiner mickrigen kleinen Wohnung leben. Ich werde nie wieder so hübsch sein wie vor fünf Jahren. Und außerdem werde ich in diesem Leben nie Sex haben, und im Himmel gibt es keinen Sex, also bin ich doppelt bestraft."

Diese Liste lässt sich beliebig fortführen, doch mit Selbstmitleid geht auch der Gedanke einher, dass das Leben nie wieder besser wird, als es im Moment ist. Man redet sich ein, dass man nie wieder glücklich sein wird. Man steckt in einer Sackgasse – also viel Glück, falls man sich je wieder auf den Weg zur Freude machen will.

Du bist nicht die Einzige, die in der Versuchung steht, diese Lüge zu glauben. Schon dem Volk Israel ging es so, bevor es ins Verheißene Land einzog. Gideon glaubte diese Lüge, bevor Gott ihn gebrauchte, um Israel zu befreien. Naomi glaubte diese Lüge, bevor Gott Boas auf den Plan brachte, der ihr und Rut aus ihrer Notlage half. Ich könnte ein biblisches Beispiel nach dem anderen aufführen, aber in jedem Fall wird alles wieder besser, und auch in deinem Leben wird es so sein.

Wenn du im Moment mit Selbstmitleid zu kämpfen hast, hoffe ich, dass du dich nicht allzu lange dabei aufhältst.

5. „Ich habe vor Gottes Willen resigniert"

Ein Letztes: Du weißt, dass du in Selbstmitleid versunken bist, wenn du einfach vor Gottes Willen resigniert hast. Du bist zu höflich oder zu ängstlich, um Gott anzuzweifeln. Stattdessen folgst du einfach still seinen Plänen, fragst dich aber, was er sich dabei gedacht hat. Du vertraust Gott nicht mehr besonders, aber du hütest dich, ihn infrage zu stellen. Vielleicht hältst du dich für gehorsam, aber deine täglich wachsenden Minderwertigkeitskomplexe stehen im Gegensatz zu deinem Handeln.

Vielleicht denkst du, du tust Gottes Willen, doch diese resignierte Haltung entsteht ebenfalls aus Selbstmitleid. Insgeheim empfindest du dich als Opfer in Gottes großem Plan. Doch Gott ist alles andere als ein distanzierter, strafender Gott. Er ist ein liebender, immer treuer Gott. Er will keinen resignierten Gehorsam von dir, sondern deine bewusste Hingabe an ihn. Er liebt dich.

Doch da mache ich schon den zweiten Schritt vor dem ersten. Bevor wir über Möglichkeiten sprechen, dieses Selbstmitleid zu überwinden, möchte ich auf häufige Auslöser eingehen. Das wird uns helfen, auf sie zu achten und sie zu meiden.

Auslöser von Selbstmitleid

Wenn ich an jene Monate zurückdenke, in denen ich in meiner dunklen Wohnung saß und mir selbst leidtat, kann ich kaum glauben, wie berechenbar diese Abwärtsspirale verlief. Es überrascht mich, dass ich es nicht kommen sah. Wenn ich heute auf jene Zeit zurückschaue, erkenne ich vor allem vier unübersehbare Auslöser, die mich in den Sumpf des Selbstmitleides beförderten:

1. Unkontrollierter Blick nach innen

Ich war schon immer ein eher analytischer, reflektierender Mensch. Ich verarbeite die Dinge gerne *gründlich*. Ich denke immer wieder über Dinge nach, bis sie schon Löcher kriegen, und ich bemühe mich, die richtige Lösung für jedes Problem zu finden. Außerdem wurde ich seit meiner Kindheit dazu angehalten, ein Tagebuch zu führen und mein Leben immer wieder an Gottes Wort zu prüfen. Ein Blick nach innen ist schön und gut, wenn er unter dem Schutz von Gottes Wort und der Kontrolle des Heiligen Geistes stattfindet, aber unkontrolliert führt er schneller zu Selbstmitleid, als man mitkommt.

Wie oft hast du schon versucht, deine Stille Zeit zu halten, und eine halbe Stunde später hast du noch nicht einmal die Bibel aufgeschlagen, aber schon eine ganze Liste von Klagen über dein Leben in dein Tagebuch geschrieben? Das ist nie etwas Gutes.

Viel besser ist es, seine Gedanken sorgfältig zu schützen und durch den Filter von Gottes Wort laufen zu lassen. Wenn es in deinen Tagträumen immer wieder „Ich, ich, ich" heißt und du darüber nachgrübelst, was in deinem Leben hätte sein sollen oder können, kann ich dir gleich sagen, wo das hinführt. Vielleicht ist es an der Zeit, stehen zu bleiben und umzukehren.

Wenn man nicht verheiratet ist, ist das noch schwerer, weil man wahrscheinlich nicht in der glücklichen Situation ist, jemanden zu haben, der diese Gedanken prüft und sie behutsam wieder in die richtige Richtung stupst. So ist man allein und „unhinterfragt“. Wenn ich an die Zeit zurückdenke, in der ich ganz neu in der Stadt war, in der ich keine Freunde und kein soziales Netzwerk hatte, war ich wohl ganz besonders anfällig für Selbstmitleid. Du kannst aus meinen Erfahrungen lernen und dich mit Menschen umgeben, die ebenfalls Gottes Willen folgen. Du wirst es nicht bereuen!

2. Unbegründete Schlussfolgerungen

Der Verstand ist ein interessantes „Organ“. Er führt uns auf Wege, die wir nie betreten wollten. Du hältst dich vielleicht nicht für einen Romanschreiber, aber im Sumpf des Selbstmitleides hast du möglicherweise schon mehr fiktive Geschichten über dein Leben geschrieben, als du eingestehen magst.

Leider tun wir das immerzu. Gerade gestern erhielt ich eine E-Mail von einer Freundin, die verletzt war, weil ich sie nicht zu einem Mittagessen eingeladen hatte, zu dem ich gegangen war. Sie hatte den Eindruck, dass ich sie bewusst ausgeschlossen hatte, weil ich irgendeinen Groll gegen sie hege. Ich schrieb ihr zurück und erklärte, es sei mir gar nicht bewusst gewesen, dass ich sie ausgeschlossen hatte; ich hätte sie aber gar nicht einladen können, weil ich selbst Gast war. Am Ende war alles wieder gut zwischen uns. Zwar muss ich meiner Freundin zugestehen, dass sie mit ihren Sorgen zu mir kam, doch ich staune immer wieder, welche unbegründeten Schlussfolgerungen das Gehirn ziehen kann – auf der Grundlage unwahrer, dürftiger Fakten, die uns zu Ohren kommen. Meine Freundin ist damit nicht allein. Ich mache ständig das Gleiche, und du wahrscheinlich auch.

Wir sehen eine Party auf Facebook und reden uns ein, dass irgendwo eine Verschwörung gegen uns läuft, aufgrund derer wir von der Party ausgeschlossen sind. Du verstehst schon. Satan freut es unheimlich, wenn er uns immer wieder kleine Steinchen in den Weg streuen kann, damit wir die Lügen weiterentwickeln, die uns gegen Gott aufbringen. Sei vorsichtig, wenn du dich dabei ertappst, unbegründete Schlussfolgerungen über das Leben anderer Menschen zu ziehen. Sie sind meist meilenweit von der Wahrheit entfernt, und nur wenig anderes kann deine Seele so hinterhältig vergiften.

3. Unrealistische Erwartungen

Mein achtjähriger Neffe hatte sich einen ganzen Monat lang auf seinen Geburtstag gefreut. Das bekamen wir täglich zu hören. Als der große Tag endlich da war, war er eine riesige Enttäuschung. Einen Monat zuvor hatte es Sommerferien gegeben, sodass er nicht mit seinen Freunden feiern konnte. Außerdem regnete es an seinem Geburtstag. Nichts lief so, wie er es sich vorgestellt hatte. Das war die erste Lektion, die mein Neffe über unerfüllte Erwartungen lernen musste. Je schneller er lernt, damit umzugehen, umso besser wird er als Erwachsener zurechtkommen. Das ist hart – aber es ist wahr.

Unglücklicherweise haben wir alle unrealistische Erwartungen für unser Leben. Sie schleichen sich meistens bei besonderen Ereignissen oder an gewissen Feiertagen an uns heran. Das Problem an diesen unrealistischen Erwartungen ist, dass sie sich nur um mich, mich, mich drehen. Dabei versuchen wir, Gott zu gebrauchen, um unsere persönlichen Bedürfnisse zu stillen, statt alle unsere Erwartungen auf Gott zu setzen. Als ich in meinem dunklen Wohnzimmer saß, dachte ich oft an Gott. Ich betete sogar sehr viel. Ich hielt an meiner Erwartung fest, dass mein bester Freund endlich zur Besinnung kommen, mir nachjagen und mich im Sturm erobern würde – und dann hätte ich immer noch das Happy End, von dem ich träumte. Ich erwartete ernsthaft, dass Gott sich das sprichwörtliche Bein ausreißt, um meine Pläne in die Tat umzusetzen, und war zutiefst enttäuscht, als er das nicht tat.

Doch heute kann ich durch Gottes Gnade fröhlich sagen, dass Gott weitaus bessere Pläne hatte, sowohl für mein Leben als auch für meinen besten Freund und seine Frau. Niemals hätte ich erahnt, wie weise und liebevoll Gottes Plan aussah, doch so durfte ich ein erfülltes Leben entdecken, das ich nie für möglich gehalten hätte.

4. Ungeplante freie Zeit

Der letzte Auslöser für Selbstmitleid ist ungeplante freie Zeit. Es ist Freitagabend und man sitzt allein daheim. Man hat nichts zu tun, also schaltet man den Fernseher an und findet eine romantische Komödie, die man schon ein Dutzend Mal gesehen hat. Zwei Stunden und eine Packung Eiscreme später ist man in Tränen aufgelöst und traurig. Man versteht nicht, warum alle anderen ein Happy End bekommen, während man selbst in seinem Kellerverlies verrottet und die besten Jahre seines Lebens verschwendet. Nun beginnen die Schuldzuweisungen: an sich selbst, an den Ex, an die Eltern und schließlich auch an Gott. *Liegt ihm etwas an mir? Wenn ja, würde er dann nicht etwas unternehmen?* Und bevor man sich's versieht, ist man nicht nur wütend auf die Welt und auf Gott, sondern man schlägt in seiner Wut auch alle Selbstbeherrschung in den Wind. Wenn man eher zu „fleischlichen" Exzessen neigt, sucht man Trost in seinem Lieblingslaster. Als Frustesser hole ich mir eine zweite Packung Eiscreme. Du verstehst schon ... es ist unschön.

Singles, die die ganze Woche über hart arbeiten, freuen sich auf einen einsamen Abend, an dem sie einfach entspannen können. Doch ich habe festgestellt, dass genau an solchen Abenden die Anfechtungen am größten sind. Vielleicht gibt es bei dir andere kritische Tage: den Valentinstag, den Jahrestag deiner Verlobung oder deinen Hochzeitstag. An diesen schwierigen Tagen solltest du dir keine ungeplante freie Zeit erlauben. Umgib dich lieber mit christlichen Freunden und entwirf aktiv einen Plan, um dem Selbstmitleid Einhalt zu gebieten, sobald es auftaucht.

Ich spreche aus Erfahrung – ich habe gegen das Selbstmitleid schon viel zu oft verloren.

Wie man das Selbstmitleid besiegen kann

Mein Pastor James MacDonald hat einen tollen Spruch über Gottes Liebe. Er sagt uns als Gemeinde häufig: „Gottes Liebe ist keine, die verwöhnt, sondern eine, die vollkommen macht."

Ich habe nie ganz verstanden, was er damit meinte – bis zu dem Sommer nach meiner ersten großen Trennung. Zunächst schaltete ich nicht einmal das Licht an, wenn ich von der Arbeit nach Hause kam. Insgeheim gefiel mir die Dunkelheit. Sie war Balsam für mein verwundetes Herz. Nach außen hin tat ich immer noch das, was ich sollte: Ich ging zur Arbeit, und ich ging in die Kirche. Ich war zu gut trainiert, um den Gottesdienst zu schwänzen, aber ich achtete darauf, in der Gemeinde ja mit niemandem zu *reden*. Ich war zufrieden mit meinem Elend.

Eines Tages regnete es draußen besonders heftig, als ich plötzlich hörte, wie es an meiner Wohnungstür klopfte. *Seltsam*, dachte ich. Ich kannte noch niemanden in der Stadt, und natürlich machte ich keinem Fremden die Tür auf. Es klopfte weiter. Es war zu spät, um das Licht auszuschalten und so zu tun, als sei ich nicht daheim, also stand ich vorsichtig auf und spähte durch den Türspion.

Was ich sah, erstaunte mich. Draußen standen zwei ältere Damen und ein Mann. Ich hatte sie noch nie zuvor gesehen, aber zwei alte Damen konnten mir ja nicht besonders gefährlich werden, oder? Immerhin hatte ich mich selbst ja schon genug fertiggemacht. Also öffnete ich etwas verwirrt die Tür.

„Sind Sie Lina Jamra?", fragte eine der Damen fröhlich.

„Ähm … ja? Und wer sind Sie?"

„Wir sind aus der Kirchengemeinde. Wir wollten Sie einfach nur einmal besuchen und sehen, wie Sie sich so einleben", trällerte sie unverdrossen. Wie bitte? Ich muss gestehen, dass ich etwas irritiert war. Ich wirke oft etwas einschüchternd, aber diese Frau ließ sich nicht beeindrucken. Sie hatte Pläne für diesen Abend – und ich war ein Teil davon.

Ich konnte es kaum glauben, dass jemand eine Dreiviertelstunde lang durch den Regen fährt, einfach um einmal nach mir zu sehen. Die Besucher hatten keine Ahnung, was ich gerade durchmachte.

Aber Gott wusste es.

Die Besucher hatten keine Ahnung, dass ich zu tief im Schlamm steckte, um allein wieder herauszukommen.

Aber Gott wusste es.

In Jesaja 49,15-16 gibt es eine Passage, in der es heißt: „Kann eine Mutter etwa ihren Säugling vergessen? Fühlt sie etwa nicht mit dem Kind, das sie geboren hat? Selbst wenn sie es vergessen würde, vergesse ich dich nicht! Sieh, ich habe dich in meine Handflächen gezeichnet. Das Bild deiner Mauern habe ich immer vor Augen." Womit ich nicht gerechnet hatte, tief im Sumpf meiner selbst verursachten und selbstbezogenen Verzweiflung, war, dass ich viele Jahre zuvor, schon als Kind, vom König der Könige adoptiert worden war. Mein Name war in seine Handflächen eingezeichnet – auf ewig.

Ich gehörte ihm, im Guten wie im Schlechten. Es spielte keine Rolle, wie dunkel es um mich herum war – die Dunkelheit war für Gott einfach nicht dunkel. Es spielte keine Rolle, dass ich keinen Ausweg wusste, denn Gott hatte mich gerade herausgeholt.

Am nächsten Morgen war ich wieder bereit, Gottes Stimme zu hören. Ich schlug die Bibel auf und landete in Jesaja 43: „Wenn du durch Wasser gehst, werde ich bei dir sein. Ströme sollen dich nicht überfluten! ... Weil du in meinen Augen kostbar bist und wertvoll und weil ich dich liebe" (Vers 2 und 4). Gott hatte mich mit seiner Liebe außer Gefecht gesetzt.

In jenem Herbst las ich alle kleinen Propheten und verliebte mich ganz neu in meinen Retter. Was Satan als Zerstörungsaktion geplant hatte, gebrauchte Gott zu meinem Besten. Im Jahr darauf spürte ich, dass Gott mich dazu aufrief, anderen Frauen die Bibel nahezubringen. Es sollte noch zehn Jahre dauern, bis sich daraus tatsächlich etwas entwickelte, doch Gott hatte mich aus dem Sumpf geholt und meine Füße auf einen Felsen gestellt.

Vielleicht steckst du auch gerade im Sumpf des Selbstmitleids fest. Der gleiche Gott, der mich aus meinem Sumpf gezogen hat, will dich auch aus deinem ziehen. Das Leben als Single ist nicht einfach. Die Versuchung, Gott aufzugeben, ist groß. Man kann sich in dieser Welt, in der die Menschen unabhängiger und isolierter leben als je zuvor, schnell vergessen und allein fühlen. Doch Gott ist dir näher, als du denkst.

Ich möchte dieses Kapitel gern mit drei Dingen abschließen, die ich in meiner Phase des Selbstmitleids über Gott gelernt habe. In jenem Jahr habe ich zwar meinen „Untermieter Selbstmitleid" hinausgeworfen, doch hin und wieder muss ich mich an diese Punkte erinnern, um nicht wieder im gleichen Sumpf zu landen. Ich hoffe, dir werden sie auch helfen.

1. Gott kann mit deinem Schmerz umgehen

König David wusste das wie kein anderer. In Psalm 56,9 sagte er: „Du zählst alle meine Klagen und sammelst alle meine Tränen in einem Gefäß, ja, du hast jede einzelne in deinem Buch festgehalten." Und in Psalm 62,9 schrieb er: „Vertraue allezeit auf ihn, mein Volk. Schütte dein Herz vor ihm aus, denn Gott ist unsere Zuflucht."

Ich weiß nicht, warum ich der Lüge glaubte, dass ich nur in meinen besten Sonntagsklamotten zu Gott kommen darf – dass er irgendwie mit meinem Chaos nicht klarkommt. Das war ein großer Irrtum. Ich brauche Gott dann am meisten, wenn ich verletzt und schmutzig bin und verzweifelt Hilfe brauche. Gerade dann will er, dass ich in seine Arme laufe. Er hat keine Angst vor meinen oder deinen Fragen. Er liebt dich. Er kann mit deinem Schmerz umgehen – lass es einfach drauf ankommen.

2. Gott gibt dir die Antworten, die du brauchst

Die Antworten werden nicht immer in dem Moment kommen, wenn du es willst, aber sie *werden* kommen. Es heißt, die Zeit heilt alle Wunden. Als Zynikerin habe ich diese Aussage immer angezweifelt, doch als Ärztin habe ich festgestellt, dass sie wahr ist. Jede Wunde, die einen Menschen nicht umbringt, heilt irgendwann. Ja, sie hinterlässt vielleicht eine Narbe, aber diese Narbe ist eine Erinnerung daran, was man durchgemacht hat. Die Narbe macht den Mann zum Mann, oder eben die Frau zur Frau.

In meinem Leben gibt es zwar viele Narben, doch Gott hat mir immer wieder seine Treue bewiesen. Er hat mir Antworten in seinem Wort gegeben, wenn ich dort danach gesucht habe. Er hat mir Antworten durch seine Kinder gegeben, wenn ich sie danach gefragt habe. Er hat mir Antworten in den Augenblicken gegeben, in denen ich geduldig darauf gewartet habe. Und ich weiß, dass er das Gleiche für dich tun wird.

3. Gott hat einen besseren Plan, als du dir vorstellen kannst

Jeder liebt die Bibelstelle Jeremia 29,11. Und selbst wenn du sie bisher nicht kanntest, wirst du sie sicher auch lieben. Dort heißt es: „‚Denn ich weiß genau, welche Pläne ich für euch gefasst habe', spricht der Herr. ‚Mein Plan ist, euch Heil zu geben und kein Leid. Ich gebe euch Zukunft und Hoffnung.'" Ist das nicht toll?

Ich persönlich habe noch zwei andere Lieblingsverse. Der erste ist mein „Lebensvers". Ich finde, jeder Christ sollte einen „Lebensvers" haben. Meiner ist Philipper 1,6, wo es heißt: „Ich bin ganz sicher, dass Gott, der sein gutes Werk in euch angefangen hat, damit weitermachen und es vollenden wird bis zu dem Tag, an dem Christus Jesus wiederkommt."

Der andere Vers ist ein alter Standardvers, der folgendermaßen lautet: „Und wir wissen, dass für die, die Gott lieben und nach seinem Willen zu ihm gehören, alles zum Guten führt" (Römer 8,28).

Ich schreibe diese Verse hier auf, um dich daran zu erinnern, dass Gottes Plan für dein Leben gut ist. Er will, dass du aus dem Vollen leben kannst. Er möchte dich mit seiner Gunst überschütten. Doch damit er das kann, musst du bereit sein, sie zu empfangen. Bitte ihn um Vergebung, wo du falsche Schlüsse über ihn gezogen hast, und dafür, dass du seinen Charakter falsch eingeschätzt hast. Bitte ihn um Vergebung für die sündigen Handlungen, in denen du Trost gesucht hast. In der Umkehr zu Gott wirst du sehen, dass seine Pläne viel besser sind, als du dir vorstellen kannst. Gott enttäuscht seine Kinder nie.

4. Gott wird eines Tages deinen Schmerz zu seiner Ehre gebrauchen

Als ich meine finstere Phase durchlebte, hätte ich mir nie vorstellen können, eines Tages meine Geschichte so aufzuschreiben, dass andere sie lesen können und vielleicht dadurch ermutigt werden. Ehrlich gesagt würde ich, wenn ich die Wahl hätte, nie wieder zu jener Zeit in meinem Leben zurückkehren. Doch damit Gott mich für andere gebrauchen konnte, musste er erst meinen Stolz wegräumen. Ich bin ziemlich stark und unabhängig. Es wäre mir nie in den Sinn gekommen, dass ein Mann mir einmal das Herz brechen könnte. Doch Gott in seiner Weisheit sah mein Leben bereits, als all diese Tage noch in der fernen Zukunft lagen. So weise und gut ist er! Je mehr ich ihn kennenlerne, umso mehr vertraue ich ihm.

Ein Leben aus dem Vollen ist ein Leben, das voll und ganz Gott hingegeben ist. Ein Leben aus dem Vollen schöpft aus dem Vertrauen, dass der heutige Schmerz morgen zu Gottes Ehre gebraucht wird.

Ich weiß nicht, wie es dir geht, doch ich will das Selbstmitleid hinter mir lassen. Ich glaube, wir sind bereit, zum nächsten Hindernis zu kommen, das jeder unverheiratete Christ für ein Leben aus dem Vollen überwinden muss. Bist du bereit?

Kapitel 8

Seelenmörder – Verbitterung mit der Wurzel ausreißen

Liebe läuft nie wie geplant.

Wenn man erst einmal genug romantische Komödien geschaut und verträumte Bücher gelesen hat, ist man wahrscheinlich unterschwellig zu der Vorstellung gelangt, dass man ein Recht auf Liebe hat und dass man ohne Liebe niemals glücklich sein wird.

Doch wenn man lang genug gelebt hat, stellt man fest, dass manche Menschen nie die große Liebe finden. Andere finden sie und verlieren sie allzu früh. Wieder andere finden sie und heiraten sie, nur um dann festzustellen, dass sie nachts seltsame Geräusche von sich gibt und nie den Abwasch macht. Früher oder später hat man keine Illusionen mehr über die Liebe.

Das Leben folgt nicht immer einem Hollywood-Drehbuch. Du hast ja schon meine traurige Geschichte gehört … und dabei kennst du noch nicht einmal die andere Hälfte!

Ich war zweimal verlobt. Nach der ersten Verlobung hatte mein Verlobter einen Nervenzusammenbruch und nach der zweiten Verlobung ich. Natürlich ist beides eine Übertreibung, aber Fakt ist: Wenn eine Beziehung endet, bei der man auf ein „Glücklich bis ans Lebensende" gehofft hatte, kann sich das durchaus wie ein Nervenzusammenbruch anfühlen.

Während ich nach der ersten aufgelösten Verlobung mit einem gebrochenen Herzen dasaß, drohte die zweite mich schlichtweg verbittern zu lassen. Ich will etwas mehr darüber erzählen:

Ich beendete meine Facharztausbildung für Kinder-Notfallmedizin und zog nach Chicago. Das war eine spannende Phase in meinem Leben. Nach vierzehn Jahren harter Arbeit hatte ich endlich meine Ausbildung hinter mir und fühlte mich doppelt gesegnet, weil Gott mich in seinen Dienst gerufen hatte. Ich ging davon aus, dass sich mir in Chicago eine Tür nach der anderen öffnen würde und dass mich die Menschen dort darum anflehen würden, Gottes Willen für mein Leben auszuleben.

Das war ein Irrtum.

Ich ging auch davon aus, dass ich genügend Zeit mit einem gebrochenen Herzen und ohne Aussicht auf eine neue Beziehung „abgesessen" hatte und in Chicago endlich den perfekten Mann kennenlernen würde, mit dem ich dann glücklich bis an mein Lebensende leben konnte. Endlich war ich an der Reihe!

Auch das war ein Irrtum.

Wer irgendetwas über Gottes Berufungen für Menschen weiß, dem ist klar, dass es kein Spaziergang ist. Wenn Gott einen Menschen beruft, wird jedes Gefühl der Selbstgenügsamkeit voll und ganz zerstört, bis man nur noch um Hilfe rufen kann.

Gott brauchte sechs Jahre, bis er mich da hatte. Diese sechs Jahre sind ein Thema für ein anderes Buch; ich will nur so viel dazu sagen: Ich war ein Wrack (und nicht in dem lustigen Sinn, in dem dieses Wort manchmal verwendet wird, sondern im eigentlichen Sinn) und zu allem bereit.

Etwa zu jener Zeit brachte Gott einen wunderbaren jungen Mann in mein Leben. Und die Engel im Himmel hoben die Hände und sangen, ebenso wie meine Mutter. Dieser Mann war perfekt ... auf dem Papier. Er war alles, was eine unverheiratete christliche junge Frau sich wünschen konnte – auf dem Papier –, aber er war einfach nicht der Richtige für mich.

Natürlich kennst du inzwischen mein Verhaltensmuster. Wir mussten uns erst verloben, damit ich endlich erkannte, dass dieser Mann – so sehr ich ihn auch dazu zwingen wollte – nicht der Richtige war.

Durch Gottes Gnade ging die Beziehung auseinander, dieses Mal mehrere Monate vor dem Hochzeitstermin, und ich war wieder ganz am Anfang – allein und traurig. Doch dieses Mal hatte ich unterwegs noch etwas anderes aufgelesen: Verbitterung.

Wie konnte Gott mir das zweimal antun? Wie konnte dieser „christliche" Mann mir die eine kleine Einzelheit aus seinem Leben verschweigen, die alles für uns ändern würde? Es heißt so schön: „Wenn du mich einmal reinlegst, Schande über dich. Wenn du mich zweimal reinlegst, Schande über mich." Aber ich verspürte nichts weiter als Wut: auf den Mann, auf Gott und das Leben, mit dem ich so elend dastand. Inzwischen war Facebook erfunden worden, also konnte Freund und Feind jeden noch so abscheulichen Aspekt meiner Beziehung wie in einem offenen Buch lesen, studieren und analysieren. (Hier eine Warnung an alle Singles da draußen: Passt bloß auf, was ihr auf Facebook schreibt. Irgendwie wird es euch immer wieder einholen!) Und da war ich nun, älter, aber nicht weiser, und überlegte ganz von vorn, was ich falsch gemacht hatte.

Das Einzige, was bitter sein darf, ist Kaffee ohne Milch und Zucker (meine bevorzugte Variante). An allen anderen Stellen ist Bitterkeit etwas, das die Seele vergiftet. Sie ist schwer zuzugeben, schwer zu diagnostizieren und fast immer zerstörerisch. Sie raubt uns die Freude und vergiftet unsere Beziehungen, und sie verhindert, dass wir aus dem Vollen leben können.

Einfach ausgedrückt ist Verbitterung ein Gefühl der Wut, des Schmerzes oder des Grolls gegen jemanden. Meist ist sie Folge einer Verletzung durch einen anderen Menschen oder eine vergangene Erfahrung. Sie richtet sich gegen andere Menschen oder manchmal auch gegen Gott.

Ich glaube, die folgende Geschichte beschreibt das Wesen der Verbitterung sehr gut:

Eines Tages spazierten zwei Mönche über Land. Sie waren auf dem Weg in ein anderes Dorf, um dort bei der Ernte zu helfen. Unterwegs erspähten sie eine alte Frau, die am Flussufer saß. Sie war ganz aufgelöst, weil es keine Brücke gab und sie allein den Fluss nicht überqueren konnte. Der erste Mönch bot ihr freundlich an: „Wir tragen Euch hinüber, wenn Ihr wollt." „Danke", sagte sie und nahm dankbar die Hilfe an. Also gaben sich die Männer die Hände, sodass die alte Frau darauf sitzen konnte, und trugen sie über den Fluss. Auf der anderen Seite ließen sie sie herunter und sie ging ihres Wegs.

Nachdem die Mönche einen Kilometer weit gegangen waren, begann der zweite Mönch sich zu beklagen. „Schau dir nur meine Kleider an", sagte er. „Sie sind ganz schmutzig, weil wir diese Frau über den Fluss getragen haben. Außerdem tut mir der Rücken weh, seit wir sie hochgehoben haben. Ich merke richtig, wie er steif wird." Der erste Mönch lächelte nur und nickte.

Einige Kilometer später murrte der zweite Mönch erneut. „Mir tut der Rücken so weh, und all das nur, weil wir diese dumme Frau über den Fluss tragen mussten! Ich habe solche Schmerzen, ich kann nicht weitergehen." Der erste Mönch schaute hinunter auf seinen Begleiter, der nun stöhnend auf dem Boden lag. „Fragst du dich nicht, warum ich mich nicht beklage?", fragte er. „Dir tut der Rücken weh, weil du die Frau immer noch trägst. Ich habe sie schon vor fünf Kilometern abgesetzt."

Wenn du nicht „aus dem Vollen" leben kannst, könnte es daran liegen, dass es dir schwerfällt, alten Ballast aus deinem Leben abzuwerfen. Ganz gleich, wie sehr du versucht hast, deine Enttäuschung zu überwinden: Du hältst immer noch am Schmerz der Vergangenheit fest, pflegst ihn sogar und nährst damit immer weiter die Wurzel der Verbitterung, bis sie langsam dein ganzes Leben zu zerstören droht. Die einzige Möglichkeit, zu der Freiheit zu gelangen, in der du ein erfülltes Leben führen kannst, ist, diese Wurzel entschlossen aus deinem Leben auszureißen. Der Schreiber des Hebräerbriefes sagt in Kapitel 12, Vers 15: „Seht zu, dass keine bittere Wurzel unter euch Fuß fassen kann, denn sonst wird sie euch zur Last werden und viele durch ihr Gift verderben."

Ich bin keine große Gärtnerin, aber ich bemühe mich. Ich habe Freude an einem saftig grünen Rasen und bunten Blumen. Doch selbst ich mit meiner bescheidenen Erfahrung weiß, dass Unkraut Pflanzen zerstören kann, und die einzige Möglichkeit, es loszuwerden, ist, es mit der Wurzel auszureißen. Nur den sichtbaren Teil des Unkrauts zu entfernen, ist totale Zeitverschwendung.

Wenn man nun dem biblischen Bild folgt und sich die Verbitterung als eine Wurzel in einem Garten vorstellt, kann man Folgendes beobachten:

Verbitterung beginnt klein

Unkraut ist am Anfang normalerweise sehr klein, aber wenn man es sich selbst überlässt, kann es den ganzen Garten überwuchern. Vielleicht merkst du nicht sofort, dass du verbitterst, aber Gottes Wort lügt nicht. Diese kleine bittere Wurzel kann große Probleme machen, wenn du ihr Raum gibst. Wenn du nicht gleich gegen die Wut auf Gott und andere Menschen angehst, wird die Situation im Lauf der Zeit nicht besser, sondern nur noch schlimmer.

Verbitterung hat tiefe Wurzeln

Verbitterung breitet sich weit aus und kann das ganze Leben überwuchern, aber sie hat auch tiefe Wurzeln und legt sich ums Herz wie Ranken einer Schlingpflanze. Um die Verbitterung zu beseitigen, muss man bereit sein, richtig anzupacken. Schwach und halbherzig an die Sache heranzugehen, nützt nichts. Du wirst all deine Kraft brauchen, um die bittere Wurzel auszugraben, die langsam in deinem Herzen herangewachsen ist. Wenn deine Verbitterung schon viele Jahre alt ist, wirst du mehr Arbeit aufwenden und mehr bewussten, konzentrierten Einsatz bringen müssen, aber der Aufwand ist nötig, wenn du ein erfülltes Leben haben willst. Das ist ernsthafte und oft schmerzhafte Arbeit, und sie erfordert eine ernsthafte Herangehensweise.

Verbitterung betrifft viele Menschen

In Hebräer 12,15 warnt Gott uns, dass die bittere Wurzel „viele durch ihr Gift verderben" wird, wenn ihr kein Einhalt geboten wird. Vielleicht erlebst du selbst bereits, welche Auswirkungen deine Verbitterung auf die Menschen in deinem Leben hat. Wenn du eine alleinerziehende Mutter mit unbewältigten Aggressionen bist, wird deine Verbitterung sich auf deine Kinder auswirken. Wenn du noch nie verheiratet warst und deswegen Komplexe hast, wird sich deine Verbitterung auf deine Freundschaften und sogar auf zukünftige Beziehungen auswirken. Das ist kein Spaß. Verbitterung muss bekämpft werden, bevor ihr Gift von deinem Leben auf das Leben der anderen übergreift.

Verbitterung ist zerstörerisch

Verbitterung ist schlimm. Sie wirkt sich auf alle Menschen in deinem Umfeld negativ aus, aber das Schlimmste ist, dass sie zu deinem geistlichen Tod führen kann. Ich möchte kurz erklären, wo das Bild von der bitteren Wurzel im Hebräerbrief herkommt. In 5. Mose 29,17 finden wir folgenden Vers: „Kein Mann, keine Frau, keine Familie und kein Stamm von euch soll sich mehr vom Herrn, unserem Gott, abwenden und die Götter dieser fremden Völker verehren, damit keine Wurzel unter euch bittere und giftige Früchte trägt."

Verstehst du? Die giftige Wurzel führt zu bitteren Früchten, die unser Herz von Gott abwenden. Wir sollten uns hier keinen Illusionen hingeben: Verbitterung ist tödlich, und man muss sofort gegen sie angehen.

Anzeichen für Verbitterung

Da war ich nun: Ende dreißig, völlig durcheinander, alleinstehend und verbittert. Zuerst erkannte ich nicht, dass das Problem in meinem Leben die Verbitterung war. Wenn man mich gefragt hätte, ob ich verbittert sei, hätte ich es abgestritten. Doch ich wusste, dass etwas nicht stimmte. Es fiel mir schwer zu beten, aber ich konnte nicht genau ausmachen, warum ich so unglücklich war.

Eines Tages tat ich etwas Undenkbares: Ich brach in das E-Mail-Konto meines zweiten Verlobten ein. In dem Moment wusste ich, dass ich ein ernstes Problem hatte.

Ich hätte nie vermutet, ich könnte verbittert sein. Ja, ich hatte mit Selbstmitleid zu kämpfen, und ja, ich hatte auch Probleme mit Aggressionen und mangelnder Selbstbeherrschung, aber Verbitterung? Ich? Auf keinen Fall. Mein Herz war durch und durch lauter.

Wenn du so ähnlich denkst, liegst du falsch. Ich möchte vier häufige Anzeichen für ein verbittertes Herz nennen:

1. Was wäre, wenn ...

Als meine zweite Verlobung endete, plagten mich „Was-wäre-wenn"-Szenarien. Was, wenn ich mich beim ersten Mal nicht verlobt hätte? Was, wenn ich beim zweiten Mal die richtigen Fragen gestellt hätte? Was, wenn ich mehr gebetet oder weniger gesündigt hätte? Was, wenn ich in unserer Beziehung in körperlicher Hinsicht nicht so weit gegangen wäre?

Du weißt, wovon ich rede. Du kannst nicht anders. Du bist dir sicher, dass dein Leben anders verlaufen wäre, wenn nur ______________________ (die Lücke kannst du selbst ausfüllen). Du spielst jede Minute jeder Situation und jedes Gesprächs immer wieder durch. Es muss noch nicht einmal dein Liebesleben betreffen. Vielleicht bist du verbittert über deine Eltern, und das hält dich davon ab, aus dem Vollen zu leben. Du bist überzeugt, dass dein Leben ganz anders verlaufen wäre, wenn du nur in eine andere Familie hineingeboren worden wärst. Wenn nur deine Eltern nicht so streng gewesen wären.

Das Problem dieser „Was-wäre-wenn"-Szenarien besteht darin, dass sie einfach nur die Wut schüren, die man gegenüber der betreffenden Person hegt. In meinem Fall war es Wut auf meine Ex-Verlobten. Je mehr ich darüber fantasierte, was hätte sein sollen, desto tiefer grub sich die bittere Wurzel in mein Herz. Indem ich im Kopf „Was-wäre-wenn"-Szenarien durchspielte, eliminierte ich auch den „Faktor Gott" aus meinem Leben. Für ein Kind Gottes gibt es kein „Was wäre wenn". Alles in unserem

Leben geschieht aus einem bestimmten Grund. Wenn du anfällig für „Was-wäre-wenn"-Szenarien bist, musst du darauf achten, nicht bitter zu werden.

2. Der Ex-Faktor

Ich habe ja bereits mein großes, schlimmes Geheimnis verraten. Es ist wie eine Krankheit, gegen die man sich nicht wappnen kann. Man redet sich ein, auf diese Stufe wolle man nicht herabsinken, doch schon bald findet man sich auf Facebook, bei Google, in Blogs und auf allen anderen Websites wieder, auf denen man Informationen über das Objekt des Anstoßes findet. Es kann schon Jahre her sein, dass unser Intimfeind aus der Schule uns wehgetan hat, doch wir werfen über Google, Facebook, Twitter und LinkedIn immer noch hin und wieder einen Blick auf sein Leben. Wir wollen einfach nur wissen, dass er noch Single ist und auf uns wartet oder geschieden und verletzt ist. Wir können nicht anders, wir schauen uns seine Freundin an und sagen uns, dass sie nicht so klug oder talentiert ist wie wir selbst.

Wenn dir das bekannt vorkommt, hat die Verbitterung vielleicht schon kleine Wurzeln in deinem Herzen geschlagen. Zieh sie heraus, bevor sie dich zu Fall bringen.

3. Alte Verletzungen – neu aufgelegt

Es geht doch nichts über eine ordentliche Lästerorgie, bei der man zusammen mit Freunden über die Person herzieht, die einen verletzt hat. Je mehr die anderen einem zustimmen, desto mehr fühlt man sich gerechtfertigt. Einer meiner Ex-Freunde hatte damals beschlossen, mich bis zur Hochzeit nicht zu küssen. Ich erinnere mich noch an den Tag, an dem er im Internet sein Profilbild änderte und nun eines zu sehen war, auf dem er und seine neue Freundin sich küssten. Binnen sechzig Minuten hatten mindestens vier meiner Freundinnen mir eine SMS geschrieben, um mir davon zu erzählen. Die gesamte darauffolgende Woche brachte ich damit zu, jede Verletzung Revue passieren zu lassen, die er mir je zugefügt hatte.

Durch Gottes Gnade begriff ich irgendwann, dass ich ein Problem mit Verbitterung hatte, und ging dagegen an. Vielleicht ist das auch für dich dran.

4. Einseitige Gespräche mit Gott

Das mache ich am liebsten: Ich rede mir ein, ich würde beten, aber in Wirklichkeit führe ich ein einseitiges Gespräch mit Gott, bei dem mein Mund sich bewegt, aber nichts geschieht. Kein Wunder, wenn ich dann nicht mehr Gottes Gegenwart erlebe. Ich habe bereits gesagt, dass Gott mit unserem Schmerz umgehen kann, doch hier geht es nicht um Schmerz. Es geht um Wut und die unbereinigte Sünde der Unversöhnlichkeit.

Woran merke ich, dass aus einem Monolog ein Gespräch geworden ist? Daran, dass Gott am Ende sagt: „Lass es hinter dir. Vergib ihm", und ich tue es. Bist du bereit dazu? Wenn du aus dem Vollen leben willst, wird dir nichts anderes übrig bleiben.

Lügen, die man glaubt

Falls du die bittere Wurzel in deinem Leben entdeckt hast, hoffe ich, dass du auch bereit bist, sie auszureißen. Bei solch tief liegenden Problemen versuche ich gern zunächst, die Lügen zu verstehen, die hinter meinen Überzeugungen stecken. Im Blick auf die Verbitterung waren es bei mir vor allem drei Lügen, die ich glaubte:

1. Der andere hat mir Unrecht getan

Wenn ich an Menschen denke, denen im Leben Unrecht getan wurde, fällt mir sofort Josef ein, dessen Brüder ihn als Sklaven an die Ägypter verkauften. Ich denke auch an David, der beinahe von Saul umgebracht worden wäre, obwohl David so viel für sein Volk getan hatte. Ich denke an die vielen Propheten, die die Wahrheit sagten und teuer dafür bezahlten, indem sie Jahre im Gefängnis verbringen mussten, geschlagen oder verspottet wurden. In der Bibel finden sich unzählige Beispiele von Menschen, die das Richtige taten, aber ungerecht behandelt wurden. Wie leicht wäre es für jemanden wie Josef gewesen, zu verbittern!

Stattdessen traf Josef in 1. Mose 50,20 eine verblüffende Aussage: „Was mich betrifft, hat Gott alles Böse, das ihr geplant habt, zum Guten gewendet. Auf diese Weise wollte er das Leben vieler Menschen retten."

Um diese Sichtweise entwickeln zu können, ist Gottes Eingreifen nötig, und man braucht diese Sichtweise, um ein erfülltes Leben führen zu können. Josef wurde wirklich Unrecht angetan. Doch der Schlüssel zu seinem Erfolg war, dass er trotz allem Unrecht Gottes souveräne Herrschaft über sein Leben und seine Umstände sehen konnte.

Kannst du das auch?

2. Gott hat mir Unrecht getan

Es ist schwer, irgendjemandem einzugestehen, dass man sich von Gott ungerecht behandelt fühlt. Dazu möchte ich etwas aus der Zeit nach meiner zweiten Trennung erzählen. Ich hatte bereits eine Verletzung erlebt und sie nach der Josef-Methode überstanden. Ich hatte mein Leben auch ganz in Gottes Dienst gestellt, hielt Bibelarbeiten, ging auf Missionsreisen, gab regelmäßig meinen Zehnten und machte in meinem Gedankenleben große Schritte vorwärts. Wenn ich meinen Teil der Abmachung einhalten konnte, warum sollte Gott das nicht auch tun?

Ich sah einfach keinen Sinn darin, dass dieser Gott mich so vorführte und so öffentlich demütigte. Wenige Stunden nachdem ich meine zweite Verlobung gelöst hatte, musste ich meine Schicht in der Notaufnahme antreten. Meine bevorstehende Hochzeit war *das* Thema unter meinen Kollegen gewesen, zumal ich zuvor kaum einen Freund gehabt hatte und bekennende Christin war. Die anderen hatten sich so sehr für mich gefreut! An jenem Nachmittag aber schämte ich mich – für mich selbst, für Gott und für meine Art des Christseins.

In meinen Augen hatte Gott mich hängen lassen.

Und ich war im Unrecht. Ich urteilte falsch über Gott und dachte falsch über seinen Charakter. Ich übernahm keine Verantwortung für meinen Teil des geschehenen Unrechts. Ich musste Buße tun, schlicht und einfach.

Heute kann ich dankbar sagen, dass Gottes Charakter meine Trennung ausgehalten hat, und auch mein Glaube hat sie überstanden. Durch Gottes Gnade kann ich mich sicher in den liebenden Armen meines himmlischen Vaters bergen. Doch darüber werden wir gleich noch weiter reden.

3. Darüber werde ich nie hinwegkommen

Ich hätte nie geglaubt, dass ich über die Liebe meines Lebens hinwegkommen würde. Ich hätte nie geglaubt, dass ich über eine zerbrochene Verlobung hinwegkommen würde, geschweige denn über zwei. Ich hätte nie geglaubt, dass ich über das Versagen in meinem Leben hinwegkommen würde. Ich wette, Simson hätte nie gedacht, dass er über seine Dummheit in jener Nacht hinwegkommen würde, als er einknickte und Delila das Geheimnis seiner Haare verriet. Ich wette, David dachte, er könne nie über seine Sünde mit Batseba hinwegkommen. Und ich wette, Petrus hätte am Fuß des Kreuzes nie gedacht, dass er über sein eigenes Versagen hinwegkommen würde.

Wenn wir nur auf uns allein gestellt wären, würden wir alle im Elend unserer Verbitterung über unser Versagen, unsere Vergangenheit und unsere Fehler stecken bleiben. Wenn wir nur auf uns allein gestellt wären, würden wir alle, wenn ein anderer uns Unrecht getan hat, wütend und verletzt bleiben – und manchmal zu Recht.

Doch so ist es bei Jesus eben nicht. In Kolosser 3,13 heißt es: „Seid nachsichtig mit den Fehlern der anderen und vergebt denen, die euch gekränkt haben. Vergesst nicht, dass der Herr euch vergeben hat und dass ihr deshalb auch anderen vergeben müsst."

Jesu Art ist es, denen großzügig zu vergeben, die es nicht verdient haben. Ich bin sprachlos über Gottes Barmherzigkeit und Vergebung in meinem eigenen Leben. Ich sehe, dass er mich noch immer gebraucht, obwohl ich die Finsternis in meinem eigenen Herzen kenne. Ich sehe, wie er meine Fehler in Ordnung bringt und mir mehr gibt, als ich verdiene, immer und immer wieder – und ich staune über die beharrliche und unerschütterliche Tiefe seiner Liebe zu mir.

Wer als Kind Gottes ihm gehorchen will, wird über Wut und Verbitterung hinwegkommen. Doch dafür muss man zuerst einige Dinge loslassen.

Wie man Verbitterung an der Wurzel ausreißt

Ich glaube, wir haben zur Genüge festgestellt, dass Verbitterung nicht gut ist, wenn man ein erfülltes Leben haben will. Es spielt keine Rolle, ob du über deine Geschwister, deine Eltern, deinen Freund oder deinen Exmann verbittert bist. Es ist höchste Zeit, einen Schritt weiterzukommen. Dazu musst du fünf Dinge loslassen:

1. Die Sünde lassen

Ich hoffe, inzwischen ist klar geworden, welche Gedankenmuster nicht in Gottes Sinn sind. Vielleicht hast du Gott vorgeworfen, du seist ihm egal, oder vielleicht schiebst du deinem Ex immer noch alle Schuld in die Schuhe, während du deine eigene Sünde in der Vergangenheit ignorierst. So oder so, in deiner Beziehung zu Gott wird es nicht vorwärtsgehen, bis du deine Sünde bekennst und dich davon abwendest.

An dem Nachmittag, als ich in das E-Mail-Konto meines Ex-Verlobten einbrach, bekam ich einen Einblick in die Tiefe meiner Verbitterung. An jenem Tag tat ich Buße vor Gott und wandte mich von meiner Sünde ab. Ich bekannte Gott, dass ich an seiner Souveränität und Güte in meinem Leben zweifelte. Ich bekannte Gott, dass ich ihm vorgeworfen hatte, mein Leben falsch zu lenken. Ich bekannte, dass mein sündiges sexuelles Begehren mein Denken vernebelt hatte, und ich bekannte meine Sünde, anderen Menschen immer alles recht machen und sie mit meinem selbstgerechten Leben beeindrucken zu wollen. Ich hatte eine lange Liste zu beichten, doch Gott war sofort bereit, mir zu vergeben. Für dich wird er das Gleiche tun!

2. Den anderen Menschen freigeben

In Matthäus 18,21-35 erzählt Jesus ein wunderbares Gleichnis. Petrus hatte Jesus die Frage gestellt, wie oft wir einander vergeben sollten. Großzügig, wie er sein wollte, nannte er eine großzügige Zahl: siebzig mal sieben Mal.

Wow, Petrus, das ist ja super von dir!, müssen wohl alle anderen gedacht haben ... außer Jesus. Jesus denkt anders als wir.

Dann erzählte Jesus seinen Jüngern eine Geschichte von einem König und seinem Diener. Der Diener schuldete dem König einen Haufen Geld, vielleicht Millionen. Der König erließ ihm gnädig seine Schuld. Später traf der gleiche Diener einen Menschen, der ihm nichts weiter als einen lumpigen Dollar schuldete (ich erzähle die Geschichte mit meinen eigenen Worten nach, aber du verstehst schon). Der arme Kerl flehte um Erbarmen, doch der erste Diener ließ ihn abblitzen und schickte den armen Mann ins Gefängnis.

Natürlich hörte der König davon, wie Könige eben immer alles erfahren, und dann kam für den bösen Diener der Tag der Abrechnung. Die Lektion ist sonnenklar und Jesus fasste sie mit der Reaktion des Königs zusammen: „Du herzloser Diener! Ich habe dir deine großen Schulden erlassen, weil du mich darum gebeten hast. Müsstest du da nicht auch mit diesem Diener Mitleid haben, so wie ich Mitleid mit dir hatte?" (Matthäus 18,32-33).

Falls es dir immer noch nicht klar ist, will ich es noch einmal anders formulieren: Du musst dem Menschen vergeben, der dir

Unrecht getan hat, so wie Gott dir in Jesus Christus vergeben hat. Das bedeutet es im Grunde, Christ zu sein. Und es muss gar nicht kompliziert werden. Du musst nicht jedes Mal den Betreffenden anrufen oder eine große „Vergebungsaktion" starten. Geh einfach auf die Knie, und sage Gott, dass du den Betreffenden freigibst.

Sicher gibt es Situationen, in denen ein persönliches Treffen und Geständnisse und Wiedergutmachung erforderlich sind. In den meisten Fällen allerdings ist nichts weiter nötig als die einfache Bereitschaft, den anderen freizugeben – obwohl du dich ungerecht behandelt fühlst, obwohl du belogen wurdest, obwohl du Gerechtigkeit verdient hast. Schieb das Naheliegende nicht auf. Vergib so freimütig, wie Jesus dir vergeben hat, und überlass die Sache mit der Gerechtigkeit vertrauensvoll Gott.

3. Die Vergangenheit loslassen

Es gibt im Englischen den etwas kitschigen Spruch: *„The past is history, the future is a mystery, this moment is a gift, that's why we call it the present."* („Die Vergangenheit ist Geschichte, die Zukunft ein Geheimnis, dieser Augenblick ein Geschenk – deshalb ist er auch so ‚präsent'.")[23] In dieser Aussage liegt viel Wahrheit. Fehler der Vergangenheit führen oft zu negativen Auswirkungen in der Gegenwart, doch sosehr wir uns auch bemühen, wir können nicht zurückgehen und die Vergangenheit ändern. Um Verbitterung überwinden zu können, müssen wir die Vergangenheit loslassen. Je mehr wir über sie mit ihren Sünden und Fehlern nachdenken, umso länger kann uns die Verbitterung in ihren Klauen festhalten. Dein Leben ist nicht „Plan B". Gott ist nicht sauer darüber, wie alles geworden ist. Dein Leben wäre nicht besser, wenn ____________________ (diese Lücke kannst du selbst ausfüllen). Das alles sind Lügen, die du geglaubt hast, und es ist an der Zeit, deine Vergangenheit loszulassen. Gottes Souveränität ist größer als deine Vergangenheit, und er macht nie einen Fehler.

Paulus hatte eine schreckliche Vergangenheit. Er hatte viele Christen umbringen lassen, darunter auch Stephanus, den unschuldigen Märtyrer. Er hatte Jesus, den Erretter, verflucht. Wundert es uns da, dass Gott ausgerechnet ihn aussuchte, um uns daran zu erinnern, dass unsere Vergangenheit hinter uns liegt, wenn er in Philipper 3,13 schrieb: „… Indem ich die Vergangenheit vergesse und auf das schaue, was vor mir liegt"?

Gott wird deine Vergangenheit zu seiner Ehre gebrauchen. Überlass es ihm, wann und wie er das tut. Richte du nur deinen Blick ganz fest auf ihn und *lebe aus dem Vollen*.

4. Träume loslassen

Wir alle haben sie: Träume. Wir leben für sie. Wir jagen ihnen nach. Und wir sind am Boden zerstört, wenn sie nicht in Erfüllung gehen. Manchmal vergöttern wir unsere Träume sogar. Wenn das geschieht und unsere Träume zerplatzen, legt sich Verbitterung um unser Herz.

Vielleicht ist es an der Zeit, deine durchgeplanten Träume loszulassen und die Träume anzunehmen, die Gott für dich hat. Ich hätte mir nie träumen lassen, dass mein Leben einmal so wird, wie es ist. In dem Jahr, nachdem ich meine zweite Verlobung gelöst hatte, gab ich meine alte Arbeitsstelle für eine bessere auf, zog in ein neues Haus, startete einen Blog im Internet, der noch heute von Hunderten gelesen wird, und ich wurde Leiterin der Frauenarbeit in meiner Gemeinde. Das nenne ich Überraschungen!

Hatte ich irgendeines dieser guten Dinge verdient? Wer sich immer noch bei dem Umstand aufhält, dass ich ins E-Mail-Konto meines Ex-Verlobten eingebrochen bin, würde mit Nein antworten. Aber es ist ein Segen, dass mein Richter ein barmherziger Vater ist und dass ich ein Leben führen darf, das über alles hinausgeht, was ich mir je hätte vorstellen können.

Hätte ich das alles ohne mein gebrochenes Herz und die Lektionen über Vergebung tun können? Hätte ich das alles tun können, während die Verbitterung noch mein Herz gefangen hielt? Ich glaube, du weißt die Antwort.

Keine Vergangenheit ist zu beschämend, als dass Gott sie nicht auslöschen könnte. Keine Sünde ist zu schrecklich, als dass er sie nicht vergeben könnte. Keine Verbitterung ist zu stark, als dass er sie nicht an der Wurzel ausreißen könnte. Ich bin stolz darauf, diesen Gott meinen Vater nennen zu dürfen. Es ist mein Vorrecht, diesem Gott dienen zu dürfen. Ich hoffe, er ist auch dein Vater.

Kapitel 9

Freudendiebe – Falsche Götter zerstören

Nehmen wir gleich Anlauf auf das dritte Hindernis, das wir für ein Leben aus dem Vollen überwinden müssen: falsche Götter oder, wie die Bibel es nennt, „Götzendienst".

Das Erste, was uns zum Stichwort „Götze" vielleicht einfällt, ist die kleine Statue im chinesischen Restaurant, doch in Wahrheit sind falsche Götter etwas viel Heimtückischeres. Falsche Götter schaffen es immer wieder, sich in das Leben von Christen einzuschleichen und ihnen Freude und echte Zufriedenheit zu rauben.

Vielleicht überrascht es dich, doch die Bibel hat viel über falsche Götter zu sagen. Der Grund dafür ist, dass die meisten von uns ein Problem mit ihnen haben. Statt Gott von ganzem Herzen zu lieben, verlassen wir uns nach und nach immer mehr auf falsche Götter und erwarten von ihnen Befriedigung. Statt von Gott die Erfüllung aller unserer Bedürfnisse zu erwarten, verfallen wir Dingen wie exzessivem Essen, Pornografie, Schundliteratur, Sport oder zerstörerischen Beziehungen.

Vielleicht sollte ich erst einmal erklären, was mit „falschen Göttern" oder „Götzendienst" gemeint ist. Aus der Sicht der Bibel ist ein Götze jeder Wunsch, jedes Ideal oder jede Erwartung, die man verehrt, der man dient und nach der man sich sehnt. Und plötzlich ist Götzendienst gar nicht mehr etwas aus uralter Vergangenheit, stimmt's? Götzen sind viel persönlicher und gefährlicher, und sie locken unser Herz weg von Christus und immer näher zur Sünde.

Wenn du immer noch nach einem erfüllten Leben suchst, darf darin kein Raum für Götzendienst sein. Das ist ein Hindernis, das du überwinden musst. Nichts wird dir die Freude so sehr rauben wie das: wenn du deine unerfüllten Wünsche von etwas anderem erfüllen lässt als von Jesus Christus. Wenn du nicht aufpasst, führen die unerfüllten Wünsche rasch zum Götzendienst, und ein erfülltes Leben wird unmöglich.

Natürlich sind Singles nicht die Einzigen, die unerfüllte Wünsche haben, aber bei ihnen treten sie oft besonders deutlich hervor. In einem der vorigen Kapitel haben wir davon gesprochen, dass wir zur Sehnsucht erschaffen sind: Gott hat einen Hunger in unsere Seele gelegt, um uns näher zu sich zu ziehen. Doch sobald wir ignorieren, was Gott für uns als ganzen, heilen Menschen geplant hat, und unsere Bedürfnisse von falschen Göttern erfüllen lassen wollen, werden wir leer und unzufrieden. Denk einmal über dein heutiges Leben nach. Wenn du an deine unerfüllten Bedürfnisse denkst, erwartest du die Erfüllung dann von deinen falschen Göttern oder gehst du damit sofort zu Jesus?

Gehen wir einen Moment zu den Christen in Korinth zurück, da wir sie schon eine Weile nicht mehr erwähnt haben. Die Gemeinde in Korinth war ja bekanntermaßen etwas chaotisch. Ein Mann hatte eine sexuelle Beziehung zu seiner Stiefmutter. Die Gemeinde wurde schwer von der umgebenden Kultur beeinflusst. Sexuelle Unmoral war an der Tagesordnung und Götzendienst die Norm. Die Gemeinde schrieb Paulus einen Brief und bat um Hilfe, um auf dieser stürmischen See Kurs halten zu können. Paulus nutzte natürlich die Gelegenheit und schrieb den ersten Korintherbrief. Darin gab er einige strenge Anweisungen dazu, was es bedeutet, in und mit Jesus Christus zu leben. Als er bei Kapitel 7 ankam, hatte er bereits erklärt, dass sexuelle Unmoral Sünde ist, und Gottes Sicht auf Liebe, Sex, Ehe und Ehelosigkeit dargelegt. Dann plötzlich, in 1. Korinther 8, schaltete Paulus um und redete von Nahrung und Götzen. *Moooment mal.*

Götzendienst war damals weit verbreitet. Die Menschen verehrten Götzenbilder und brachten ihnen als Ausdruck dieser Verehrung Speiseopfer dar. Manche Menschen hatten auch Götzenbilder in ihren Häusern und erwarteten von ihnen Sicherheit und Segen. Diese Praxis war eine Sünde, und Paulus musste die Christen in Korinth an einige grundsätzliche Dinge zum Thema Götzendienst erinnern.

In Kapitel 10 schließlich verwies er die Gemeinde in Korinth auf Mose und das Volk Israel. An ihrem Beispiel erklärte er, warum Götzendienst Sünde ist und welche verheerenden Folgen er hat. Als er beschrieb, was dem Volk Israel in der Wüste zugestoßen war, machte Paulus einen kleinen Sprung und verknüpfte in Vers 6-8 Götzendienst mit sexueller Unmoral: „Diese Ereignisse sind für uns ein warnendes Beispiel, damit wir nicht wie sie nach unrechten Dingen streben oder Götzen anbeten, wie einige von ihnen es taten. In der Schrift heißt es dazu: ‚Sie setzten sich, um zu essen und zu trinken, und feierten ein rauschendes Fest.' Auch auf Unzucht dürfen wir uns nicht einlassen, wie einige von ihnen es taten und dadurch an einem einzigen Tag den Tod von dreiundzwanzigtausend Menschen verursachten."

Kommst du noch mit?

Paulus nahm die Christen in Korinth mit auf eine Zeitreise zu den Ereignissen von 2. Mose 32. Mose war auf dem Berg und bekam die Zehn Gebote. Das Volk Israel wurde es leid, auf ihn zu warten, also machten sie sich ein Götzenbild – ein goldenes Kalb – und begannen, es anzubeten. Bei dieser Verehrungszeremonie gaben sie sich auch sexueller Unmoral hin. An jenem Tag war Gott so zornig auf das Volk Israel, dass 23 000 Menschen starben. Wenn Mose nicht vor Gott für sie eingetreten wäre, wäre alles vielleicht noch schlimmer ausgegangen. Ich würde sagen, Götzendienst ist eine ziemlich schwere Sünde – du nicht auch?

Wahrscheinlich fragst du dich, was all das mit deinem heutigen Leben zu tun hat. Gut, dass du fragst! Götzendienst ist nicht nur etwas, das es früher einmal gab. Götzendienst ist eine Gefahr für jeden Christen heute. Wir machen uns vielleicht keine goldenen Kälber, aber wir haben unsere eigene Version von Götzen – Dinge, bei denen wir Befriedigung suchen statt bei Gott.

Ich habe einmal eine Liste von modernen Götzen aufgestellt, die Christen unserer Zeit verehren: Pornografie, Videospiele, Liebesromane, gleichgeschlechtliche Partnerschaften, zerstörerische Beziehungen (Beziehungen, von denen ich weiß, dass sie schlecht für mich sind, die ich aber trotzdem weiterführe), Essen, Sport, Fernsehen, das Internet, unnötige Ausgaben für materiellen Besitz, Ex-Freunde, Selbstbefriedigung, Alkohol, Zigaretten, Drogen – und manchmal sogar die Arbeit, die wir in der Gemeinde tun.

Wenn ich deinen Lieblingsgötzen vergessen habe, dann ergänze ihn einfach auf der Liste. Wir haben viel zu viele Götzen, um sie alle überhaupt noch aufzählen zu können. Und hat der letzte Punkt dich überrascht? Wir können uns fälschlicherweise einreden lassen, dass etwas Gutes kein Götze sein kann, doch wir sollten es besser wissen. Manchmal benutzen Christen ihre Arbeit in der Gemeinde oder ihren diakonischen Dienst, um mit dem Trost, den sie darin finden, ihr Gewissen ruhigzustellen, statt bei Gott wahre Zufriedenheit zu suchen. Geschäftigkeit ist ein viel bequemeres Mittel der Wahl, als eine enge, persönliche Beziehung zu Gott zu pflegen. Die Entscheidungen, die wir im Leben treffen, zeigen, wo unser Herz wirklich schlägt.

Ich habe bisher versucht, in diesem Buch so ehrlich wie möglich zu sein, also warum jetzt damit aufhören? In meinem Leben habe ich besonders mit zwei falschen Göttern zu kämpfen, die meine Beziehung zu Gott fast schon erstickt hätten. Darf ich dir davon erzählen?

Der erste Götze, der sich in mein Leben einschlich, war Sex. Ich meine „Sex“ nicht in irgendeinem unguten Sinn, sondern wunderbaren Sex im Kontext einer Gott ehrenden Ehe. Je mehr Bücher ich las, je mehr Filme ich sah, umso überzeugter war ich davon, dass jeder am Ende seine große Liebe, seinen Seelenverwandten, seinen perfekten Partner findet, ihn heiratet und großartigen Sex hat (und alle verheirateten Leute lachten).

Ich konnte nicht verstehen, warum Gott mir etwas so Gutes vorenthalten sollte. Zwischen zwanzig und dreißig ging ich noch davon aus, dass Gott einfach noch wartete, um mir etwas richtig, richtig Gutes zu schenken. In meinen Dreißigern kamen mir Zweifel. Was mich am meisten störte, war der Gedanke, dass es im Himmel vielleicht keinen Sex gibt. Single zu sein, störte mich nicht allzu sehr. Genau genommen wäre es für mich perfekt gewesen, wenn Gott irgendein „Ventil“ für meine sexuellen Bedürfnisse geschaffen hätte. Doch dass ich möglicherweise etwas verpassen könnte, das so gut aussah, und es nie erleben könnte – nicht einmal im Himmel –, erschien mir einfach gehässig.

Dabei war es nicht hilfreich, dass ich eine lebhafte Fantasie habe und seit meiner Kindheit eine Leseratte war. Ich erinnere mich noch, wie ich als Zwölfjährige Literatur las, die viel zu hoch für meine unreife Gedankenwelt war – Bücher von Hemingway, Maugham und Fitzgerald. Genug, um die hormongesteuerte Fantasie eines Teenagers anzukurbeln. Ich entwickelte ungesunde Fantasien, Fantasien, die in der heutigen Welt Beifall und Lob ernten würden, die aber Sünde waren, das wusste ich.

Interessanterweise waren in meinen Zwanzigern Schuldgefühle eine gute Motivation, um solche Sünden zu meiden. Ich wollte nicht, dass meine Fantasie später im Ehebett einmal zum Problem würde, wie so viele Autoren und Prediger gewarnt hatten.

Also hielt ich mich zurück und war richtig „gut" dabei. Jahrelang schaffte ich es, in diesem Bereich nicht nachzugeben. Ich wusste, dass Gott eines Tages meine Charakterstärke belohnen und mir den perfekten Mann schenken würde, mit dem ich dann den Rest meines Lebens verbringen konnte.

Dann kamen die Dreißiger. Die ersten Jahre waren unspektakulär, doch nachdem ich meine zweite Verlobung gelöst hatte, wurde mir klar, dass ich vielleicht in diesem Leben nie heiraten würde – und falls doch, war ich dann wahrscheinlich schon über meine besten Jahre hinaus und hatte keinen nennenswerten Sexualtrieb mehr. Das fand ich nicht fair.

Ich beschloss, dass ich genug hatte, und gab den Kampf auf. Wenn Gott nicht für mich als Single sorgte, dann würde ich die Dinge eben selbst in die Hand nehmen. Keine Sorge, es blieb alles „christlich" und respektabel, aber ich hatte mir eingeredet, dass ich ohne Orgasmus nicht glücklich sein konnte. Ich beschloss, bei meinem Götzen Befriedigung zu suchen, doch immer wieder wurde ich enttäuscht.

C.S. Lewis schrieb dazu Folgendes:

„Ich glaube, unsere gegenwärtige Sichtweise ist ungefähr wie die eines kleinen Jungen, der, wenn man ihm sagt, dass der sexuelle Akt die höchste körperliche Lust sei, sofort fragt, ob man dabei auch Schokolade isst. Wenn man das verneint, kann es sein, dass er die Abwesenheit von Schokolade als Hauptmerkmal der Sexualität betrachtet. Man würde vergeblich versuchen, ihm zu erklären, dass Liebende in ihrer fleischlichen Entzückung überhaupt nicht an Schokolade denken, weil ihre Gedanken mit etwas viel Besserem erfüllt sind. Der Junge kennt Schokolade, aber nicht die positive Sache, bei der es keine Schokolade gibt. Wir sind in der gleichen Lage. Wir kennen das sexuelle Leben; aber wir kennen – außer wenigen Blicken,

die wir darauf erhaschen – nicht das andere, das im Himmel keinen Raum mehr dafür lässt."[24]

Satan ist ein Experte, wenn es darum geht, uns weiszumachen, dass Gott uns etwas wirklich Gutes vorenthält. Er hatte es im Garten Eden bei Eva geschafft, und er hatte es bei mir geschafft. Gott lässt uns nicht am ausgestreckten Arm verhungern, und er ist nicht gehässig oder gefühllos. Er sieht einfach nur das große Ganze. Wir hingegen müssen täglich die Entscheidung treffen, woher wir unsere Befriedigung beziehen. Was ich durch meine falschen Götter lernte, war das, was schon Eva in 1. Mose 3 herausfand: Statt uns zufriedenzustellen, bringt uns die Frucht, nach der wir uns so sehnen und auf die wir es abgesehen haben, nur Schande und Scham. Sex war für mich zum Götzen geworden, und es gab nur einen Ausweg: die totale Zerstörung des Götzen.

Ich sagte ja bereits, dass ich zwei falsche Götter in meinem Leben hatte, also sollte ich fairerweise auch den zweiten erwähnen: mein Aussehen. Allgemein gesprochen bin ich auf einer Skala von eins bis zehn eine Sechs. Wenn ich mich hübsch mache, bin ich vielleicht sogar eine Sieben. Ich versuche, gut auf mich zu achten. Ich bin im Libanon aufgewachsen, wo es den Menschen wirklich wichtig ist, wie sie aussehen, und ich bin von Natur aus darauf angelegt, auf mein Äußeres zu achten. Aber mit Ende zwanzig stieß mir etwas Furchtbares zu: Ich bekam Erwachsenen-Akne.

Um Dickens zu zitieren: „Es war die beste Zeit, es war die schlimmste Zeit."[25] Nein, in Wirklichkeit war es die schlimmste Zeit. Ich konnte die Pickel, die ich als Teenager hatte, an einer Hand abzählen. Es ist daher eine Untertreibung zu sagen, dass ich auf dieses Problem nicht vorbereitet war. Ich konsultierte mehr Ärzte und probierte mehr Mittel aus, als ich sagen kann. Doch dieser Kampf drehte sich nicht um meine Haut, sondern um mein Herz. Bald ging es mir nicht mehr nur darum, gut auszusehen. Nein, ich war wie besessen von meinem Gesicht. Ein klarer Teint war mir wichtiger als alles andere. Ich wusste, dass Gott mich heilen konnte, also warum tat er es nicht? Wenn Gott gut wäre, würde er mein kleines Problem aus der Welt schaffen. Oder? Ich verstand es einfach nicht. Ich war überzeugt davon, dass ich absolut glücklich wäre, wenn Gott mich einfach heilte. Das war mir sogar wichtiger als Sex, weil der Zustand meiner Haut für jeden sichtbar und offensichtlich war. Ich konnte ihn nicht verstecken. Wie konnte Gott zulassen, dass ich, eine gestandene Christin, so litt?

Es klingt kleinlich, wenn ich heute darüber rede, aber Satan ist so geschickt darin, kleine Dinge riesig aufzubauschen. Ich weiß noch, wie ich eines Tages besonders deprimiert in die Notaufnahme kam, und ein fünfjähriges Mädchen deutete auf mein Gesicht und fragte unschuldig: „Was ist das da in deinem Gesicht?" Ein anderes Mal empfahl mir eine Mutter ein „Hausmittel": Ich sollte mein Gesicht mit meinem ersten Morgenurin behandeln. Keine Sorge, diesen Rat habe ich nicht befolgt. Aber ich bin immer noch verblüfft, wie strategisch Satan vorgeht, um Gottes Kinder außer Gefecht zu setzen. In dieser Phase meines Lebens ging es mir ziemlich schlecht.

Ich redete mir ein, jede Verfolgung wegen meines Glaubens besser ertragen zu können als diesen Kampf mit meiner Haut. Zu meiner großen Beschämung muss ich sagen, dass mein Blick aufs Leben irgendwann so negativ war, dass ich sogar aufhörte, meine Kleingruppe zu leiten, weil ich so frustriert darüber war, dass Gott mein Problem nicht löste, obwohl er es doch ganz leicht gekonnt hätte.

Doch Gott hatte andere Pläne für mich. Sein Plan war, genau das, was ich am meisten hasste, dazu zu gebrauchen, um mir etwas beizubringen. Irgendwann fiel mir auf, dass ich mich von Gott geliebt fühlte, wenn meine Haut in Ordnung war, aber wenn sie es nicht war, fühlte ich mich von Gott ungeliebt. Mein Aussehen war zu meinem Götzen geworden. Gott war dabei, diesen Götzen zu zerstören, und meinen Stolz gleich dazu.

Ich erzähle deswegen so ausführlich von meinen Konflikten, weil ich dir zeigen will, dass Götzendienst nicht das Problem von irgendwelchen anderen Leuten ist. Es betrifft uns mehr, als uns lieb ist. Und falls du nicht mehr weißt, in welcher Zeit ich diese Probleme hatte: Sie traten auf, kurz nachdem ich Gottes Berufung in seinen Dienst angenommen hatte. Täglich las und studierte ich meine Bibel, und ich leitete eine Bibelgruppe, während mein Herz von diesen beiden Problemen zerrissen wurde. Nach außen hin war ich eine vorbildliche Christin. Selbst mitten in meinen Problemen war ich nicht bewusst rebellisch; ich musste nur noch so viel über Gott und seine Liebe zu mir lernen. Ich musste lernen, dass Gott allein genug war, um alle meine Bedürfnisse zu stillen. Ich musste verstehen lernen, wie gut er zu mir war. Ich musste erst noch begreifen, dass er Gott ist und ich nicht.

Durch Gottes Gnade hat dieser Lernprozess nicht aufgehört. Ich habe erfahren, dass Gott viel geduldiger mit uns ist, als wir es verdienen. Er ist langmütig, doch er lässt uns nicht in Ruhe, bis wir ganz vor ihm kapitulieren und ihm völlig gehorsam sein wollen. Bei mir ist es heute so, und ich war noch nie glücklicher.

Falls du dich immer noch fragst, ob du einen Götzen in deinem Leben hast, dann habe ich vier Anhaltspunkte zur Selbstdiagnose für dich.

Götter entlarven

Falsche Götter haben es so an sich, sich in unser Leben einzuschleichen, wenn wir am wenigsten damit rechnen. Denk einmal über dein Leben und deine Wünsche nach, und dann schau, ob die folgenden vier Aussagen auf dich zutreffen:

Ohne ____________ werde ich nicht glücklich

Überleg einmal, was du brauchst, um glücklich zu sein. Es muss gar keine große Sache sein – vielleicht die Kreditrate fürs Haus oder die Beteiligung deines Exmannes am Leben eures Kindes. Ganz gleich, was du als für dein Glück unerlässlich betrachtest: Es kann drohen, zum Götzen in deinem Leben zu werden. Wenn du glaubst, dass Ehe das Einzige ist, das dich glücklich macht, *Bingo!* Du hast deinen Götzen gefunden. Satans größte Lüge ist, dass du etwas außer Jesus Christus brauchst, um glücklich zu werden. Glaub ihm nicht.

Ohne ____________ zweifle ich an Gottes Liebe zu mir

Falls du davon überzeugt bist, dass Gott dich nicht liebt, weil er ____________ nicht für dich getan hat, dann ist diese Sache zu deinem Götzen geworden. Bei mir war es eine Zeit lang ein klarer Teint. Bei dir kann es eine Freundschaft sein, ein materieller Besitz oder ein Ort. Das musst du selbst wissen.

Die Wahrheit ist: Gott liebt dich so sehr, dass er für dich starb, als du noch ein Sünder warst. Und er liebt dich heute ganz genauso. Vielleicht ist es an der Zeit, die Vorstellung loszuwerden, Gott sei ein unpersönliches Wesen, dem unsere tiefsten Bedürfnisse egal sind – und stattdessen den Gott der Bibel anzunehmen, der dich bedingungslos liebt. Er liebt dich, selbst wenn du die eine Sache, ohne die du meinst nicht leben zu können, nie bekommst, denn er kennt die Wahrheit: Er ist der Eine – *der Einzige* –, ohne den du nicht leben kannst. Und übrigens: Das, woran du Gottes Liebe zu dir festmachst, das ist dein Götze.

„Ohne" ist keine Option

Wenn du dir etwas so sehr wünschst, dass du auch die extremsten Mittel ergreifen würdest, um es zu bekommen – egal, wer dabei Verletzungen davonträgt und welche Folgen es hat –, dann hast du es wahrscheinlich mit einem Götzen zu tun. So verhielten sich die Israeliten in 2. Mose 32. Während Mose auf dem Berg bei Gott war, wurde das Volk es leid, noch länger zu warten. Warten war keine Option mehr für sie. Also nahmen sie die Dinge selbst in die Hand. Sie machten sich ein Götzenbild ... und plötzlich war jeder warme Körper gut genug für ihre sexuellen Ausschweifungen. An dem Tag starben 23 000 Menschen.

Wenn du versucht bist, nicht mehr warten zu wollen, bis Gott handelt, und die Dinge selbst in die Hand nehmen willst, dann solltest du dich in Acht nehmen. Manche Christen haben diesen Weg ausprobiert und stellen fest, dass sie immer noch mit den Folgen ihrer Entscheidung leben müssen. Es ist nie eine gute Idee, Gott ein Ultimatum zu stellen. Er ist der Gott des Universums. An deiner Stelle würde ich mich nicht darauf einlassen. Und die Sache, ohne die du meinst nicht leben zu können: Sie ist dein falscher Gott.

Wer seine Wünsche nicht im Zaum hält, dem könnte es passieren, dass er sein Leben ohne die Sache, die er sich wünscht, nicht mehr lebenswert findet. Das ist ein trauriger Zustand, und ich hoffe, er trifft nicht auf dich zu. Falls doch, hoffe ich, dass du dich nicht allzu lange darin aufhältst. Gott liebt dich. Als er dir deine Wünsche gab, hatte er ein Ziel im Sinn: dass du dich durch deine Wünsche an ihn wendest. Du bist dazu erschaffen, ihn anzubeten. Ich hoffe, du richtest deinen Blick auf ihn und findest dabei Freiheit und ein erfülltes Leben.

Inzwischen solltest du eine ganz gute Vorstellung davon haben, ob du es in deinem Leben mit falschen Göttern zu tun hast. Ich habe dir bereits von meinen eigenen Konflikten in dieser Hinsicht erzählt. Zwar hatte ich nie vor, einen falschen Gott zu verehren, aber als das Selbstmitleid mich überrollte und die Verbitterung ihre Wurzeln tiefer in mein Herz grub, kam mein Vertrauen zu Gott ins Wanken. Ich weigerte mich, die Stillung meiner Bedürfnisse von Gott zu erwarten – etwas, das ich in jüngeren Jahren für undenkbar gehalten hätte. Ich begann, die Lüge zu glauben, dass Gott meine Bedürfnisse nicht stillen konnte. Ich redete mir ein, dass all das, was Gott mir gegeben hatte, nicht genug war, solange er mir nicht mein „Glücklich bis ans Lebensende" oder mein Reklamegesicht schenkte. Die Dinge, die ich mir mehr als alles andere wünschte, aber nicht haben konnte, begannen mich zu beherrschen, und schon bald tanzte ich um mein eigenes selbst gemachtes Kalb – bis Gott in seiner Barmherzigkeit mir in den Weg trat und mein Herz zurückgewann.

In Jesaja 44,20 beschreibt Gott Götzendiener folgendermaßen: „Wer sich mit Asche abgibt, dessen Herz wurde irregeleitet. Er wurde verführt." Durch Gottes Gnade musste ich mich nicht lange mit Asche abgeben. Durch seine Gnade ist Gott der Einzige, den ich heute anbete. Vielleicht kannst du von den Israeliten, von der Gemeinde in Korinth und von mir etwas lernen.

Gott hasst Götzendienst; deshalb muss er vernichtet werden. Und wie geht das?

Wie man einen falschen Gott zerstört

Das Gegenmittel gegen die Verehrung von selbst gemachten Götzen ist die Anbetung des Einen, für den wir erschaffen wurden – Jesus Christus. Wenn das, was man sich wünscht, wichtiger geworden ist als Gott, dann hat man es mit einem Götzen zu tun und man sollte drastische Maßnahmen ergreifen.

1. Es geht nicht ohne Kampf ab

In 2. Mose 32 rastete Mose völlig aus, als er vom Berg kam und sah, wie das Volk das goldene Kalb anbetete. Okay, „ausrasten" ist nicht der biblische Begriff, aber Mose war sehr aufgebracht. Dann tat er, was jeder Mensch mit einem falschen Gott machen muss: Er zog das Schwert und stellte sich auf einen Kampf ein. Das können wir in 2. Mose 32,27 nachlesen.

Es wird nicht einfach sein, die falschen Götter in deinem Leben zu zerstören. Ohne Kampf wird es nicht abgehen. Mir gefällt, wie Hebräer 12,4 über den Kampf mit der Sünde spricht. Dort sagt der Schreiber des Briefes: „Immerhin habt ihr im Kampf gegen die Sünde noch nicht euer Leben opfern müssen."

Ich stelle fest, dass ich im Grunde ein Dünnbrettbohrer bin. Ich will Heiligung, aber auf die leichte Tour. Ich will Reinheit, aber ich will mich nicht dafür anstrengen. Wenn ich gegen die

Versuchung ankämpfe und nicht gleich siege, kratze ich mir den Kopf und überlege, was ich falsch gemacht habe. Wenn dir das bekannt vorkommt, liegt das daran, dass wir mental nicht auf Krieg eingestellt sind. Es widerstrebt uns, bis aufs Blut zu kämpfen. Der Kampf gegen falsche Götter ist nicht leicht, aber notwendig, und er geschieht zu Gottes Ehre.

Anders als bei Mose gibt es in unseren Kämpfen keine echten Schwerter, sondern das Schwert des Geistes – das Wort Gottes (Epheser 6,17). Um den Kampf gegen falsche Götter zu gewinnen, müssen wir zuerst in unserer Gedankenwelt und dann mit unserem Willen dagegen ankämpfen.

Für mich kam der Wendepunkt in meinem Kampf gegen die falschen Götter nicht durch ein skurriles Gefühl oder eine göttliche Erscheinung. Gott hat eine viel einfachere, aber auch viel beschwerlichere Methode. Sein Wort ist die Wahrheit. Wir müssen es unabhängig von unseren Gefühlen annehmen; oder wir können es ablehnen und sterben. Auf dem Höhepunkt meiner Unzufriedenheit und am Tiefpunkt meiner schwächer werdenden Beziehung zu Gott musste ich Gottes Wort recht geben – oder in meinem Chaos stecken bleiben. Ich verehrte einen Götzen und suchte Freude bei ihm, aber ich fühlte mich elend. Da ging ich einen Glaubensschritt, und Gott half mir, die Schlacht in meiner Gedankenwelt zu schlagen. Ich kämpfte mit dem einzigen Mittel, das Gott uns zur Verfügung gestellt hat: mit seinem Wort. In 2. Korinther 10,3-5 heißt es: „Wir sind zwar Menschen, doch wir kämpfen nicht mit menschlichen Mitteln. Wir setzen die mächtigen Waffen Gottes und keine weltlichen Waffen ein, um menschliche Gedankengebäude zu zerstören. Mit diesen Waffen zerschlagen wir all die hochtrabenden Argumente, die die Menschen davon abhalten, Gott zu erkennen. Mit diesen Waffen bezwingen wir ihre widerstrebenden Gedanken und lehren sie, Christus zu gehorchen."

In meiner Gemeinde haben wir den Spruch: „Glauben heißt, Gottes Wort zu glauben und danach zu handeln, egal, wie wir uns fühlen, weil wir wissen, dass Gott ein gutes Ergebnis verspricht." Erst wenn man den Fuß in den Jordan setzt, wird man sehen, wie sich das Wasser teilt und sich ein Weg auftut. Wenn du noch auf deinen Aha-Moment wartest, bevor du anfängst, Gott zu gehorchen, dann kannst du lange warten. Gehorsam ist ein Akt des Glaubens. Also mach dich bereit zum Kampf, und der Sieg wird nicht lange auf sich warten lassen.

2. Es geht nicht ohne eine bewusste Entscheidung

In 2. Mose 32, als Mose vom Berg kam und sah, wie sein Volk einen Götzen anbetete, zog er das Schwert und sagte etwas Entscheidendes: „Alle, die auf der Seite des Herrn stehen, sollen zu mir herüberkommen" (Vers 26).

An dem Tag sammelten sich die Leviten um Mose und töteten 3000 ihrer Volksgenossen. Auf uns westliche, politisch korrekte Menschen wirkt das drastisch. Doch Gott war zufrieden mit den Leviten und mit Mose. Auf wessen Seite wirst du dich im Kampf gegen die falschen Götter in deinem Leben stellen? Und wie ernst ist es dir mit der Heiligkeit?

Jedes Mal, wenn du bei deinem Götzen Trost suchst, statt dich an Gott zu wenden, entscheidest du dich gegen Gott. Doch jedes Mal, wenn du in deinem Leben der Versuchung widerstehst, reihst du dich bei Mose und den Leviten ein. Verstehst du? Es ist eine große Entscheidung, aber sie liegt bei dir.

3. Es geht nicht ohne Kosten ab

An dem Tag, als Mose gegen die Götzenanbeter antrat, starben 3000 Menschen, und später schickte Gott eine Seuche, die weitere 20 000 Menschenleben forderte. Das ist ein hoher Preis für Götzendienst, doch Gott wollte es nicht anders. Wir sollten keine Sekunde daran zweifeln, dass der Kampf gegen die falschen Götter in unserem Leben einen Preis fordert. Ungehorsam hat einen hohen Preis, jedes Mal.

Vielleicht bedeutet die Zerstörung deines Götzen für dich das Ende einer Beziehung, die dir wichtig ist. Vielleicht bedeutet es auch, deinen Fernseher oder deinen Computer oder dein Smartphone loszuwerden. Ich musste zuerst meine Kindle-App löschen und dann mein iPad abschaffen. Vielleicht ist bei dir noch etwas Drastischeres nötig, wie aus deiner Wohnung auszuziehen oder aus der Stadt wegzuziehen oder die Arbeitsstelle zu wechseln.

Die Frage, die du beantworten musst, ist: Wie weit bist du bereit zu gehen, um den Götzen in deinem Leben zu zerstören? Wenn du nicht bereit bist, alles zu tun, bist du vielleicht noch nicht bereit, den Götzen zu zerstören.

Falls du dich fragst, warum Gott einen so hohen Preis fordert, möchte ich dich daran erinnern, welchen Preis er für dich gezahlt hat. Er gab sein Leben. So teuer kam ihn deine Rettung zu stehen. Ändert sich dadurch für dich etwas? Deine Rettung war nicht billig; wie können wir es wagen, eine billige Gnade zu leben und an unseren Sünden und falschen Göttern festzuhalten, wo Jesus *alles* für uns gegeben hat?

4. Gott schafft immer einen Ausweg

Was ich am meisten an Gott liebe, ist, dass er uns nicht hängen lässt. Er weiß, wie schwierig es ist, unsere Götzen zu zerstören. Er versteht, wie verlockend sexuelle Unmoral ist. Also gibt er uns 1. Korinther 10,12-13, eine zeitlose Bibelstelle: „Wer sich für standhaft hält, soll aufpassen, dass er nicht auf die gleiche Weise sündige. Vergesst nicht, dass die Prüfungen, die ihr erlebt, die gleichen sind, vor denen alle Menschen stehen. Doch Gott ist treu. Er wird die Prüfung nicht so stark werden lassen, dass ihr nicht mehr widerstehen könnt. Wenn ihr auf die Probe gestellt werdet, wird er euch eine Möglichkeit zeigen, trotzdem standzuhalten." Das ist unglaublich. Zunächst erinnert Gott uns daran, dass keiner von uns immun ist. Wir haben also keinen Grund, überheblich zu werden. Wir sitzen alle im gleichen Boot. Wenn du dieses Kapitel gelesen und dir gedacht hast, dass du kein Problem mit Götzendienst hast, liegst du falsch. Es könnte auch dir passieren!

Doch noch besser ist, dass Gott uns einen Ausweg gegeben hat. Er kennt einen besseren Weg. Von diesem besseren Weg erfahren wir in Vers 14: „Meidet [in anderen Übersetzungen heißt es: Flieht] den Götzendienst." Fliehen heißt, alles stehen und liegen zu lassen und wegzulaufen – und zwar schnell! Der Ausweg, den Gott uns aus dem Götzendienst zeigt, heißt „Flucht". Wie schnell läufst du? Brauchst du neue Laufschuhe?

Gott ist treu. Der Vorfall in 2. Mose 32 war nicht das letzte Mal, dass die Israeliten Götzen verehrten, statt Gott anzubeten. Im Lauf seiner Geschichte verfiel das Volk Israel immer wieder in Götzendienst. Doch Gott in seiner Treue nennt sie immer noch seine Kinder. Er bleibt seinen Menschen treu, bis heute. So ist er einfach.

Einen letzten Punkt sollte ich noch erwähnen. In 2. Mose 32

brauchte das Volk einen Fürbitter, um Gottes Vergebung zu empfangen, und Mose war dieser Mensch. In unserer Zeit seit der Auferstehung von Jesus Christus ist er der einzige Fürbitter, den wir brauchen. Wir können Gott direkt um Vergebung bitten, weil Christus bereits den Preis für unsere Sünde gezahlt hat, an Gottes rechter Seite sitzt und für uns eintritt. Und Jesus ebnet uns in mehr als nur einer Hinsicht den Weg. Er hat sein Blut zu unserer Erlösung vergossen. Er stillt unsere Bedürfnisse, weil er ausreicht. Und er schafft einen Ausweg durch seine Treue.

Er allein ist es wert, dass wir ihn anbeten.

Kapitel 10

Niemals allein – Die Lüge der Einsamkeit entlarven

Das letzte Hindernis, das man für ein erfülltes Leben überwinden muss, ist ein Hindernis, das jeder von uns nur allzu gut kennt: die Einsamkeit.

Ich will ganz ehrlich sein: Ich lebe gern allein. Ich wohne seit meinem 20. Lebensjahr allein. Ich genieße Alleinsein und Stille. Du kannst mich gern für verrückt halten, aber ich gehöre zu den Menschen, die es nicht einmal mögen, wenn der Fernseher oder auch nur das Radio läuft. Das geht mir auf die Nerven. Ich bin gern allein. Selbst jetzt, beim Schreiben dieses Buches, bin ich ganz im Norden von Wisconsin, wo ich kein kabelloses Internet und nur schlechten Mobilfunkempfang habe. Wenn ich doch einmal ein wenig Empfang habe und zu Hause anrufe, werde ich gefragt, ob ich nicht verrückt werde, so ganz allein, oder ob mir langweilig ist. Diese Worte sind mir ganz fremd. Es ist himmlisch!

Doch hin und wieder, wenn ich es am wenigsten erwarte, überrollt mich eine Lawine der Einsamkeit, die so überwältigend und so groß ist, dass sie mich umwirft. Meistens geschieht das spätabends. Ich verlasse die Notaufnahme am Ende einer langen Schicht. Die Heimfahrt dauert 45 Minuten, und sie ist nie leicht. Meistens bin ich sehr müde und kann kaum die Augen offen halten. Ich bin dankbar für die Rüttelstreifen am Fahrbahnrand. Manche Kollegen sagen, sie seien nach einer Schicht in der Notaufnahme viel zu aufgedreht, um zu schlafen. Das Problem hatte ich nie. Ich bin immer völlig fertig und reif fürs Bett.

Hin und wieder, wenn ich tagsüber nicht regelmäßig genug ge-

gessen habe, habe ich Hunger. Und in meinem westlichen Denken hat Hunger fast immer Vorrang vor Schlaf. In Amerika gehen wir nicht gern hungrig zu Bett. Meistens reicht etwas Eiscreme, aber nicht zu viel davon, denn wenn man nach Mitternacht noch zu viele Milchprodukte zu sich nimmt, kleben sie einem irgendwie am nächsten Morgen am Gaumen. Eine gute Alternative um zwei Uhr morgens ist Orangensaft. Wenn man Single ist, so wie ich, muss man kein Glas benutzen, um Orangensaft zu trinken, und so muss man auch kein Glas abwaschen. Das ist ein kleiner Bonus. Es heißt, es sind die kleinen Dinge, die zählen. Das sehe ich generell genauso.

Nachts ist es fast unheimlich still, außer im Sommer, wenn die Grillen mir Gesellschaft leisten. Ihr Zirpen ist rhythmisch, beruhigend, und ich fühle mich vorübergehend nicht so allein. Es spielt keine Rolle, wie ausgefüllt mein Tag war oder wie viele Menschen mich morgen umgeben werden. Nachts wirkt der Gedanke an Menschen fremd und weit entfernt. Ich sage mir, dass ich morgen das Alleinsein vermissen werde. Ich werde mit einem warmen Gefühl an diese stillen Nachtstunden denken, die nur vom Flüstern der Zikaden gestört werden und in denen der Mond tief am Himmel steht. Doch in jenem Augenblick mitten in der Nacht bin ich allein in meinem Haus, allein in meiner Stadt, allein in der Welt.

Ein flüchtiger Gedanke an Gott streift mich, und ich halte ihn fest. Ich lasse mich von ihm einhüllen. Und mitten in der Nacht erinnert er mich sanft daran …

Ich bin dir nah.

Ich bin hier.

Schließlich kapituliere ich und schlafe ein.

Wenn du Single bist, kennst du sicher genau die Einsamkeit, die ich gerade beschrieben habe. Du hast sie öfter verspürt, als du zugeben magst. Du hast mit den Fragen gekämpft, die mit der Einsamkeit einhergehen, mit dem Gefühl, von Gott, von Freunden, von der Gemeinde verlassen zu sein – und du hoffst auf Antworten.

Es spielt keine Rolle, ob du in der Großstadt oder in einem kleinen Dorf wohnst: Die Einsamkeit ist real, und sie kann enorme Ausmaße annehmen. Einsamkeit ist ein tief sitzender, beharrlicher Schmerz, der irgendwann jeden einmal plagt. Es ist die Isolation, die von einem Leben in einer zunehmend auf Unabhängigkeit bedachten Gesellschaft herrührt, in der jeder lieber mit sich allein ist als mit dir zusammen.

Ich meine Einsamkeit nicht im Sinn von Alleinsein. Die meisten viel beschäftigten Menschen sind hin und wieder gern allein. An einem Samstagabend nach einer geschäftigen Woche voller Gäste und Menschen in einem stillen und endlich leeren Haus zur Ruhe kommen zu können, ist eine gute Einsamkeit. Die Zeit war bis zum Bersten ausgefüllt, die Geduld wurde auf die Probe gestellt, doch nun genießt man das stille Alleinsein zu später Stunde und ist dankbar für den wohltuenden Frieden.

Doch Einsamkeit ist etwas ganz anderes. Sie ist einsam und still, bewegungslos. Sie ist eine Eins in einer Welt der Zweien.

Das war nicht immer so. Genau genommen ist es an vielen anderen Orten außerhalb der USA noch heute anders. Im Libanon, wo ich aufwuchs, spielt die Gemeinschaft noch eine große Rolle im Leben. Manch einer würde sagen, eine zu große Rolle. Wenn man niest, ruft Tante Soumaya an und fragt, ob man sich erkältet hat. Wenn man den Kaffee verschüttet, hat man gute Aussichten auf eine Meldung in den Abendnachrichten. Es wird als Zeichen der Liebe und Verbundenheit angesehen, alles über das Leben eines anderen zu wissen, was man wissen kann. Es ist ein Zeichen dafür, dass der andere einem wichtig ist.

Irgendwo auf dem Spektrum der Zivilisation und Verwestlichung der Welt kam die Vorstellung auf, dass die Menschen mehr Unabhängigkeit wollen. Finanzielle Unabhängigkeit führte zu dem Gedanken, aus dem Elternhaus auszuziehen und sich eine eigene Wohnung zu suchen. Doch heute bedeutet Unabhängigkeit für viele Erwachsene das Leiden unter Isolation und Einsamkeit, die so tief gehen, dass nur weniges den Schmerz lindern kann, den diese Wunde verursacht.

Also heiraten die Menschen, weil sie meinen, dass ein anderer Mensch ihre Einsamkeit auslöschen kann. Anfangs hilft das ein wenig. Doch eines Tages, aus heiterem Himmel, taucht diese hässliche Einsamkeit wieder auf, die man eingedämmt wähnte. Sie lässt sich in den eigenen vier Wänden nieder und erinnert uns daran, dass selbst ein Ehemann uns nicht völlig zufriedenstellen kann und dass eine Ehefrau uns nicht so versteht, wie es nötig wäre.

Und unterdessen träumen alleinstehende Menschen überall von der Ehe als der gesuchten Antwort auf ihre Einsamkeit.

Wenn du je mit Einsamkeit zu kämpfen hattest, bist du nicht allein. Den meisten geht es irgendwann so. Nur wenige Singles finden eine Gemeinschaft wie in der Fernsehserie *Friends* und verbringen ihre Abende mit schönen Menschen bei einem Latte macchiato in einem angesagten Coffeeshop in New York City. (Wenn du eine solche Gemeinschaft gefunden hast – herzlichen Glückwunsch. Der Rest von uns trinkt seinen Kaffee allein irgendwo in Hinterwaldhausen.)

Ich möchte auf einige Gründe eingehen, warum wir mit Einsamkeit zu kämpfen haben.

Gründe für Einsamkeit

Die Einsamkeit der Sünde

Ich kann nicht über die Gründe für Einsamkeit sprechen, ohne den Grund zu nennen, der am offensichtlichsten ist, aber am seltensten in Betracht gezogen wird. Wer ein Kind Gottes ist, aber in bewusstem Ungehorsam Gott gegenüber lebt, wird sich höchstwahrscheinlich einsam fühlen. Jesaja 59,2 drückt es folgendermaßen aus: „Nein, eure Sünden sind eine Schranke, die euch von Gott trennt. Wegen eurer Sünden verbirgt er sein Antlitz vor euch und will euch nicht mehr hören."

Wer sich für die Sünde entscheidet, entscheidet sich dafür, die Nähe zu Gott, nach der sich jede Menschenseele sehnt, gegen eine immer breiter werdende Kluft zu tauschen. Gott wendet sich nicht von dir ab oder wirft dich aus seiner Familie, wenn du sündigst, aber du wirst eine immer stärkere Trennung von ihm spüren. Wenn du betest und das Gefühl hast, deine Gebete bleiben unter der Decke hängen, kann es möglicherweise daran liegen, dass du ungeklärte Sünde in deinem Leben hast. Bitte Gott, dein Herz zu prüfen, und zögere dann nicht, die Sache in Ordnung zu bringen.

Die Einsamkeit der Übergänge

Du bist gerade umgezogen und kennst noch niemanden in der neuen Stadt. Du bist zu alt und zu müde, um etwas dagegen zu unternehmen. Es ist Freitagabend, und du denkst, alle anderen sind unterwegs und haben Spaß, während dein Leben langsam verrinnt, eine zähe Minute nach der anderen. Das ist die Einsamkeit, die mit Übergangszeiten im Leben einhergeht, und es ist nicht ungewöhnlich, dass alleinstehende Christen sie hin und wieder empfinden.

Du versuchst, einen Abend in der Gemeinde mit anderen Singles zu verbringen, aber es fällt dir schwer, eine Verbindung zu ihnen aufzubauen. Die meisten von ihnen kennen sich schon seit Jahren, und das verstärkt nur dein Gefühl der Einsamkeit.

Zwischen meinem 16. und 30. Lebensjahr wohnte ich nie länger als vier Jahre an einem Ort, also kenne ich diese Einsamkeit der Übergänge, und mit zunehmendem Alter wird sie immer schwerer für mich!

Die Einsamkeit einer Trennung

Trennungen sind immer schwer. Vielleicht hast du es nicht kommen sehen, auch wenn wahrscheinlich alle anderen in deinem Leben es sehen konnten. Du bist durcheinander und weißt nicht, wie die Beziehung, die du für so gut hieltest, nun so zerbrochen sein kann. Du tust dir selbst leid. Du spürst die tiefe, schmerzhafte Einsamkeit, die nur ein Mensch, der schmerzliche Ablehnung kennt, ganz verstehen kann.

Glaub mir: Ich habe zwei Verlobungen gelöst und verstehe, wie einsam man nach einer Trennung ist. Einige meiner besten Gedichte habe ich direkt nach meinen Trennungen geschrieben. Wenn ich es versucht hätte, hätte ich sicherlich eine berühmte Country-Sängerin werden können. Nichts, was Menschen zu sagen haben, mindert diese Art der Einsamkeit. Sie wirft einen völlig aus der Bahn, und man fühlt sich, als könnte das Leben nie wieder besser werden. Aber das darfst du nicht glauben. Es *wird* wieder besser.

Die Einsamkeit der Isolation

Dies ist eine selbst gewählte Einsamkeit, die von verschiedenen Ursachen herrühren kann. Vielleicht haben Freunde dich verletzt, oder vielleicht machst du gerade eine Phase voller Selbstmitleid durch, in der du lieber mit niemandem redest. Ich habe diese Art von Einsamkeit erlebt, und sie ist nicht schön. Sprüche 18,1 sagt dazu: „Wer sich absondert, geht nur seinen eigenen Wünschen nach; er verweigert alles, was heilsam ist."

Die Einsamkeit der Isolation lehnt die Möglichkeiten zu Beziehungen ab, die Gott uns schenkt. Ich weiß noch, wie ich mich in der Phase, in der ich unter Akne litt, stark isolierte. Ich wollte nicht gesehen werden. Ich war unsicher und hatte Angst, also schottete ich mich die meiste Zeit ab. Ich ging noch in die Kirche, versuchte aber, niemandem in die Augen zu schauen, damit nicht etwa noch jemand mit mir reden wollte. In der Zeit mied ich sogar meine eigene Familie, weil ich so zutiefst verunsichert war.

Vielleicht ist es bei dir nicht Akne, sondern ein anderes Problem, das dich von deiner Gemeinde trennt. Du musst sehr vorsichtig sein, wenn du dich so isolierst, denn damit schaffst du beste Voraussetzungen zum Sündigen und machst dich geistlich verwundbar.

Die Einsamkeit des geistlichen Widerstandes

Jeder Christ, der Gott gehorsam lebt, erlebt diese Art von Einsamkeit, deren Ursache geistliche Angriffe sind. Es ist die Einsamkeit der geistlichen Bedrückung. Sie kommt aus dem Nichts und man findet keine eindeutige Erklärung dafür. Aber man braucht volle geistliche Konzentration, um sich dagegen zur Wehr zu setzen. Das Schlimmste, was man in der Einsamkeit des geistlichen Widerstandes tun kann, ist, Gottes Wort zu ignorieren. Mit dieser Art von Einsamkeit sollte man rechnen, wenn man gerade einen Glaubensschritt im Dienst für oder im Gehorsam zu Gott gegangen ist.

Das Gute an dieser Einsamkeit ist, dass man eine Zeit der Anbetung daraus machen und sie nutzen kann, um die Nähe Gottes zu suchen. Jesus hat es uns selbst oft vorgemacht: Er sonderte sich von seinen Jüngern ab, um ungestörte Gemeinschaft mit seinem Vater zu suchen. Wenn Jesus diese Zeit allein mit Gott dem Vater brauchte, brauchen wir sie dann nicht auch?

Einsamkeit hat viele Ursachen und viele Gesichter. Doch man muss sie überwinden, wenn man ein erfülltes Leben haben möchte. Der beste erste Schritt ist nachzuschauen, was Gott über Einsamkeit sagt. Finden sich in Gottes Wort Ideen dazu, wie man die Einsamkeit überwinden kann? Gibt es Schritte, die man gehen kann? Versuchen wir, es herauszufinden.

Wie man Einsamkeit überwindet

Wenn du wissen willst, was ich als Ärztin in der Notaufnahme mache, kann ich das in zwei Punkten zusammenfassen: Ich finde heraus, was das Problem ist, und ich behebe es.

Ich hoffe, dass du inzwischen den Grund für deine Einsamkeit „diagnostiziert" hast. Nun lass uns einen Plan entwerfen, wie wir das Problem beheben können.

Der erste Schritt gegen die Einsamkeit ist, zu erkennen, dass sie eine Lüge ist. Die Wahrheit ist: Du bist nie allein. Als du Jesus als deinen Retter angenommen hast, kam er in dein Leben. Du bist nie allein. Jesus ist immer bei dir. Er ist dir näher, als du glaubst.

Du musst seine Gegenwart nicht spüren, um zu wissen, dass er nah bei dir ist. Nimm ihn einfach beim Wort! Verlass dich im Glauben auf Gottes Gegenwart. In Hebräer 13,5 verspricht Gott: „Ich werde dich nie verlassen und dich nicht im Stich lassen." Er verlässt dich nicht, wenn du sündigst. Er verlässt dich nicht, wenn du ihn vergisst. Er verlässt dich nicht, wenn du eine Magenverstimmung hast. Er ist immer bei dir.

Tatsächlich will Gott deine Einsamkeit gebrauchen, um deine Aufmerksamkeit auf sich zu ziehen. Statt dich in deinem Schneckenhaus des Selbstmitleids zu verstecken, könntest du dich ja, wenn du dich das nächste Mal einsam fühlst, an Gott wenden, statt den Fernseher anzuschalten.

David machte es so. Er war oft einsam. Mir gefällt, wie David dies in den Psalmen beschrieb: „Ich bin wie eine Eule in der Wüste, wie ein Käuzchen in Ruinen. Ich liege schlaflos, ich bin wie ein einsamer Vogel auf dem Dach" (Psalm 102,7-8).

Ein bisschen melodramatisch, aber mir gefallen die Bilder, die David hier gebraucht, und ich gestehe, dass ich ihm seine Einsamkeit mehr nachfühlen kann, als ich zugeben mag. Natürlich verbringt er 28 Verse in diesem Psalm damit, darüber zu sprechen, wer Gott ist, und um seine Hilfe zu bitten. Wenn du irgendetwas über das Leben von David weißt, weißt du auch, dass Gott jedes Mal sein Gebet erhörte!

1. Mose 2 war für mich immer eine problematische Bibelstelle. Nachdem Gott Adam erschaffen hatte, sagte er: „Es ist nicht gut für den Menschen, allein zu sein. Ich will ihm ein Wesen schaffen, das zu ihm passt" (1. Mose 2,18). Viele christliche Singles klagen, dass Gott zugelassen hat, dass sie allein sind. Da entstehen schnell Verwirrung und Groll. Wenn Gott findet, dass es für mich nicht gut ist, allein zu sein, warum hat er mir dann einen Ehemann vorenthalten?

Die Antwort ist nicht so kompliziert, wie wir sie gern machen. Ja, Gott hat den Menschen als Beziehungswesen erschaffen. Die wichtigste Beziehung, für die er uns erschaffen hat, ist die Beziehung zu ihm durch seinen Sohn Jesus Christus. Gott hat seinen Sohn geschickt, damit er für uns stirbt, um unsere Beziehung zu ihm zu sichern. Er gab alles, was er ist, um dafür zu sorgen, dass wir nie allein sind.

Wenn du dich das nächste Mal beschwerst, dass Gott dir noch keine Beziehungen geschenkt hat, dann konzentriere dich auf Jesus Christus und suche bei ihm Freude.

Gott hat uns nicht nur eine unzerstörbare Beziehung mit ihm geschenkt, sondern auch die Gemeinde. In ihr finden wir ebenfalls Beziehungen. Wenn du noch nicht zu einer lebendigen Gemeinde gehörst, entgehen dir diese Beziehungen. Auf Gottes Programm für Beziehungen steht zuerst er selbst und dann seine Gemeinde.

Ich weiß, ich weiß: Viele alleinstehende Christen schreien mir schon seit Kapiteln entgegen, dass niemand in ihrer Gemeinde sie liebt und versteht oder je auf sie zugegangen ist und dass sie sich in der Gemeinde oft an den Rand gedrängt und isoliert fühlen. Kurz mal innehalten, bitte.

Ich glaube, in etwa 50 Prozent der Fälle stimmt das. Die Gemeinde ist immerhin nicht perfekt. Sie besteht nur aus Sündern wie dir und mir, die hauptsächlich mit ihrem eigenen Leben und ihren eigenen schwierigen Umständen befasst sind, ganz ähnlich wie du und ich.

Ganz gleich, wie wunderbar deine Gemeinde ist: Es kann trotzdem passieren, dass du allein, missverstanden und traurig bist. Früher oder später wirst du aufhören müssen, darauf zu warten, dass andere in deiner Gemeinde auf dich zukommen, und anfangen müssen, diesen ersten Vertrauensschritt selbst zu gehen.

Ich musste das auch einmal tun. Eines Tages wurde mir klar, dass ich, statt darauf zu warten, dass andere mir dienen, anfangen sollte, ihnen zu dienen. Ich lebte schon eine Weile mit Jesus und hatte keine Entschuldigung dafür, mich einfach zurückzulehnen und Zuschauerin zu bleiben. Also tat ich den Schritt. Bevor ich mich's versah, hatte ich mehr Freunde, als ich bewältigen konnte, und wurde gebeten, einen Frauenbibelkreis zu leiten. Und kurz darauf berief Gott mich in den vollzeitlichen geistlichen Dienst.

Das war vor 13 Jahren, und der Rest ist Geschichte, wie es so schön heißt. Seitdem gab es natürlich noch einige einsame Tage, aber statt meiner Gemeinde die Schuld daran zu geben, habe ich versucht, sie zu lieben. Als Jesusnachfolgerin, die immer noch im Glauben wächst, begriff ich endlich, dass die Gemeinde mich ebenso sehr braucht wie ich sie. Kannst du die Gemeinde um Jesu willen lieben? Du könntest überrascht werden und in ihr einen Reichtum an Beziehungen finden.

Räume deinem Schmerz nicht zu viel Raum ein

Manchmal spielt man seinen persönlichen Schmerz unnötig hoch. Das sehe ich oft bei meiner Arbeit in der Notaufnahme. Ich komme in ein Zimmer und sehe ein Kind, das ganz ruhig fernschaut, lächelt, einen normalen Puls und einen normalen Blutdruck hat. Dann frage ich, wie schlimm seine Schmerzen sind, und plötzlich zieht es die Nase kraus und erklärt mir, die Schmerzen seien unerträglich – eine Zehn auf einer Skala von eins bis zehn. Dieses Kind hat eine falsche Sicht auf seine Schmerzen. Es ist nicht so, dass es gar keine Schmerzen hat – andernfalls wäre es nicht in der Notaufnahme –, aber seine Schmerzen sind nicht ganz so schlimm, wie es sich und seiner Mutter eingeredet hat.

Vielleicht geht es dir mit dem Schmerz deines Singledaseins ähnlich. Sicher ist der Schmerz echt; es gibt keinen Grund, das zu leugnen. Aber vielleicht solltest du dem Schmerz deiner Einsamkeit wieder seinen angemessenen Platz zuweisen.

Singles können sich so in Selbstmitleid und den Schmerz der Einsamkeit hineinsteigern, dass ein Abend, den sie allein verbringen, zu einer persönlichen Krise und der Gewissheit, Gott habe sie verlassen, eskalieren kann. Da spreche ich aus eigener Erfahrung. Je mehr du in deiner Beziehung zu Jesus wächst, umso mehr lernst du, den Schmerz deiner Einsamkeit nicht zu übertreiben, und bemühst dich auch, nicht immer wieder darüber nachzudenken. Je weniger du dich um deine Einsamkeit drehst, umso weniger wirst du sie als „bittere Pille" betrachten – und umso mehr wirst du sie als Weg zum Herzen Gottes begreifen.

Schütze dich vor Einsamkeit

Ich habe am Anfang die Gründe für Einsamkeit genannt, damit du deine persönlichen Auslöser erkennen und dich davor schützen kannst. Dabei musst du strategisch planen. Überlege einmal, was bei dir besonders starke Einsamkeit auslöst. Wenn der Auslöser ist, dass du ständig dein Leben mit dem anderer Menschen vergleichst, dann melde dich bei Facebook ab. Wenn es romantische Filme sind, dann wirf den Fernseher raus und hör auf, dir Filme auszuleihen. Wenn es dich einsam macht, nicht regelmäßig Zuschriften von der Partnervermittlung zu bekommen, dann kündige sie. Wenn Freitagabende besonders schlimm sind, dann plane im Voraus, den Abend mit Freunden zu verbringen. Und wenn du unter Akne leidest und dich anderen Menschen nicht zeigen magst, dann komm mich besuchen. Ich werde dein Leid mit dir teilen, und dann werde ich dich behutsam an das erinnern, was Gott in 1. Samuel 16,7 sagt. Es ist der Vers, den mein achtjähriger Neffe mir immer noch an meinen besonders schlimmen Tagen vorsagt: „Lass dich nicht von seinem Äußeren oder seiner Größe blenden, ich habe ihn nicht erwählt. Der Herr entscheidet nicht nach den Maßstäben der Menschen! Der Mensch urteilt nach dem, was er sieht, doch der Herr sieht ins Herz."

Das ist doch toll, oder?

Je schneller du dich von den Dingen trennst, die bei dir Einsamkeit auslösen, umso besser wird es dir gehen. Es ist die einzige Möglichkeit, zu einem Leben aus dem Vollen zu kommen.

Erneuere deine Gedankenwelt

Ich werde einsam, wenn ich mich nur um mich selbst drehe. Die beste Methode, die ich gegen solche egoistischen Gedanken gefunden habe, ist, meine Gedankenwelt mit Gottes Worten zu ersetzen und mit seiner Wahrheit zu erneuern. Einige Bibelverse sind für mich dabei zu einer besonders guten Gedächtnisstütze geworden, wenn ich das Gefühl habe, Gott sei weit entfernt.

Vergessen wir nicht, dass wir uns in einem Krieg befinden. Der Kampf ist nicht immer einfach, doch der Sieg steht schon fest. Ständig die Gedankenwelt zu erneuern bedeutet, dass es wahrscheinlich nicht ausreicht, sich auf die morgendliche Stille Zeit zu verlassen, wenn man die größten Probleme am Abend hat. Es kann tatsächlich sein, dass du an dem Tag zweimal in der Bibel lesen musst – unglaublich!

Mitten im Konflikt musst du Gottes Wort als Schwert zücken und die Schlacht schlagen, die in deinen Gedanken tobt. Mir hilft auch das regelmäßige Auswendiglernen von Bibelstellen, um meine Einsamkeit zu überwinden. Gott ruft mir dann in Momenten, in denen ich es nötig habe, rechtzeitig sein Wort in Erinnerung. Die Transformation von einem ausgedörrten Christen zu einem aufblühenden Christen geschieht, wenn man seine Gedankenwelt erneuert, eine Schlacht nach der anderen.

Konzentriere dich – auf andere

Einsamkeit kann für Singles auch ein bequemer Begleiter werden, doch um aus dem Vollen leben zu können, muss man aus seiner „Kuschelecke" herauskommen und auf andere Menschen zugehen. Ich will ja gar nicht wie eine christliche Werbesendung klingen, aber die Wahrheit ist, dass man dabei viele Menschen kennenlernt – unverheiratete und verheiratete –, die viel größeres Leid erleben als man selbst. Es gibt so viele Möglichkeiten, in unserer Gesellschaft, die voller verletzter Menschen ist, anderen zu helfen. Wie wär's, wenn du ehrenamtlich in einer Suppenküche mitarbeitest oder anfängst, den verwitweten Menschen in deiner Gemeinde zu helfen? Dort werden immer noch mehr Helfer gebraucht. Das Leben ist kurz und es gibt viel zu tun. Fang an, für Gott zu arbeiten! Das ist der sicherste Weg, um dich von dir und deiner Einsamkeit abzulenken. Konzentriere deine Aufmerksamkeit lieber auf andere Menschen!

Corrie ten Boom hat mich schon immer besonders beeindruckt. Sie war eine Frau, die wusste, wie man Einsamkeit überwinden kann – mitten in einem Leben als Alleinstehende. Vielleicht kennst du Corrie ten Boom eher als Kriegsheldin. So überrascht es dich womöglich, dass sie sich als junge Frau in einen Mann verliebte, der später die Beziehung beendete, von der sie gedacht hatte, dass sie auf eine Ehe zusteuerte, und eine andere Frau heiratete. In dieser Situation sagte ihr Vater etwas sehr Weises zu ihr: „Corrie, weißt du, was so sehr weh tut? Liebe. Liebe ist die stärkste Macht in der Welt, und wenn ihr der Weg versperrt wird, bedeutet das Schmerz. Wenn das geschieht, können wir zweierlei tun. Wir können die Liebe töten, damit sie nicht mehr wehtut. Aber dann stirbt natürlich auch ein Teil von uns. Oder aber, Corrie, wir können Gott bitten, der Liebe einen anderen Weg zu öffnen."[26]

Die Geschichte hat gezeigt, welche Wahl Corrie traf, und zahllose Menschen werden ihr ewig dafür dankbar sein, dass sie sich mitten in ihrer Einsamkeit für die Liebe entschied.

Einsamkeit kann eine Wüste sein. Aber sie kann auch ein Weg zu Gott sein. Wofür wirst du dich entscheiden?

Teil 4

Von der Theorie zur Praxis

Kapitel 11

All You Need Is Love – Bei Jesus echte Liebe finden

Ich erinnere mich noch an meinen ersten großen Schwarm. Ich war in der siebten Klasse, hatte eine Zahnspange, eine schreckliche Dauerwelle und redete viel zu schnell. Er war groß, blond und perfekt – ein regelrechter Adonis. Seine Augen waren tiefblau wie das Meer und sein Lächeln einen Kilometer breit. Und er hatte absolut keine Ahnung, wer ich war. Das änderte nichts an der Tatsache, dass ich ihn heiraten und seine Kinder bekommen wollte oder dass mir jedes Mal mein Herz bis zum Hals klopfte, wenn ich ihn auf der anderen Seite des Schulhofs beobachtete.

Ich war verliebt, und ich *wusste* einfach, dass es nur eine Frage der Zeit war, bevor das Objekt meiner Liebe aufwachen und feststellen würde, dass ich das perfekte Mädchen für ihn war.

Dazu kam es nie. Einige Monate später packten er und seine Familie ihre Siebensachen und zogen aus Beirut in die Vereinigten Staaten von Amerika. Ich hörte nie wieder etwas von ihm. Mein Herz war gebrochen. Das Leben würde nie wieder so sein wie zuvor. Vor Kurzem versuchte ich sogar, ihn über Facebook zu finden, doch es gab nicht die leiseste Spur von ihm. So wird er für immer der Eine bleiben, den ich nicht haben konnte.

Ganz gleich, ob du in der siebten Klasse bist (obwohl ich hoffe, dass keine Siebtklässlerin dieses Buch liest!) oder ob du gerade 70 geworden bist: Du weißt genau, wovon ich spreche. Du und ich, wir wurden für die Liebe erschaffen. Wir wollen Liebe. Wir suchen Liebe. Und wir sind enttäuscht, wenn wir uns nicht verlieben. Die Beatles trällerten „Love is all you need" („Liebe ist alles, was du brauchst") und verzauberten eine verlorene Welt, die verzweifelt auf der Suche nach Liebe war. Sie redeten uns ein, dass die Antwort auf all unsere Probleme im Leben darin besteht, uns zu verlieben.

Wenn Liebe alles ist, was ein Mensch braucht, haben christliche Singles ein riesiges Problem.

Warum sollte Gott uns zum Lieben erschaffen und uns kein Objekt für unsere Liebe schenken? Was für ein Gott sollte die Sehnsucht nach dem Einssein mit einem anderen Wesen in uns hineinlegen und uns dann hängen lassen?

Die Spannung, in der wir uns befinden, ist förmlich greifbar. Die Fragen hängen im Raum und werden zu geflüsterten Gebeten, aber sie werden nur selten laut ausgesprochen.

Kann man ohne Liebe ein erfülltes Leben haben? Das ist eine Frage, die eine Antwort fordert. Wenn Liebe notwendig ist, damit unsere Seele aufblühen kann, wo in aller Welt finden wir dann Liebe? Sicher geht Gottes perfekter Plan für uns doch über ein Leben voller unerwiderter Liebe und unerfüllter Sehnsüchte (ähnlich meinem gebrochenen Herzen in der siebten Klasse) hinaus.

Wenn du immer noch in diesem Buch liest, gehe ich einmal davon aus, dass du wirklich an einem Leben aus dem Vollen interessiert bist. Bisher haben wir über fünf innere Haltungen gesprochen, die man für ein erfülltes Leben braucht, und über vier Hindernisse, die man dazu überwinden muss.

Doch ich habe ein Verbindungsstück ausgelassen, die geheime Soße, sozusagen. Jetzt ist es an der Zeit, das Geheimnis eines erfüllten Lebens zu lüften. Es ist an der Zeit, darüber zu sprechen, was ein Leben aus dem Vollen überhaupt möglich macht. Es ist an der Zeit, dass ich den „Code" verrate, den man zur Ausführung eines erfüllten Lebens braucht.

Okay, ich will es nicht zu spannend machen: Liebe ist das fehlende Verbindungsstück, das all das zustande bringt. Liebe ist der Heilige Gral, die goldene Kugel, das Öl, das den Motor zum Laufen bringt. Und diese Liebe ist jedem Christen zugänglich, der sie durch Jesus Christus annimmt.

Gottes Plan für dein Leben ist keine Reihe von Ge- und Verboten, die dich niederschmettern sollen. Gottes Plan ist nicht, roboterhaft und systematisch eine bessere Version von dir selbst zu werden, indem du dich anstrengst, die richtige innere Einstellung zu bekommen und die falschen Einstellungen loszuwerden (auch wenn das vielleicht dazugehört). Gottes Plan ist besser. Sein Plan funktioniert, weil an seinem Anfang und Ende die Liebe steht. Er hat dich geschaffen, um zu lieben. Er hat dich *für* die Liebe erschaffen. Er hat dich erschaffen, um seine Liebe zu dir zu demonstrieren. Und das hat er durch seinen Sohn Jesus Christus getan.

Paulus erklärt es in Römer 5,8 so: „Gott dagegen beweist uns seine große Liebe dadurch, dass er Christus sandte, damit dieser für uns sterben sollte, als wir noch Sünder waren."

Diese Art von Liebe ist wirklich unglaublich. Man kann alles Kopfwissen der Welt besitzen und ohne Liebe trotzdem austrocknen. Meinst du nicht, dass es an der Zeit ist, über das Kopfwissen hinauszuwachsen und sich an die Herzensangelegenheiten zu machen?

Ich würde sagen: Es ist an der Zeit, dass jeder christliche Single die echte Liebe zurückerobert!

Bei Jesus echte Liebe finden

Man kann niemanden lieben, den man nicht kennt. Ich dachte, ich würde meinen Schwarm aus der siebten Klasse lieben, aber das war nichts weiter als die verträumte Fantasie einer 13-jährigen hormongesteuerten Außenseiterin. Meine Gedankenwelt entwickelte ein Eigenleben, das in der Realität aber keine Grundlage hatte, was zu großer Enttäuschung und absolutem Versagen führte.

Die Liebe von Jesus Christus ist anders. Sie ist echt, dauerhaft und bedeutet Leben im Überfluss. Sie ist alles, was du im Leben suchst, und mehr.

Gott wünscht sich von jedem Menschen eine erfüllte Beziehung mit ihm, und zwar durch die vollkommene Liebe von Jesus Christus. Erst wenn du Jesu Liebe zu dir verstehst und anfängst, daraus zu leben, wirst du ein erfülltes Leben finden. Und Jesu Liebe zu dir kannst du am besten begreifen lernen, indem du ihn kennenlernst und seinen unveränderlichen Charakter verstehst.

Die Geschichte von Jesu Liebe zu dir ist eine ganz einfache Geschichte, die du schon einmal gehört hast – oder auch nicht. Gott liebte dich so sehr, dass er seinen einzigen Sohn, Jesus Christus, auf die Erde schickte, um von einer Jungfrau namens Maria geboren zu werden. Dreiunddreißig Jahre lang führte er ein vollkommenes Leben, bis er ungerechtfertigt an ein Kreuz geschlagen wurde. Es war schrecklich, doch es war der ganze Grund, warum Jesus überhaupt auf die Erde gekommen war. Gott wusste, dass die Menschen durch die Sünde von ihm getrennt waren und einen Retter brauchten. Also schickte er seinen Sohn als menschgewordenen Gott auf die Erde – mit nur einem Ziel: für deine und meine Sünde am Kreuz zu sterben. So ungerechtfertigt seine Kreuzigung auch war: Sie geschah für dich. Sie geschah, um dir ewiges Leben und Leben im Überfluss zu schenken. Und sie geschah aus Liebe. Durch den Tod von Jesus Christus am Kreuz wurde Vergebung für dich möglich.

Wenn du auf der Suche nach echter Liebe bist, musst du nicht weitersuchen. Ganz gleich, ob du diese Fakten schon einmal gehört hast oder ob du sie jetzt zum ersten Mal hörst: Es ist an der Zeit, sie anzunehmen. Wenn du möchtest, kannst du jetzt aufhören zu lesen und das folgende Gebet beten:

Vater, ich weiß, dass ich ein Sünder bin und dringend einen Retter brauche. Ich glaube, dass du deinen Sohn geschickt hast, um für meine Sünde zu sterben. Ich glaube, dass Jesus Christus ein vollkommenes Leben führte und ohne Grund starb, einfach, um meine Sünde wegzunehmen. Ich nehme dieses Geschenk an, das du mir gegeben hast, und ich nehme dein Geschenk der Liebe an. Von jetzt an möchte ich dir als meinem Retter und Herrn vertrauen, und ich gebe dir mein Leben. Ich bete im Namen von Jesus. Amen.

Wenn du gerade dieses Gebet gebetet hast, hast du eine ganz neue Seite in deinem Leben aufgeschlagen. Du hast gerade den ersten Schritt zu einem Leben aus dem Vollen getan. Vielleicht musst du dieses Buch noch einmal ganz von vorn lesen – jetzt wirst du es viel besser verstehen.

Die meisten Leser haben sicher schon die Liebe Gottes durch Christus in ihr Herz aufgenommen. Doch irgendwann zwischen der Annahme dieser Liebe und dem Singlesein ist deine Liebe zu Jesus verblasst und dein Vertrauen zu ihm ins Wanken gekommen. Du bist enttäuscht von Gott und weißt nicht, warum du überhaupt betest, weil Gott offenbar ja doch nie antwortet. Christus am Kreuz war perfekt für deine Rettung, doch mit deinem alltäglichen Leben scheint er nicht viel zu tun zu haben.

Dein Problem ist nicht, dass du Jesus und seine Liebe nicht

kennst, sondern dass du sie vergessen hast. Du brauchst eine grundlegende Erinnerung daran, wer Jesus Christus ist. Ich rede hier nicht von einem oberflächlichen Wissen. Denk noch einmal an meinen Schwarm aus der siebten Klasse. Ich konnte die Liebe meines Lebens in einer ganzen Menschenmenge erkennen, doch ich hatte keine Ahnung, wer er wirklich war. Um jemanden wirklich zu kennen, muss man seinen Charakter kennenlernen. Der Charakter einer Person deutet auf dessen tiefstes Wesen hin.

Je mehr du Gottes Charakter kennenlernst und dich mit aller Kraft daran festhältst, besonders in notvollen Zeiten, umso mehr wird deine Liebe zu Jesus wachsen. Gottes Charakter wird auf deiner Suche nach dem Leben aus dem Vollen dein Anker sein. Ich möchte dir vier Aspekte von Gottes Charakter mitgeben, die dir helfen werden, ein erfülltes Leben zu finden.

Gottes Charakter vertrauen – Leben aus dem Vollen finden

Der Apostel Paulus ist ein wunderbares Beispiel für einen alleinstehenden Christen mit einem erfüllten Leben. Aber so hatte es nicht begonnen. Früher war Paulus ein Mensch, der meinte, ein gutes Leben zu führen. Er war hochgebildet und hoch angesehen. Er war religiös und reich. Unter seinesgleichen war er eine Größe, mit der man rechnen musste, doch sein Leben war alles andere als erfüllt.

Eines Tages, als er nach Damaskus unterwegs war, um noch mehr Christen umbringen zu lassen, die auf Jesus Christus als ihrem Retter und Messias vertrauten, hatte Paulus ein lebensveränderndes Erlebnis. Ein helles Licht erschien ihm und er sah den auferstandenen Christus. Paulus erkannte ihn sofort als Herrn an;

seine erste Worte an ihn waren: „Wer bist du, Herr?" (Apostelgeschichte 9,5).

Paulus' Leben änderte sich radikal. Er gab seine Karriere, seine Freunde, seine Familie, seine Religion auf und wurde zum stärksten und geachtetsten Leiter der frühen christlichen Kirche. Als Paulus den ersten Korintherbrief schrieb, war er schon seit einigen Jahren ein Nachfolger von Jesus Christus, und seine Liebe war noch immer glühend. Seine Liebe ist auch für uns heute noch ansteckend. Was war das Geheimnis für Paulus' Transformation vom obersten aller Sünder zum obersten aller Heiligen? Wie konnte sich Paulus so radikal auf dieses Leben aus dem Vollen einlassen?

Die Antwort auf diese Frage hat nichts mit Paulus und alles mit Jesus Christus zu tun. Von dem Augenblick an, in dem Paulus dem auferstandenen Christus begegnete, hatte er eine klare Vorstellung und ein klares Verständnis von Jesu Charakter, das den Grundstein für sein gesamtes restliches Leben setzen sollte. Ganz gleich, wo Paulus landete – im Gefängnis, unter Händen, die ihn verprügelten, oder mitten in einem Schiffbruch im schlimmsten Sturm seines Lebens: Er hielt sich an Gottes Charakter fest, und zwar mit einer leidenschaftlichen Intensität, die nachzuahmen uns guttäte.

Das Ergebnis für Paulus war ein Leben aus dem Vollen. Sein Leben war erfüllt wie kein anderes. Er blühte und gedieh und war ganz zufrieden, und damit verherrlichte er Gott. Margaret Clarkson sagte einmal über die Ehelosigkeit: „Warum Ehelosigkeit? Damit die Werke Gottes sich auch in den tiefsten Winkeln unseres Seins zeigen. Um Gottes Herrlichkeit in einer gefallenen Welt zu verkündigen. Um zu zeigen, dass Gott genug für das menschliche Herz ist. Um Erde und Hölle den Triumph des Lebens von Gott in der Seele des Menschen vorzuführen."[27]

Paul verkörperte ein solches Leben. Er war ein Mann, der verstand, dass Glück und vollkommene Freude nicht aus einer Ehe entspringen, sondern aus dem Verständnis dessen, wer Gott ist. Er war ein Mann, der die Wahrheit über Gottes Charakter erfasste, wodurch er ein zufriedenes, selbst beherrschtes und heiliges Leben in ungeteilter Hingabe führen konnte. Er war ein Mann, der sich weigerte, Selbstmitleid und Verbitterung in sein Leben einschleichen zu lassen, der falsche Götter mied und sich in seiner Einsamkeit allein an Jesus wandte. Auf diese Art und Weise war Paulus das beste Vorbild für einen alleinstehenden Christen, das es gibt.

Ich möchte vier Aspekte von Gottes Charakter beleuchten, an denen Paulus sich festhielt, sodass er inmitten der schwierigsten Umstände ein erfülltes Leben führen konnte.

1. Gott ist gut

Eva fiel im Garten Eden darauf herein, also hast du keinen Grund zu denken, dir könnte das nicht passieren. Diese Eva hatte alles: gutes Aussehen, eine fantastische Figur, einen wunderbaren und fleißigen Ehemann, der nicht ständig die Fernbedienung für sich beanspruchte, und keine Schwiegereltern. Wenn irgendjemand die besten Voraussetzungen für ein erfülltes Leben hatte, dann Eva. Doch es gab eine Sache, die sie nicht haben konnte: die Frucht. Also wurde die Frucht offenbar zu der einen Sache, die sie nicht mehr aus dem Kopf bekam und von der sie nicht die Augen lassen konnte. Tag für Tag umkreiste sie vielleicht den Baum und fragte sich, was es mit der verbotenen Frucht auf sich hatte. Doch die Art und Weise, wie sie schließlich zu Fall kam, sollte uns am meisten überraschen.

Satan wusste genau, wie er Eva packen konnte. Er musste

nichts weiter tun, als sie davon zu überzeugen, dass Gott einfach nicht gut war. Wenn Gott gut wäre, würde er Eva doch nichts vorenthalten, oder? Und die arme Eva fiel darauf herein. Ehe sie sich's versah, bestand ihr Leben nur noch aus Klamottenshoppen und Kreißsaalabenteuern.

Sicher lesen die meisten diese Geschichte und denken, das könnte ihnen nie passieren, weil sie klüger, gewiefter, besser sind. Doch für viele Singles ist es genau das Gleiche. Das Eine, wonach sie sich sehnen, haben sie nicht. Doch statt sich auf Gottes Güte zu verlassen – die Güte des Gottes, der ihnen jeden Segen in ihrem Leben geschenkt hat –, gehen sie lieber davon aus, dass Gottes Güte an ihnen vorbeigegangen ist, und kommen wie Eva so schnell zu Fall, dass sie gar nicht genau wissen, was passiert ist.

Den folgenden Satz unterstreichst du dir am besten: Gott ist *immer* gut. Es ist sein Wesen, gut zu sein. Sein Charakter ist gut. Er tut nur, was gut ist. Seine Güte gilt dir, auch wenn du es nicht siehst. Seine Güte fließt in dein Leben über, auch wenn du es nicht erkennst. Er ist gut, selbst wenn du es nicht spürst. In Psalm 84,12 heißt es: „Der Herr wird denen nichts Gutes vorenthalten, die tun, was recht ist."

Glaube es. So ist Gott.

2. Gott behält immer die Kontrolle

Was ich an Gott ganz besonders liebe, ist die Tatsache, dass er nie die Kontrolle verliert. Er ist der Notarzt, der in aller Ruhe ein Kind wieder ins Leben zurückholt, ohne auch nur ins Schwitzen zu kommen. Er ist der Chirurg, der eine Blutung der Hauptschlagader ohne ein einziges Wort zum Stillen bringt. Er ist der Präsident, der vor einem Krieg steht und ganz ruhig den Sieg erringt. Aber er ist noch mehr als das. Er herrscht über das Böse. Er bestimmt den Ausgang jeder einzelnen Situation an jedem einzelnen Ort. Er regiert das Universum mit hochgelegten Füßen.

Dein Singlesein überrascht ihn nicht. Er weiß, ob du jemals heiraten wirst und, wenn ja, wen.

Gott behält immer die Kontrolle, ganz gleich, was um dich herum geschieht, und ganz gleich, wie lange du schon wartest. Nichts in deinem Leben geschieht, ohne dass Gott es zugelassen hat. Du kannst aufhören, von jedem Singletreff zu erwarten, dieses Mal den „Richtigen" kennenzulernen. Du kannst aufhören, dich anzustrengen, und dich ausruhen. Gott hat die Kontrolle. Du kannst durchatmen.

3. Gott ist immer treu

Inzwischen weißt du eine ganze Menge über mich. Ich bin alles andere als perfekt, also kannst du dir vorstellen, wie dankbar ich für Gottes Treue bin. Ich bin, wer ich heute bin, weil Gott treu ist. Ein anderer meiner Lieblingsverse aus der Bibel ist 2. Timotheus 2,13: „Wenn wir untreu sind, bleibt er treu."

Kannst du das fassen? Es ist echt unglaublich, angesichts des Schlamassels, den du und ich aus unserem Leben machen. Wenn du schon einmal verheiratet warst, ist dir wahrscheinlich nur allzu bewusst, wo in deinem Leben du versagt hast. Und selbst wenn du noch nie verheiratet warst, wirst du schnell sehen, wie oft du untreu warst und wie weit deine Untreue ging. Da kann man leicht die Hoffnung verlieren und langsam von Gott abdriften.

Doch das Erstaunliche an Gott ist (neben vielen anderen Dingen), dass er uns absolut treu bleibt, auch wenn wir es nicht verdienen.

Ich folge Jesus schon lange nach. Im Alter von sieben Jahren habe ich ihn als meinen Retter angenommen. Eines Tages traf mich die Erkenntnis, dass ich viel mehr gesündigt habe, seit Jesus in mein Leben kam, als davor. Du merkst sicher schon, worauf ich hinauswill. Schuld sammelt sich leicht an. Es ist eine Sache, zu sündigen, wenn man es nicht besser weiß. Aber je länger ich mit Jesus lebe, desto schlimmer kommt mir meine Sünde vor, weil ich es besser wissen sollte.

Über die Jahre war ich immer wieder versucht, Gottes Treue zu mir abzulehnen – nicht, weil ich nicht geglaubt hätte, dass ich sie brauche, sondern weil ich selbst so abgrundtief schlecht und treulos war. Wie konnte ich Gottes Treue annehmen, wenn ich doch wusste, wie oft ich schon um Vergebung gebeten hatte und trotzdem immer wieder in den gleichen Bereichen gesündigt hatte? Das Letzte, was ich sein will, ist ein Heuchler. Und so, statt auf Gottes Treue zuzulaufen, habe ich mich manchmal isoliert und mich in meiner eigenen Treulosigkeit gesuhlt.

Wir müssen aufhören, der Lüge zu glauben, dass Gottes Treue uns nur erreicht, wenn wir besser werden. Gott will, dass wir so zu ihm kommen, wie wir sind. Er ist derjenige, der uns reinwäscht. Den „Waschgang" können wir selbst nicht starten. Das ist Gottes Aufgabe. Unsere Aufgabe ist es, bescheiden einzugestehen, dass wir Gott brauchen.

Gottes Treue zu uns ist allumfassend und beständig, selbst wenn wir treulos sind. Nichts wird uns so viel Freiheit schenken wie die Erkenntnis, dass Gott uns *immer* treu ist.

Das ist wahrhaftig eine Wahrheit für ein erfülltes Leben!

4. Gott kennt dich durch und durch

Mit diesem vierten unfassbaren Charakterzug möchte ich schließen. Gott kennt dich in- und auswendig. Er kennt dich durch und durch!

Das „schlaue" Wort für diesen Charakterzug ist *Allwissenheit.* Gott weiß alles. Er weiß alles über dich. Er kennt jeden Gedanken, den du je hattest. Er hört jedes unausgesprochene Gebet, das du jemals nicht gebetet hast. Er sieht dich. Er kennt dich. Er liebt dich.

Ich liebe Psalm 139. Darin gibt es zwei Verse, die meinen Verstand sprengen. Der erste ist Vers 4: „Und du, Herr, weißt, was ich sagen möchte, noch bevor ich es ausspreche." Der zweite ist Vers 16: „Du hast mich gesehen, bevor ich geboren war. Jeder Tag meines Lebens war in deinem Buch geschrieben. Jeder Augenblick stand fest, noch bevor der erste Tag begann." Gott hat dich geformt und einen Plan für dein Leben gemacht, noch bevor du eine befruchtete Eizelle warst. Er hat jeden Aspekt deines Lebens geplant. Er kennt dich vollständig.

Nichts erfüllt mich als unverheiratete Christin mehr mit Freude als das Wissen, dass ich von Jesus Christus vollständig gekannt und geliebt bin. Satan will, dass du folgende Lüge glaubst: dass Gott, wenn er dich wirklich kennen und deine Bedürfnisse verstehen würde, dir einen Ehepartner geschenkt hätte.

Satan ist ein Lügner und von ihm kommt nichts anderes als Lügen. Gottes Wahrheit ist klar: Er kennt dich vollständig und liebt dich trotzdem. Gottes Charakter ist der Anker, der ein Leben aus dem Vollen möglich macht. Hältst du dich daran fest? Du hast echte Liebe in Jesus Christus gefunden, als du sein Geschenk der Rettung angenommen hast. Es ist an der Zeit, dass du anfängst, in deinem täglichen Leben mit Gott seinem Charakter zu vertrauen.

Wenn du dich an Gottes Charakter festhältst, wirst du auch die innere Haltung entwickeln können, die Gott sich von dir in deinem Leben wünscht; und du wirst die Hindernisse überspringen können, von denen Gott liebend gern möchte, dass du sie umgehst.

Jetzt, wo du weißt, wer Gott ist, ist es, glaube ich, an der Zeit, dass du Gottes Plan für dich kennenlernst.

Auf Gottes Kurs

Du bist dabei, echte Liebe in Jesus Christus zu entdecken. Der Anfang war, seine aufopfernde Liebe zu dir zu begreifen. Dann hast du die Wahrheit darüber erfahren, wer Gott ist. Die Wahrheit über seinen Charakter wird dich durch dein Leben tragen, tagein, tagaus. Doch Gott hat noch mehr für dich, damit du aus dem Vollen leben kannst.

Gott hat dich als Beziehungswesen erschaffen. Die wichtigste Beziehung ist deine vertikale Beziehung zu Gott durch die vollkommene Liebe von Jesus Christus. Doch das ist nicht die einzige Beziehung, die Gott dir gegeben hat. Er hat einen perfekten Plan für jeden, und wenn du diesen Plan Gottes für dein Leben annimmst, wirst du in der Liebe wachsen und ein erfülltes Leben haben.

Ich glaube, das ist der Teil, an dem die meisten von uns stecken bleiben. Wir haben die Sache mit Gott kapiert. Wir erwarten unsere Rettung von Jesus Christus und halten uns an ihn, doch es fällt uns schwer zu verstehen, warum Gott will, dass wir den Rest unseres Lebens isoliert und allein sind.

Wie kann ein Gott, der behauptet, Beziehung zu lieben, dich ganz allein lassen?

Doch Gott hat dich nicht allein gelassen, und er will nicht, dass du dein Leben allein lebst. Ein Leben allein kann unter Umständen bequemer und leichter sein, besonders bei großen Familienfesten, doch es ist nicht Gottes Plan für dich.

Gemeinschaft und Beziehung

Gottes Plan für dich ist es, auf der horizontalen Ebene Beziehungen zu anderen Menschen zu haben, und zwar im Kontext deiner Ortsgemeinde.

Waaas? Mehr hast du nicht zu bieten? Ich weiß nicht genau, wann für christliche Singles der Reiz der Ortsgemeinde verloren gegangen ist, aber das ist ein weitverbreitetes Phänomen. Manche sind vielleicht enttäuscht zu hören, dass Gottes Lösung für ihre zwischenmenschlichen Liebesbedürfnisse in der Ortsgemeinde zu finden ist, doch das könnte an ihren vergangenen Erfahrungen mit ihrer Ortsgemeinde liegen.

Ich glaube, es ist an der Zeit, sich die biblische Perspektive zu diesem Thema anzuschauen.

Als Paulus an die Gemeinde in Korinth schrieb, wusste er alles über diese Gemeinde: das Gute, das Schlechte und das Hässliche. Doch Paulus verstand auch, dass Gottes Plan für seine Leute Gemeinschaft und Beziehungen innerhalb der Gemeinde ist, die ja in der Bibel als die „Braut Christi" bezeichnet wird.

Gehen wir noch einmal ganz an den Anfang zurück, zu Apostelgeschichte 2,42-47. Petrus hatte gerade die Predigt seines Lebens gehalten. Nachdem 3000 Menschen ihr Leben Jesus anvertraut hatten, holte Petrus sie zusammen, und eine Gemeinde war geboren. In der ersten Gemeinde trugen vier Elemente dazu bei, die Seelen der Glaubenden zu sättigen und ihnen zu einem erfüllten Leben zu verhelfen:

1. Sie lernten Gott immer besser kennen, indem sie sein Wort studierten.
2. Sie blieben durch das Abendmahl in einer außergewöhnlichen Gemeinschaft miteinander.
3. Sie entwickelten durch Großzügigkeit und Gastfreundschaft bedeutsame Beziehungen zu anderen.
4. Sie ehrten Gott, indem sie ihn gemeinsam lobten.

In der Urgemeinde der Apostelgeschichte gab es keine Singlegruppen, Ehepaargruppen, Männer- oder Frauengruppen. Die Gemeinde war nicht darauf aus, die Konsumentenmentalität ihrer Mitglieder zu bedienen. Es gab keine Unterteilung der Menschen nach demografischen, geografischen oder Interessensfaktoren.

Der Urgemeinde lag hauptsächlich am Herzen, Jesus Christus anzubeten, und sie war bekannt für ihre Einigkeit und ihren ungewöhnlichen Zusammenhalt.

Die Gemeinde in Korinth war vom Modell der Urgemeinde abgewichen, und Paulus musste in seinem ganzen Brief an diese Gemeinde immer wieder betonen, wie notwendig Einigkeit ist. Es war das Modell der Urgemeinde, das Paulus der Gemeinde in Korinth wieder nahebringen wollte. Und genau auf dieses Modell müssen alleinstehende Christen hinwirken, um ein erfülltes Leben haben zu können.

Vielleicht ist es an der Zeit, dass du dir deine Enttäuschung bezüglich der Gemeinde eingestehst und deine Komplexe loswirst. Richte dich wieder auf Gottes Kurs aus. Gottes Leute sind nicht perfekt (außer dir und mir natürlich), aber sie sind die Familie, die Gott dir gegeben hat. Liebe sie und diene ihr um Jesu willen.

Was bedeutet das alles für alleinstehende Christen?

Kurz nachdem ich meine erste Verlobung gelöst hatte und mit einem gebrochenen Herzen zurückblieb, zog ich in eine neue Stadt, nahm eine neue Arbeitsstelle an und hatte keine Freunde.

Ich war Christ genug, um mir eine lebendige Gemeinde mit biblisch fundierten Predigten zu suchen, doch ich wohnte vierzig Autominuten von dieser Gemeinde entfernt. Es war phasenweise eine sehr düstere Zeit für mich. Ich fühlte mich allein und zerbrochen.

Es dauerte nicht lange, bis ich verstand, dass Gott die Menschen liebt, die ein zerbrochenes Herz haben. In der Dunkelheit meiner Wohnung begegnete Gott mir an Stellen, die ich nicht vermutet hätte. Gott sagt in Hosea 2,16-17: „Doch jetzt will ich ihr freundlich zureden. Ich will sie in die Wüste führen und dort zu ihrem Herzen sprechen. Von dort aus werde ich ihr ihre Weinberge zurückgeben und das Tal von Achor zum Tor der Hoffnung machen."

Ich wurde in eine Wüste geworfen, doch Gott fand mich. Ich war im Tal der Probleme, und ich bekam Hoffnung. Zerbrochenheit ist eine gute Ausgangssituation, wenn man sich ein Leben aus dem Vollen wünscht. Ich war zerbrochen, aber ich war bereits auf dem Weg zu einem erfüllten Leben.

Nun musste ich nur noch herausfinden, wie ich in meine Ortsgemeinde passte. Jeden Sonntag kam ich zum Gottesdienst, setzte mich in die dritte Reihe und ging wieder, ohne auch nur ein Wort mit irgendjemandem gesprochen zu haben. Mein Glaube wuchs durch Gottes Wort, meine Liebe zu Gott brannte hell und heiß, aber Gottes Leute konnte ich nicht verstehen. Nicht nur, dass ich keinen Zugang zu der Gemeinde als Ganzes fand; ich fand auch keinen Zugang zur Singlegruppe.

So strampelte ich mich einige Monate lang ab. Ich fragte Gott, was das sollte. Ich tat mir selbst leid. Ich dachte über einen Gemeindewechsel nach. Ich brachte viel Zeit damit zu, im Internet nach anderen Gemeinden zu suchen. Ich meldete mich zum ersten Mal bei einer christlichen Partnerbörse an.

Und ich fühlte mich immer noch allein und isoliert in einer Gemeinde, die auf Ehepaare ausgelegt war. Eines Tages, als ich in meinem Zimmer saß und betete, kam mir ein seltsamer Gedanke. *Was, wenn ich nicht mehr darauf wartete, dass andere mich in der Gemeinde ansprechen, sondern selbst die Initiative ergreife und mit ihnen rede? Was, wenn ich mich nicht mehr nur „bedienen" und führen lasse, sondern es auf mich nehme, selbst anderen zu dienen?*

Ich kannte Jesus auf jeden Fall gut genug, um mich in seiner Gemeinde einbringen zu können, und langsam, aber sicher lernte ich, seinem unveränderlichen Charakter zu vertrauen. Was hatte ich zu verlieren?

Am kommenden Sonntag tat ich es. Ich sprach tatsächlich die Person rechts neben mir an. Ich beteiligte mich an der sonntäglichen Bibelarbeit. Einige Wochen später gab ich in einer Bibelgruppe Zeugnis. Und ehe ich mich's versah, wurde ich gebeten, eine kleine Bibelgruppe (fünf Personen) für Frauen zu leiten.

Ich? Eine Bibelgruppe leiten? Dafür war ich wohl gar nicht geeignet. Doch Gott erinnert mich oft daran, dass seine Wege anders sind als meine, aber immer zu meinem Besten!

Ich leitete die Bibelgruppe, und zur Überraschung aller Beteiligten (am meisten wohl zu meiner eigenen Überraschung) lief es gut. Es dauerte nicht lange, bis ich spürte, dass Gott mich im vollzeitlichen geistlichen Dienst haben wollte. Heute, 15 Jahre später, liest du hier meine Geschichte.

Ich habe meine Geschichte noch einmal erzählt, um dir Folgendes zu sagen: Es kommt der Zeitpunkt, an dem du als Single aufhören solltest zu erwarten, in deiner Gemeinde bedient zu werden, und anfangen musst, anderen zu dienen. Es kommt der Zeitpunkt, an dem du bewusst und im Gebet deine eigenen Pläne vergessen und dich stattdessen auf Gottes Kurs ausrichten musst. Das kann bedeuten, dass du dich einer Bibelgruppe anschließt. Es kann auch bedeuten, dass du den Mund aufmachst und ehrlich mit deinen Mitchristen umgehst. Es könnte sogar bedeuten, dass du etwas tust, das dir ganz und gar nicht geheuer ist, zum Beispiel einen neuen Arbeitszweig gründen, ohne dass du viel Erfahrung und Wissen hast – und in der absoluten Abhängigkeit von Gott erlebst du dann, wie er deiner Arbeit Früchte schenkt.

Es könnte einfach bedeuten, jemandem Liebe zu schenken, der in Not ist.

Gott wünscht sich eine außergewöhnliche Gemeinschaft der Menschen, die zu ihm gehören. Eine solche außergewöhnliche Gemeinschaft ist nicht vollkommen, aber sie entspricht in ihrer Aufrichtigkeit und Gnade ganz Jesus Christus. Die Antwort auf deine Beziehungsprobleme ist nicht, dass Gott dir auf magische Weise den perfekten Partner schenkt (obwohl er das natürlich mit einem Fingerschnipsen tun könnte).

Deine Beziehungsbedürfnisse werden zuerst von Jesus gestillt und entwickeln sich dann in der echten Gemeinschaft mit Mitchristen. Dort findest du Beziehungen; dort findest du Menschen, denen du Rechenschaft über dein Leben geben kannst; dort erringst du Siege. Hast du Gemeinschaft mit anderen Christen? Ich weiß, die Gemeinde ist nicht perfekt, aber sie ist im Guten wie im Schlechten die „Braut Christi“ und Gottes Plan für dein Leben.

Wenn du wissen willst, was Liebe ist, dann fang damit an,

echte Liebe bei Jesus zu suchen; gib sie weiter und liebe andere, ganz gleich, wie sehr oder wie wenig du sie magst. Wenn dich nicht die Liebe Jesu erfüllt und leitet, kannst du kein erfülltes Leben haben. Doch wenn du aus der Liebe von Jesus Christus lebst, kommt alles andere von allein.

Kapitel 12

Raus aus dem Sessel – Aus dem Vollen leben

Ich werde oft gefragt, wie schwer es für mich war, meine Verlobungen zu lösen. Menschen bewundern meine Unerschrockenheit und meinen Mut. Sie wollen mein Geheimnis wissen. Ich sage ihnen, dass es ganz einfach war. Als ich mich erst einmal entschieden hatte, lag das Geheimnis darin, schnell und entschlossen zu handeln, bevor ich es mir anders überlegte.

Die meisten Menschen sprechen davon, etwas tun zu wollen, doch sie schreiten nur selten zur Tat. Wenn sie endlich den Mut aufbringen, etwas zu tun, ist es oft zu spät, und das Gefühl ist vergangen. Ich erinnere mich noch deutlich an die erste gelöste Verlobung: Mein Ex-Verlobter verließ meine Wohnung, den Diamantring in der Hand, und ließ mich mit den „Aufräumarbeiten" allein.

Ich schob alle persönlichen Gefühle beiseite, hängte mich ans Telefon und sagte dem Partyservice, dem Floristen und der Kirche ab. Dann rief ich wichtige Personen an, die in zwei Wochen per Flugzeug in die Stadt kommen wollten, und eröffnete ihnen die Neuigkeiten behutsam, aber nachdrücklich. An jenem überraschend sonnigen Herbstmorgen in Houston, Texas, war ich froh, dass es Anrufbeantworter gab. Dann suchte ich meine Wohnungsvermietung auf und erklärte der netten texanischen Dame, dass ich die Zwei-Zimmer-Wohnung (in die ich *gerade erst* eingezogen war) doch nicht brauchen würde. An dem Punkt brach ich schließlich vor der netten texanischen Dame in Tränen aus.

Wenn ich eines im Leben gelernt habe, dann, dass Gefühle schreckliche Anführer, aber als Gefolge gut geeignet sind. Veränderung geschieht, wenn du genau weißt, was du tun musst. Entscheide dich bewusst und willentlich, zur Tat zu schreiten, ganz gleich, ob dir danach zumute ist oder nicht. Erst dann kannst du erleben, wie sich alles andere findet.

Ich hoffe, du hast inzwischen verstanden, dass Gottes Plan für dich ein Leben aus dem Vollen ist. Schluss mit dem Bad im Selbstmitleid. Schluss mit der Verbitterung. Schluss mit dem Verlust der Selbstbeherrschung und Schluss mit der planlosen Heiligung. Du bist zu mehr erschaffen.

Das bedeutet nicht, dass du niemals heiraten wirst oder dass du den Wunsch zu heiraten aufgeben solltest. Es bedeutet nur, dass Gottes Wille für dein Leben über die Ehe, so wie wir sie kennen, hinausgeht. Du bist zu mehr erschaffen.

Ich hoffe auch, dass du inzwischen Gottes Liebe zu dir und seinen Plan für dein Leben besser verstehst. Jetzt ist es an der Zeit, dich bewusst zu entscheiden, alles, was du gelernt hast, in die Tat umzusetzen – oder andernfalls nur ein weiterer Single zu sein, der ein halbwegs gutes Single-Buch mit vielen interessanten Stellen über Sex gelesen hat.

Mit anderen Worten: Raus aus dem Sessel und rein ins Leben! Es ist Zeit zum Handeln! Doch zuerst wollen wir noch einige faule Ausreden anschauen, die dir den Weg in ein erfülltes Leben versperren können.

Schluss mit den faulen Ausreden!

Ausreden, Ausreden, Ausreden. Du hast ein ganzes Arsenal davon. Doch statt unter ihrem Gewicht zusammenzubrechen, sollten wir lieber einige der häufigsten Ausreden unter die Lupe nehmen und eliminieren, denn sie werden dich nur von einem Leben aus dem Vollen abhalten.

1. Ich habe nicht genug Zeit

Zeit ist ein interessantes Gut. Sie zieht sich ewig hin, wenn man auf den Urlaub wartet, aber verfliegt nur so, wenn man *im* Urlaub ist. Eine halbe Stunde ist wie eine Ewigkeit, wenn man ein Baby zur Welt bringt, aber bei der ersten Verabredung mit seinem neuesten Schwarm nur so kurz wie ein Augenzwinkern. Zeitmangel ist eine der Hauptausreden, wenn es um ein erfülltes Leben geht.

Wer hat schon die Zeit, in die Gemeinde zu gehen und Beziehungen aufzubauen?

Wer hat schon die Zeit, Gottes Charakter zu studieren und auf seinen Kurs einzuschwenken?

Ich habe ziemlich viel zu tun. Ich bin eine der am meisten beschäftigten Personen, die ich kenne. Ich arbeite als Kinderärztin in der Notaufnahme, und ich bin die Leiterin der Frauenarbeit in meiner Gemeinde, die mehrere Tausend Mitglieder hat. Ich schreibe einen täglichen Blog und nehme hier und dort noch andere Schreibprojekte an – wie dieses Buch. Ich halte regelmäßig Vorträge und versuche, fünf Mal pro Woche Sport zu treiben. Ich sage das nicht, um anzugeben, inzwischen wissen wir alle, wie dumm ich manchmal sein kann. Doch ich werde oft gefragt, wie ich es schaffe, mit meinem vollen Terminkalender Schritt zu halten.

Zunächst antworte ich dann, dass das Ziel des Lebens nicht ist, einfach beschäftigt zu sein. Ich erlebe gerade eine sehr ausgefüllte Phase meines Lebens, aber das ist nichts, wonach ich strebe. Deswegen denke ich immer daran, dass mein Ziel ein erfülltes Leben ist – ob ich nun schwer beschäftigt bin oder nicht. Ich wünsche mir tiefe und bedeutsame Beziehungen in meinem Leben. Ich will Hektik und Ruhelosigkeit vermeiden. Ich wünsche mir ein echtes Gebetsleben und größere Nähe zu Jesus. Ich möchte Leidenschaft ohne Getriebensein, ich will zielgerichtet leben, ohne gefühllos zu sein.

Ich habe außerdem genauso viele Stunden am Tag zur Verfügung wie jeder andere Mensch auch. Folgende Prinzipien haben mir aber geholfen, trotz meines vollen Alltags aus dem Vollen zu leben:

Ich mache nicht alles. Wirklich! Weil ich Zeit brauche, um die innere Einstellung zu entwickeln, die mir zu einem erfüllten Leben hilft, muss ich automatisch bestimmte Angewohnheiten abstellen, die die Stunden meines Tages verschlingen und mir den Atem rauben. Also habe ich nicht so viele Verabredungen mit Männern wie andere Frauen, und ich schaue nicht so viele Filme wie alle anderen. Ich akzeptiere, dass ich zuerst die Dinge tun muss, die meiner Seele helfen aufzublühen.

Multitasking ist nützlich. Alleinerziehende Mütter sind vertraut damit, mehrere Dinge auf einmal tun zu müssen. Multitasking ist natürlich nicht für jeden etwas, aber es hat seine Vorteile. Ich lerne Bibelstellen auswendig, während ich auf dem Laufband jogge, und ich höre meine Hörbibel, während ich meine Blumen gieße. Ich suche so oft wie möglich nach Wegen, meine Seele mit Aktivitäten zu nähren, die mir zu einem erfüllten Leben verhelfen.

Ich habe einen organisierten und disziplinierten Lebensstil. Disziplin ist eine Kunst, die man mit der Zeit lernt und die mit viel Übung wächst. Wenn du das Maximum aus den 24 Stunden herausholen willst, die der Tag hat, musst du diszipliniert sein. Steh früh auf, geh pünktlich zu Bett und plane deinen Tag gut. Du wirst feststellen, dass du doppelt so viel schaffst wie früher.

Jeder Mensch hat den gleichen 24-Stunden-Tag und die gleiche 7-Tage-Woche und die gleichen 365 Tage im Jahr wie alle anderen (und alle vier Jahre gibt es einen zusätzlichen Ausgleichstag). Wird es nicht Zeit, dieser faulen Ausrede den Garaus zu machen und sich endlich Zeit für ein erfülltes Leben zu nehmen?

2. Ich habe nicht genug Geld

Es war Paulus, der in 1. Timotheus 6,10 sagte: „Denn die Liebe zum Geld ist die Wurzel aller möglichen Übel." Du denkst vielleicht nicht, dass du das Geld liebst; aber wenn du meinst, ohne einen bestimmten Geldbetrag kein erfülltes Leben führen zu können, liebst du das Geld vielleicht mehr, als du glaubst.

Früher dachte ich, dass eine Ehe mein Einkommen verdoppeln und mir erlauben würde, mehr für Gott zu tun – und außerdem käme ich in eine günstigere Steuerklasse. Dann wurde mir klar, dass die meisten Ehepaare Kinder haben und damit zusätzliche Ausgaben wie Kleidung, Schule, Babysitter, medizinische Versorgung, Ballett, Fußball, Klavierstunden, Studium sowie die vielen anderen Ausgaben, die Familien haben.

Falls du alleinerziehend bist, kann ich deinen Widerspruch schon förmlich hören: „Aaaber, du verstehst einfach nicht, wie schwer ich es habe. Ich habe zwei Jobs und kann mir kaum meine Miete leisten. Ich habe kein Geld für einen Babysitter. Ich bin zu pleite für ein Leben aus dem Vollen. Und ganz ehrlich: Ich habe zu viel Angst für ein Leben aus dem Vollen."

Ich glaube, alleinerziehende Mütter haben es besonders schwer – vor allem, wenn der Vater der Kinder sich nicht aktiv oder finanziell an der Erziehung der Kinder beteiligt. Da kommt leicht die Frage auf, wo Gott ist, wenn die Rechnungen sich stapeln und das niemanden in der Gemeinde zu kümmern scheint.

Wenn du dich damit identifizieren kannst und aufgrund finanzieller Einschränkungen glaubst, kein erfülltes Leben führen zu können, dann möchte ich dir gleich noch einmal die folgenden Wahrheiten zusprechen:

Gott ist dein Versorger. Kommen wir noch einmal auf meine liebste biblische Geschichte aus 1. Mose 16 zurück. Abraham und Sara hatten jahrelang versucht, ein Kind zu bekommen, konnten aber nicht. Sara hat die geniale Idee, Saras Dienerin Hagar als Leihmutter einzusetzen, damit Abraham einen Erben bekommt. Hagar, die Magd, die wirklich nicht Nein zu ihrem Herrn sagen konnte, wird schwanger. Natürlich wird Sara daraufhin eifersüchtig und wirft sie aus dem Haus.

In 1. Mose 16 finden wir Hagar allein in der Wüste – schwanger und zutiefst verzweifelt. Wenn wir uns das Gegenteil von einem erfüllten Leben vorstellen wollten, wäre es wohl so eins. Und in diesem Zustand der Angst und Verzweiflung findet Gott Hagar und begegnet ihr mitten in ihrer Not. Gott weiß genau, was Hagar durchmacht. Er versteht ihre Zwangslage. Liebevoll erinnert er sie daran, dass er ihr nahe ist und sie sieht. Hagar ist so bewegt, dass sie den Ort, wo Gott ihr begegnet ist, *Beer-Lachai-Roi* nennt, „Brunnen des Lebendigen, der mich gesehen hat“ (ELB). Und sie kehrt zu Abraham zurück, so wie Gott es ihr aufgetragen hat; bereit für ein erfülltes Leben.

Wenn du allein in einer Wüste bist und dich bisher nur sehr weniges in diesem Buch berührt hat, dann hoffe ich, dass Hagars Geschichte ein Wendepunkt für dich ist. Gottes Liebe gilt dir und er sieht dich, ganz gleich, wo du bist oder warum du in deiner Wüste gelandet bist. Für ein erfülltes Leben brauchst du nicht viel Geld. Du brauchst einfach eine neue Perspektive. Gott hat versprochen, für deine Bedürfnisse zu sorgen. In Philipper 4,19 erinnert Paulus uns: „Mein Gott wird euch aus seinem großen Reichtum, den wir in Christus Jesus haben, alles geben, was ihr braucht."

Willst du das annehmen und dich dazu entscheiden, aus Glauben zu leben?

3. Ich kenne nicht genügend Menschen

Vielleicht hat deine Ausrede nichts mit Zeit oder Geld zu tun. Vielleicht besteht sie einfach darin, dass du neu in der Stadt bist und nicht genügend Menschen kennst, um aus dem Vollen leben zu können. Weil du allein bist, verbringst du am Ende viel zu viel Zeit vor dem Computer und siehst irgendwann Dinge, die du nicht sehen solltest. Oder vielleicht verlierst du dich in Liebesgeschichten oder Schnulzenromanen und fantasierst über das Leben, wie es sein sollte, und wirst unzufrieden und freudlos.

Je älter ich werde, desto schwerer fällt es mir persönlich, enge Freundschaften zu schließen, und desto größer ist die Herausforderung, ein erfülltes Leben zu finden. Ich habe in diesem Buch das Thema Einsamkeit zwar bereits ausführlicher behandelt, doch du kannst drei einfache Dinge tun, um Beziehungen in deinem Leben zu entwickeln:

Sei aktiv in deiner Gemeinde. Nachdem ich zwei Jahre lang eine wunderbare Gemeinde in Chicago besucht hatte, fiel mir auf, dass ich kaum jemanden kannte und mich im Karussell dieser großen Gemeinde verloren fühlte. Es fiel mir außerdem schwer, in dem Arbeitszweig, zu dem ich mich von Gott berufen fühlte, einen Platz zur Mitarbeit zu finden. Nach viel Gebet nahm ich allen Mut zusammen, machte einen Termin mit der Leiterin der Frauenarbeit aus und erklärte ihr, ich sei an einer Mitarbeit interessiert. Ich sagte ihr, ich sei bereit, jede Aufgabe zu übernehmen, solange mich Gott nur darin gebrauchen konnte, seiner Gemeinde zu dienen. Glaub mir, die Leiterin nahm mein Angebot nur allzu gern an, und heute ist sie eine meiner besten Freundinnen. Einige Jahre später wurde ich sogar in der gleichen Gemeinde, die zu einer Gemeinde mit mehreren Standorten angewachsen war, Leiterin der Frauenarbeit. Deine Geschichte wird vielleicht nicht so verlaufen wie meine, aber es kommt ein Punkt im Leben, an dem du aufhören musst, darauf zu warten, dass andere Menschen dich bemerken. Dann musst du demütig sein und aktiv auf andere zugehen.

Nimm an zwanglosen Gruppentreffen teil. Wenn ich mich darüber beklage, keine Verabredungen mit Männern zu haben, erinnert mich meine Freundin Lynda daran, dass sie mich nie bei solchen Gruppentreffen sieht. Meine erste Reaktion ist meist, dass ich keine Zeit dafür habe, aber ich schalte diese faule Ausrede schnell ab und nicke zustimmend. Sie hat recht. Und man kann keine Beziehungen entwickeln (weder zu Männern noch zu Frauen), wenn man nicht anfängt, Zeit mit anderen Menschen zu verbringen.

Sei gastfreundlich. Mein Pastor sagt gern, für Gastfreundschaft braucht man nicht viel Geld – eine Tüte Chips und ein Sechserpack Cola reichen. Er hat recht. Menschen kann man am besten kennenlernen, wenn man sie zu sich nach Hause einlädt. Wann hast du zum letzten Mal gewagt, deine Unsicherheiten zu überwinden und Leute zu dir einzuladen? Ich wette, du denkst, deine Wohnung ist zu klein oder deine Mitbewohner haben etwas dagegen. Gastfreundschaft ist etwas Biblisches. Bete darum, und dann geh einen Glaubensschritt und tu es! Diese drei einfachen

Möglichkeiten, um Menschen kennenzulernen, werden dir sicher zu vielen lebendigen Beziehungen verhelfen!

4. Ich weiß nicht, wo ich anfangen soll

Zugegebenermaßen ist das keine faule Ausrede, sondern eine echte Angst, die auftauchen kann, wenn du grundlegende Veränderungen in deinem Leben vornehmen willst.

Manchmal kommen Menschen zum Arzt, die übergewichtig sind, hohen Blutdruck und hohe Cholesterinwerte haben und Raucher sind (oder waren). Sie wissen, dass sie ein Problem haben, aber sie haben keine Ahnung, wie sie es lösen sollen.

Ein guter Arzt sagt seinen Patienten nicht, sie sollten es einfach vergessen, weil das Problem zu kompliziert ist, um es zu lösen. Das ist dumm. Nein – ein guter Arzt sagt dem Patienten, er soll einfach bei einem Bereich anfangen und dann später den nächsten Bereich angehen. Du musst nicht alles an einem Tag schaffen. Unterteile das große Ziel in kleinere, erreichbare Ziele. Stell eine Liste auf. (Ich liebe Listen!) Du wirst vielleicht nicht gleich Ergebnisse sehen, aber irgendwann doch.

Ein altes chinesisches Sprichwort lautet: „Ein Weg von tausend Meilen beginnt mit einem Schritt." Das sehe ich genauso. Als alleinstehender Christ ein erfülltes Leben zu bekommen, ist kein Rennen, das man an einem Tag absolviert; es ist eine lebenslange Reise, auf der man immer weiter wächst und immer abhängiger von Christus wird.

Es gibt kein Patentrezept

Es gibt mindestens vier Arten von Singles, die dieses Buch lesen: a) „Ich war noch nie verheiratet und will auch nie heiraten"; b) „Ich war noch nie verheiratet, möchte aber gern heiraten"; c) „Ich war einmal verheiratet und will nie wieder heiraten", und d) „Ich war einmal verheiratet und möchte gern wieder heiraten". Wahrscheinlich fallen dir noch mindestens zwei oder drei andere Kategorien ein, aber was ich sagen will, ist: Es gibt kein Patentrezept für ein erfülltes Leben.

Dein Weg zu einem Leben aus dem Vollen wird davon abhängen, wo du herkommst und wo du hinwillst. Als Kind Gottes bist du unterwegs zum Himmel. Und obwohl jedes Kind Gottes am Ende zum gleichen Ort unterwegs ist, sieht der Weg dorthin nicht für jeden genau wie mein Weg aus. Für mich als zweimal verlobte Jungfrau in den mittleren Jahren sehen die Probleme, die ich aufarbeiten muss, völlig anders aus als für dich, wenn du achtzehn Jahre alt bist und gerade deinen Schulabschluss gemacht hast.

Und das ist okay.

Mir gefällt der Abschnitt in Lukas 13,6-9. Es ist ein Gleichnis, das Jesus erzählt:

„Ein Mann pflanzte in seinem Garten einen Feigenbaum und kam von Zeit zu Zeit nachsehen, ob er schon Früchte trug, aber er wurde jedes Mal enttäuscht. Schließlich sagte er zu seinem Gärtner: ‚Ich habe jetzt drei Jahre gewartet und noch keine einzige Feige gesehen! Fälle den Baum. Er beansprucht nur noch unnötig den Boden.' Der Gärtner erwiderte: ‚Gib ihm noch ein Jahr Zeit. Ich werde ihn besonders pflegen und kräftig düngen. Wenn wir dann im nächsten Jahr Feigen ernten, gut. Wenn nicht, kannst du ihn fällen.'"

Vielleicht fragst du dich, was dieses Gleichnis mit einem erfüllten Leben für alleinstehende Christen zu tun hat. Ich will vier Prinzipien aus diesem Gleichnis erklären, die dir helfen sollen, tatsächlich ein erfülltes Leben zu finden.

1. Es ist nie zu spät für einen Wachstumsschub

In diesem wunderschönen Gleichnis schauen der Mann und der Gärtner den gleichen Feigenbaum an, sehen aber zwei verschiedene Dinge. Der Mann sieht einen absterbenden Baum, der reif zum Fällen ist. Der Gärtner mit seinem geduldigen Blick sieht einen Baum mit riesigem Potenzial. Falls du es noch nicht bemerkt hast: Der Gärtner ist ein Bild für Jesus. Er gibt uns nie auf. Es ist nie zu spät für einen Wachstumsschub. Wenn du dich selbst schon im Aus siehst, weil du keine Feigen an den Ästen erkennen kannst, dann warte einfach. Das Wachsen, Blühen und Gedeihen hängt nicht von deinen, sondern von den Fähigkeiten des Gärtners ab. Gib ihm Raum zum Arbeiten, und schon bald wirst du sehen, dass auch du Früchte bringst und gedeihst.

2. Wachsen braucht Zeit

Der Gärtner verspricht Feigen, aber er braucht ein Jahr, um sie zu produzieren. Zu viele von uns wollen sofort Ergebnisse sehen, und wenn das nicht geschieht, geben sie schnell auf. Dieses Gleichnis ist eine Erinnerung, dass Früchte Zeit zum Wachsen brauchen. Ich bin keine große Gärtnerin und war auch schon versucht, meine Pflanzen viel zu schnell aufzugeben. Gott, der Gärtner, ist ein perfekter Gärtner, und er weiß genau, was er beschneiden und was er reinigen muss, um ein erfülltes Leben hervorzubringen. Bist du bereit, ihm Zeit zu geben, damit er in dir sein Bestes tun kann?

3. Es geht nicht um die Menge, sondern um das Vorhandensein der Feigen

Ob ein Feigenbaum lebendig ist, erkennt man am Vorhandensein von Feigen. Stell dir einmal zehn Feigenbäume vor. Manche haben fünf Feigen an den Ästen, andere zehn. Nicht die Menge, sondern das Vorhandensein der Feigen ist entscheidend dafür, dass der Baum als lebendig beurteilt wird. So ist es auch bei deinem Leben als alleinstehender Christ. Deine Früchte und deine Blüten werden anders aussehen als bei deinen Freunden. Also hör auf, dein Leben daran zu messen, was du bei anderen siehst. Dem Gärtner ist nur wichtig, dass die Fruchtbarkeit des Baumes zunimmt. Gib ihm Zeit und urteile nicht zu schnell über dein Leben.

4. Wachstum braucht Dünger

Mein Lieblingsteil in diesem Gleichnis ist die Stelle, als der Gärtner dem Mann sagt, er wolle den Baum noch einmal kräftig düngen. (Und „Dünger“ bedeutete zu jener Zeit „Mist“!) Was in deinem Leben am meisten stinkt, ist also genau das, was Gott benutzen wird, um deinen Baum wachsen zu lassen. Wenn du das Gefühl hast, in deinem Leben eine Menge „Mist“ zu haben, dann keine Sorge: Gott wird ihn als Dünger benutzen, um viel Frucht hervorzubringen. Brauchst du mehr Feigen an deinem Baum? Dann sei bereit, deinen Mist von Gott gebrauchen zu lassen. Das ist eine wenig bekannte Tatsache. Glaub mir, ich kenne mich mit Mist aus; mein Leben war voll davon. Doch Gott gebraucht alles davon zu seiner Ehre. Und ich bete ihn dafür an.

Vergiss nicht: Wenn du zu Jesus gehörst, bist du auf dem Weg in den Himmel. Wie du dorthin kommst, ist Sache des Gärtners. Bist du bereit, den faulen Ausreden den Garaus zu machen, um aus dem Vollen zu leben? Bist du bereit, dein Leben zu leben, und erwartest du viele Früchte? Bist du bereit, aus deinem Sessel rauszukommen? Ich hoffe es.

Denn ob du es weißt oder nicht: Wenn du zu Jesus gehörst, bist du unterwegs zu einem Leben aus dem Vollen.

Zum Schluss

Keine leeren Versprechungen – Menschen, die aus dem Vollen lebten

Es heißt, Worte sind nur Schall und Rauch. Grundsätzlich bin ich der gleichen Meinung (obwohl ich gern viel rede). Wir haben gerade viel Zeit mit Worten zugebracht. Man könnte also meinen, dass all dieses Gerede über ein „Leben aus dem Vollen“ nur leere Versprechungen und frommes Gelaber sind. Die Frage ist deswegen: Lebt denn irgendjemand tatsächlich so?

In diesem letzten Kapitel möchte ich einige Menschen vorstellen, die ein solches Leben aus dem Vollen geführt haben. Manche der Namen werden dir bekannt vorkommen. Ich habe die Geschichten stark gekürzt, um der Länge und dem Ziel dieses Buches Rechnung zu tragen. Viele dieser Männer und Frauen haben mich auf meiner Suche nach einem erfüllten Leben stark beeinflusst. Ich hoffe, dir machen sie auch Freude und Hoffnung.

Unsere gemeinsame Zeit geht zu Ende, und ich habe nur noch ein paar Sachen zu sagen. Zunächst hoffe ich, dass ich nicht nächste Woche heirate. Ich weiß noch, wie ich *Ungeküsst und doch kein Frosch* las und wenig später feststellte, dass der Autor, Joshua Harris, kurz nach Veröffentlichung des Buches geheiratet hatte. Aus irgendeinem seltsamen Grund war ich darüber etwas enttäuscht. Ich fürchte, die Botschaft dieses Buches wird darunter leiden, wenn ich heirate. Allerdings heißt es auch, ein Komet zieht nur etwa alle zehn Jahre an der Erde vorbei, also ist die Wahrscheinlichkeit recht hoch, dass ich noch eine Weile Single bleibe.

Das Zweite ist: Selbst wenn ich dir noch nie begegnet bin, sollst du wissen, dass ich dir mit jeder Seite dieses Buches meine Liebe vermitteln wollte. Du wirst mir fehlen, liebe Mitreisende. Erst die Ewigkeit im Himmel wird unsere Geschichten von einem Leben aus dem Vollen vollständig erzählen können. Das Leben als christlicher Single ist nicht einfach. Ich wünsche uns Gottes Gnade, sein Licht in diese Welt hineinzustrahlen, die den Retter braucht.

Ich wünsche dir, dass deine ungeteilte Hingabe an Jesus Christus auf dieser Erde und in der Ewigkeit reich belohnt wird. Ich wünsche dir, dass du in Christus eine so tiefe Freundschaft findest, dass nichts sie zerbrechen kann, und einen Begleiter, der dir so nahe ist, dass sich nichts zwischen euch stellen kann. Ich wünsche dir, dass du Jesus Christus ähnlich wirst und diese Ähnlichkeit für alle Menschen, die genau hinschauen, sichtbar ist.

Und nun freue ich mich, dir die folgenden bemerkenswerten Christen vorstellen zu dürfen, deren Leben vor Liebe zu Jesus brannte, unserem Herrn und Retter, dessen Name jetzt und in Ewigkeit verherrlicht werde!

Es gibt keine größere Freude, als zu seiner Ehre aus dem Vollen zu leben.

Beispiele aus dem Leben

David Brainerd (1718–1747)

Indianermissionar.
Verlobt, aber unverheiratet geblieben.

***

*„Ich habe alles von Gott empfangen.
O dass ich ihm alles zurückgeben könnte!"*[28]

Wer hätte gedacht, dass ein Mann, der den größten Teil seines Erwachsenenalters von einer Krankheit geplagt war (einer Krankheit, die zu seinem Tod im Alter von 29 Jahren führen sollte), auf der Liste von unverheirateten Christen mit einem erfüllten Leben landen würde? Für mich steht David Brainerd mit seiner beispiellosen Hingabe an Gott in seinem gesamten kurzen Leben sogar ganz oben auf dieser Liste.

David wurde als sechstes von neun Kindern in Connecticut in eine arme christliche Familie hineingeboren. Sein Vater starb, als er erst neun Jahre alt war, und seine Mutter, als er vierzehn war. Im Alter von 21 Jahren lernte er Jesus Christus persönlich kennen. In jenem Jahr begann er sein Studium an der Yale University, erkrankte aber an Tuberkulose. Es gelang ihm, nach Yale zurückzukehren, wo durch die Predigten von George Whitefield eine geistliche Erweckung im Gange war. David passte genau in diese Phase hinein, denn auch ihm lag das Leben mit Jesus leidenschaftlich am Herzen. Kurz danach, als David 23 Jahre alt war, besuchte der berühmte Prediger Ebenezer Pemberton die Universität und berichtete mit bewegenden Worten darüber, wie sehr Mission unter den Indianern nötig war. David, der kaum wieder gesund war, schwor, „ganz dem Herrn zu gehören" und sich „für immer seinem Dienst hinzugeben".[29]

Doch wenn Menschen Gott gehorsam sind, sind die Probleme oft nicht fern. Bald wurde David der Universität verwiesen, weil er einen Dozenten kritisiert hatte. Später bat er um Verzeihung, doch das Direktorium erlaubte ihm nicht zurückzukehren. David war am Boden zerstört, und er konnte nur fasten und beten, um herauszufinden, wie Gott ihn trotzdem mit seiner ungeteilten Hingabe gebrauchen konnte.

Er bekam die Erlaubnis zu predigen und war einige Monate lang Reiseprediger, bis Pemberton ihn zu sich bat, um über die Missionsarbeit unter den Indianern der nordöstlichen USA zu reden. Davids Gesundheitszustand verschlimmerte sich zwar immer weiter und er konnte kaum eine ganze Predigt im Stehen halten, doch im Alter von 25 Jahren nahm er den Ruf an, Missionar unter den amerikanischen Ureinwohnern zu werden.

Nur vier Jahre sollte diese Arbeit dauern, bis er schließlich seiner Tuberkuloseerkrankung erlag. Diese vier Jahre waren nicht leicht. Sein Gesundheitszustand verbesserte sich nicht und er reiste oft allein und zu Fuß, bedrückt und mutlos. Die Sprachbarriere war ein riesiges Problem. Doch David Brainerd betete, und je mehr er betete, desto mehr wirkte Gott.

An seinem 29. Geburtstag konnte David sich darüber freuen, dass 85 Indianer ihr Leben Jesus anvertraut hatten. Doch er selbst hatte nichts mehr zu geben. Er starb im Haus des großen Predigers Jonathan Edwards und wurde bis dahin von Jerusha Edwards gepflegt, mit der er sich verlobt hatte, doch die er nie heiraten sollte. Auch sie starb einige Monate später, da sie sich die gleiche Krankheit wie David zugezogen hatte.

Man kann sich schon fragen, wie man ein solch kurzes Leben als „erfüllt" bezeichnen kann. David errichtete keine großen Gebäude und schrieb keine großen Bücher, doch er führte Tagebuch. Auf Grundlage dieses Tagebuchs brachte Jonathan Edwards später ein kleines Buch über das Leben von David Brainerd heraus. Dieses Buch sollte weitreichende Folgen haben und einige der größten Christen jenes und dieses Jahrhunderts beeinflussen – Männer wie William Carey, John Wesley, Robert McCheyne, Henry Martyn, Jim Elliot, John Piper und viele, viele andere.

Aus der Sicht dieser Welt mag David Brainerds Leben als ein vergeudetes Leben erscheinen, doch aus Gottes Sicht war es ein Leben, das zur großen Ehre Gottes blühte und gedieh.

Amy Carmichael (1867–1951)

Missionarin in Indien.
Gründerin der Donhavur Fellowship, einer Organisation zur Rettung vernachlässigter und misshandelter Kinder.
Nie verheiratet.

***

„Man kann geben, ohne zu lieben,
doch man kann nicht lieben, ohne zu geben."

Sie ist wahrscheinlich das Paradebeispiel einer alleinstehenden christlichen Frau mit einem erfüllten Leben, doch Amy Carmichael war noch viel mehr. Sie war Missionarin in Indien und gründete ein Waisenhaus, das über die Jahre Tausende Kinder versorgte. Sie arbeitete 56 Jahre in Indien – ohne Heimaturlaub – und hat zu viele Bücher geschrieben, als dass ich alle aufzählen könnte.

Amy wurde als ältestes von sieben Kindern in eine fromme presbyterianische Familie in Nordirland hineingeboren. Sie war drei Jahre auf einem Internat, bis ihre Familie es sich nicht mehr leisten konnte. Kurz nach ihrem 16. Geburtstag starb ihr Vater. Danach übernahm Robert Wilson, Mitbegründer der Missionsgesellschaft „Keswick Convention", ihre Erziehung. Dort hörte sie im Alter von 20 Jahren Hudson Taylor über das Leben als Missionar sprechen und gewann bald die Überzeugung, dass Gott sie in die Mission berief. Sie war keine typische Kandidatin für den Missionarsdienst, denn sie litt an einer Neuralgie, die sie sehr schwächte, und hatte phasenweise so starke Schmerzen, dass sie ans Bett gefesselt war.

Anfangs verbrachte sie 15 Monate in Japan, bevor sie nach Indien versetzt wurde, wo sie den Rest ihres Lebens arbeiten sollte. In Indien arbeitete Amy hauptsächlich mit jungen Mädchen, die sie aus der Zwangsprostitution befreite. Sie gründete die „Donhavur Fellowship“ als sicheren Ort für über 1000 Kinder, die sie zu retten half.

Im Alter von 64 Jahren stürzte Amy schwer, sodass sie von da an bis zu ihrem fast 20 Jahre späteren Tod ans Bett gefesselt war. Wie konnte Gott Amy immer noch gebrauchen, die in den letzten 20 Jahren ihres Lebens das Bett nicht verlassen konnte? Antwort: Sie schrieb mehr als 35 Bücher, die viele Menschen inspirierten, wie zum Beispiel Elisabeth Elliot und auch mich selbst.

Amy wollte nach ihrem Tod keinen Grabstein haben. Stattdessen stellten die Kinder von Donhavur ein Vogelbad an ihrem Grab auf, das die Inschrift „Amma“ trug, was in ihrem Dialekt „Mutter“ bedeutete. Obwohl Amy nie heiratete oder eigene Kinder hatte, hatte sie viel mehr Kinder, die sie „Mutter“ nannten, als irgendjemand von uns sich träumen lassen könnte.

Amys Leben ist eine ernüchternde Erinnerung daran, dass ein erfülltes Leben nicht von optimalen Umständen abhängig ist, sondern von der beständigen Gegenwart unseres Herrn Jesus Christus, der uns nie verlässt und im Stich lässt.

Mary Slessor (1848-1915)

„Die weiße Königin von Calabar".
Missionarin an der Westküste Afrikas.
Nie verheiratet.

***

„Herr, die Aufgabe ist unmöglich für mich, aber nicht für dich. Geh voran, und ich folge dir."

Mary Slessor wurde in Schottland in eine sehr arme Familie hineingeboren. Ihr Vater war Alkoholiker, ihre Mutter eine fromme Frau. Im Alter von elf Jahren verdiente Mary bereits ihren Lebensunterhalt in der Fabrik, in der sie zwölf Stunden am Tag, sechs Tage pro Woche arbeitete.

Dank des Einflusses ihrer Mutter hatte Mary schon als Kind ihr Leben Jesus anvertraut. Im Jahr 1874 erschütterte die Nachricht vom Tod David Livingstones das Land und zog ein großes Interesse an Missionsarbeit nach sich, insbesondere an Missionsarbeit in Afrika. Mary war eine derjenigen, die durch dieses Ereignis aufgerüttelt wurde. Wie David Livingstone hatte auch sie sich selbst das Lesen beigebracht. Im Alter von 28 Jahren war sie unterwegs nach Afrika, um in einer kleinen Missionsstation am Calabar an der Westküste Afrikas zu arbeiten. Das war eine gefährliche Gegend, die als „Grab des weißen Mannes" bekannt war. Sklaverei war weit verbreitet und Gewalt und Grausamkeiten die Norm.

Es dauerte nicht lange, bis Mary sich in ihrer Hütte in einem der abgelegenen Dörfer eingerichtet hatte und mit der Arbeit begann, zu der Gott sie berufen hatte. Obwohl sie selbst nie eine Schule besucht hatte, unterrichtete Mary, hielt Vorträge und pflegte die Kranken. Wenn sie sprach, versammelten sich die Menschen, um ihr zuzuhören. In einem Land des Todes brachte sie die Botschaft des Lebens.

Nachdem ihre Arbeit an der Küste so gute Früchte gebracht hatte, war Mary dankbar, aber nicht zufrieden. Sie sehnte sich danach, auch das Innere des Urwalds zu erreichen, wo die Kannibalen lebten und dringend die gute Botschaft des Evangeliums brauchten. Obwohl viele sie davon abhalten wollten, in diese unerreichten Gegenden zu gehen, stieg Mary in ein Kanu und fuhr „voran und weiter". Dies sollte immer ihr Motto im Dienst für Gott bleiben.

Gott segnete ihren Mut, und durch ihre Arbeit wurde das Leben von Hunderten Menschen verändert. Zahlreiche Gemeinden entstanden. Mary kämpfte oft gegen Tropenkrankheiten und große Gefahren an, doch ihr unbezwingbarer Geist ließ sich nie beirren. Gott hatte sie berufen, und er würde sie erhalten.

Einsamkeit, Angst und Krankheit konnten Mary Slessor nicht einschüchtern. Sie war entschieden, Jesus zu folgen – nie mehr zurück, nie mehr zurück, wie es in dem bekannten Kirchenchoral heißt. Ihr Leben zählte im Reich Gottes.

Helen Roseveare (*1925)

Missionsärztin im Kongo.
Rednerin. Autorin.
Einmal verlobt, aber unverheiratet geblieben.

***

„Wenn Jesus Christus Gott ist und für mich starb, dann kann mir kein Opfer zu groß sein, es für ihn zu bringen.“[30]

Helen Roseveare wurde 1925 in England geboren. Sie genoss eine gute Bildung und fing während ihres Studiums in Cambridge an, Jesus nachzufolgen. Ihre medizinische Ausbildung verfolgte sie nun mit dem Ziel, Missionsärztin zu werden.

Nachdem sie mit 28 Jahren ihren Abschluss gemacht hatte, reiste sie in den Kongo, um ihre Arbeit auf dem Missionsfeld anzutreten. Helen war äußerst intelligent und effizient, doch ihre Rolle als Frau führte zu Konflikten mit anderen Missionaren und Einheimischen. Sie träumte davon, Einheimische in der Krankenpflege auszubilden und ihnen Gottes Wort zu vermitteln, damit sie ihre Landsleute erreichen konnten und die Arbeit auf diese Art und Weise wuchs. Die ortsansässigen Missionare begegneten Helens Vision, Einheimische in medizinischen Fertigkeiten auszubilden, mit Widerstand.

Trotz der Konflikte baute Helen binnen zwei Jahren eine Krankenpflegeschule auf, und vier Schüler bestanden das staatliche medizinische Examen. Ihre Kollegen verweigerten ihr aber immer noch jegliche Anerkennung und schickten sie in ein altes Lepralager im Urwald, um dort von Grund auf eine neue Arbeit aufzubauen. Das war ein schwerer Schlag für Helen, die sich bereits so sehr in die Krankenpflegeschule investiert hatte. Doch sie blieb konzentriert und unerschrocken.

Wie aus dem Nichts baute sie ein neues Krankenhaus auf und setzte ihre Ausbildung afrikanischer Krankenpflegekräfte fort. Leider blieb Helen eine Bedrohung für ihre männlichen Kollegen, und bald schickte das Missionswerk ein Ehepaar, um die Arbeit zu beaufsichtigen, die unter Helens Führung bereits so gut lief. Da Helen schon zu lange ihr eigener Chef gewesen war, fiel es ihr nun schwer, sich der auferlegten Führung unterzuordnen. Nach einem Jahr der Machtkämpfe verließ sie desillusioniert und niedergeschlagen den Kongo und ging auf Heimaturlaub.

In England gelangte Helen zu der Überzeugung, dass viele ihrer Probleme mit den männlichen Missionaren daher rührten, dass sie keinen Ehemann hatte. Also machte sie sich bald daran, sich einen männlichen Arzt zu suchen, der sie heiraten würde. Sie betete, dass Gott ihre Bitte erfüllen möge; andernfalls würde sie nicht zurück nach Afrika gehen. Sie unterzog sich einer kleinen „Generalüberholung" und fand tatsächlich einen passenden jungen Mann ... doch in letzter Minute platzten die Heiratspläne. Er liebte Helen einfach nicht genug.

Helen war bitter enttäuscht und mit 35 immer noch Single. Doch inzwischen begann sie zu begreifen, dass sie versuchte, ihren Willen ohne Gott durchzusetzen. Sie korrigierte ihre Sichtweise und kehrte bald darauf in den Kongo zurück – allein, doch bereit, wieder die Arbeit anzutreten, zu der Gott sie berufen hatte. Inzwischen waren zahlreiche politische Unruhen im Kongo ausgebrochen, und viele Missionare hatten das Land verlassen, um sich in Sicherheit zu bringen. Helen spürte, dass Gott sie, wenn er sie nach Afrika gerufen hatte, auch beschützen würde, und so blieb sie.

Für Helen war dies eine Zeit, in der sie geistlich stark wuchs. Sie lernte, Gott immer mehr zu vertrauen und seine Hand in jedem Detail ihres Lebens zu sehen. Sie erkannte ihre eigene Schuld und mangelnde Abhängigkeit von Gott. „Ich war nicht fähig, nach meinen eigenen, wie viel weniger nach Gottes Maßstäben zu leben. Meine Bemühungen hatten keinerlei Erfolg."[31]

Dann sollte es noch schlimmer kommen. Als die Rebellen im Kongo stärker wurden, geriet Helen für fünf Monate in Gefangenschaft und wurde später bei einem Fluchtversuch von einer Gruppe Soldaten vergewaltigt. Statt zu verbittern, ließ sie es zu, dass Gott dieses Ereignis gebrauchte, um sie zu befähigen, anderen alleinstehenden Missionarinnen zu helfen, die durch Gewalt und Vergewaltigung ebenfalls ihre sexuelle Unversehrtheit verloren hatten. Helens Beziehung zu Gott blieb unbeschadet.

Im Jahr 1964, im Alter von 39 Jahren, wurde Helen schließlich aus dem Kongo gerettet. Sie kehrte noch einmal für sieben Jahre in den Kongo zurück, doch dann war ihre Arbeit nicht mehr dieselbe. Als sie schließlich den Kongo endgültig verließ, war sie enttäuscht und hatte das Gefühl, alles sei vergeblich gewesen. Es folgte eine Phase tiefer Einsamkeit, in der sie nichts weiter tun konnte, als sich Gott zuzuwenden, dessen Gegenwart blieb und ihre Seele zusammenhielt. Sie konnte ja nicht wissen, dass Gott noch große Pläne für sie hatte. Schon bald begann sie eine ganz andere Arbeit – als erfolgreiche internationale Referentin für ausländische Missionswerke.

Helen hat auch mehrere Bücher geschrieben. Sie ist eine Frau, die trotz vieler Rückschläge und scheinbarer Niederlagen aus dem Vollen lebte, und ihr Zeugnis erinnert uns daran, dass wir nicht perfekt sein müssen, um uns ganz für Gott einsetzen zu können – wir müssen uns ihm nur ganz ausliefern.

Henrietta Mears (1890–1963)

Christliche Pädagogin in Hollywood, Kalifornien.
Katechetin.
Autorin von Lehrmaterial für den Bibelunterricht.
Gründerin eines Jugendfreizeitzentrums.
Nie verheiratet.

***

„Gott beruft uns nicht dazu, am Spielfeldrand zu sitzen und zuzuschauen. Er beruft uns dazu, auf dem Platz zu stehen und mitzuspielen."[32]

Henrietta Mears wurde 1890 als jüngstes von sieben Kindern in Fargo, North Dakota, geboren. Unter dem starken Einfluss ihrer Mutter vertraute sie schon in jungen Jahren Jesus ihr Leben an.

Als sie noch ein Kind war, erklärten die Ärzte ihrer Mutter, dass Henrietta bis zu ihrem 30. Lebensjahr erblinden würde. Henrietta, die überzeugt war, dass Gott einen besonderen Plan für ihr Leben hatte, las und studierte umso mehr, um sich auf den Verlust ihres Augenlichts vorzubereiten. Sie entdeckte ihre Begabung zum Lehren und machte ihren Abschluss an der Universität von Minnesota mit Auszeichnung. Obwohl sie ihr Leben lang extrem kurzsichtig war, verlor sie das Augenlicht nie ganz. Dennoch war sie aufgrund ihrer Einschränkungen beständig von Gott abhängig.

Nachdem sie einige Jahre unterrichtet hatte, nahm Henrietta im Alter von 30 Jahren eine Stelle als leitende Katechetin in der First Presbyterian Church in Hollywood, Kalifornien, an. Diese

Stelle sollte ihr Leben für immer verändern. Binnen zwei Jahren wuchs durch ihren Einfluss die Teilnehmerzahl am Bibelunterricht von 450 auf 4000 an. Sie schrieb den Lehrplan neu, der auch schon bald bei anderen Gemeinden gefragt war.

Als die Nachfrage nach ihrem Lehrplan immer größer wurde, gründete Henrietta *Gospel Light International* – einen Verlag. Außerdem gründete sie das *Forest Home Conference Center*, das jungen Menschen einen wunderschönen Ort für ein Bibelschulstudium bot.

Ihre große Leidenschaft war es, das Evangelium zu verbreiten und zukünftige Leiter auszubilden. Sie hatte Einfluss auf viele große christliche Leiter, darunter Bill Bright, den Gründer von *Campus für Christus*, und Billy Graham, der einmal über sie sagte: „Ich bezweifle, dass je eine andere Frau, abgesehen von meiner Ehefrau und meiner Mutter, so ausgesprochen viel Einfluss auf mein Leben hatte. Sie ist mit Sicherheit eine der größten Christinnen, die ich kenne."[33]

Henrietta Mears war bekannt für ihre extravaganten Hüte und farbenfrohen Accessoires, aber am meisten für ihre Liebe zu Christus und zu seinem Wort. Obwohl sie nie heiratete, hatte sie Hunderte geistliche Kinder. Erst im Himmel wird wohl sichtbar werden, wie viel Frucht ein von Gott erfülltes Leben für sein Königreich gebracht hat.

Gladys Aylward (1902–1970)

Missionarin in China.
Nie verheiratet.

***

„Ich war nicht als Erste von Gott für das ausgesucht, was ich in China getan habe. Da war jemand anders. Ich weiß nicht, wer es war – den Gott zuerst erwählt hatte. Es muss ein Mann gewesen sein – ein wundervoller Mann. Ein hochgebildeter Mann. Ich weiß nicht, was geschehen ist. Vielleicht ist er gestorben. Vielleicht war er nicht willig … Und Gott sah hernieder … und sah Gladys Aylward …“[34]

Gladys Aylward wurde 1902 in eine arme Familie in London hineingeboren. Sie war sehr klein von Statur und wurde im Alter von 14 Jahren Hausmädchen. Eines Tages, auf dem Heimweg von der Kirche, begegnete ihr ein Fremder und erklärte ihr das Evangelium.

Durch die vielen Bücher über China, die sie in der Hausbibliothek ihrer Arbeitgeber fand und las, begann Gladys, eine Liebe zu diesem Land zu entwickeln. Als sie sich mit 28 Jahren bei der Missionsleitung bewarb, wurde sie als zu alt und unfähig, die chinesische Sprache zu erlernen, eingestuft. Obwohl sie anfangs enttäuscht war, dachte sie sich, dass sie, wenn sie schon nicht im Auftrag der Missionsleitung gehen konnte, eben allein gehen würde. Sie sparte jeden Monat ihr Gehalt, bis sie genug für eine einfache Zugfahrkarte nach China hatte.

Gladys begann die Reise nach China im Alter von 30 Jahren,

allein und fest entschlossen. Sie schloss sich einer alten Missionarin an und half ihr, deren Herberge für Mauleseltreiber zu führen. Im Umgang mit den Mauleseltreibern lernte sie die chinesische Sprache. Nach dem Tod der alten Missionarin konnte Gladys die Herberge finanziell nicht halten. Zu der Zeit bekam sie die Gelegenheit, für die Regierung zu arbeiten, indem sie die Umsetzung neuer Gesetze unter der Landbevölkerung prüfte. Diese neue Arbeit erforderte, dass sie durchs Land reiste, und so nutzte sie diese Gelegenheit, in den vielen neuen Städten und Dörfern, die sie besuchte, biblische Geschichten zu erzählen.

Gladys passte sich so gut an die chinesischen Menschen und ihre Kultur an, dass sie sogar während des japanischen Bombardements 1937 in China blieb. Für eine Weile war sie sogar Spionin für die chinesische Armee. Zu der Zeit begann sie, Kriegswaisen zu adoptieren, und bald sorgte sie für an die 100 Kinder.

Sie arbeitete 20 Jahre lang in China, bevor sie nach England zurückkehrte. Inzwischen war sie dort eine Art Berühmtheit geworden; es gab bereits ein Buch und einen Film über ihr Leben. Der Film war Gladys allerdings peinlich, da sie von Ingrid Bergman gespielt und in fiktiven Liebesszenen dargestellt wurde. Gladys war eine integere Frau Gottes, die ihr Leben lang unverheiratet blieb und den Menschen in China die Gute Nachricht verkündete.

Gladys Aylward liebte Gott und die Menschen. Ihr Leben ist ein eindrückliches Beispiel dafür, dass Liebe das wesentliche Element für ein erfülltes Leben ist.

Corrie ten Boom (1892–1983)

Kriegsheldin.
Beschützerin des jüdischen Volkes.
Einmal verliebt, nie verheiratet.

***

„Kein Abgrund ist so tief, dass Er einen nicht herausholen könnte."[35]
(Betsie ten Boom)

Corrie wurde als jüngstes von vier Kindern in eine liebevolle christliche Familie in Holland hineingeboren. Ihr Vater war Uhrmacher und sehr gottesfürchtig. Corrie entschied sich im Alter von 14 Jahren für Jesus und überlegte mit 16, was sie als Nächstes tun sollte.

Sie wurde die erste weibliche Uhrmacherin in Holland und blieb unverheiratet. Im Alter von 23 Jahren brach ihr jedoch ein junger Mann das Herz. In ihrem Buch *Mit Gott durch dick und dünn* erzählt sie davon. Sie schreibt:

Das hat mich manchen Kampf gekostet. Ich war dreiundzwanzig. Ich liebte einen Mann und glaubte, dass er mich auch liebte. Aber ich hatte kein Geld, und er heiratete ein reiches Mädchen. Nach der Hochzeit brachte er sie zu mir und legte ihre Hand in meine und sagte: „Ich hoffe, ihr beide werdet Freunde." Ich hätte schreien mögen vor Schmerz. Sie war reizend und so sicher und entspannt in seiner Liebe.

Aber ich hatte Jesus, und eines Tages ging ich zu ihm und betete: „Herr Jesus, du weißt, dass ich dir hundertprozentig gehören möchte. Ich weiß nicht, welche Pläne du für mich hast, aber, Herr, was immer es sein mag, lass mich deinen Sieg in jedem Bereich meines Lebens erfahren, auch was die körperliche Liebe betrifft. Ich glaube, dass du mich von allen meinen Enttäuschungen und dem Gefühl des Unglücklichseins befreien kannst. Ich liefere dir mein ganzes Leben neu aus."[36]

In der Tat hatte Gott Pläne für Corrie ten Boom. Bis zum Beginn des Zweiten Weltkriegs führten die ten Booms ein stilles Leben und arbeiteten in ihrer Uhrmacherwerkstatt. Als sie das Leid der Juden sahen, konnten sie ihren Glauben nicht verleugnen, und ihr Haus wurde zum Versteck für die Juden – bis 1944, als die 52-jährige Corrie, ihre Schwester Betsie und ihr Vater verhaftet und ins KZ nach Ravensbrück deportiert wurden. Betsie und ihr Vater starben im KZ, doch Corrie wurde am Neujahrstag 1945 aufgrund eines Formfehlers entlassen. Eigentlich waren alle Frauen ihres Alters zur Hinrichtung vorgesehen.

Für den Rest ihres Lebens reiste Corrie als Evangelistin, Rednerin und Fürsprecherin für Menschen durch die Welt und erzählte die Geschichte von ihrem Leben und Gottes Liebe. Sie schrieb mehrere Bücher, unter anderem ihre Lebensgeschichte *Die Zuflucht*.

Wer meint, nach einem gebrochenen Herzen kein erfülltes Leben für Gott mehr führen zu können, sollte noch einmal Corries Geschichte lesen. Sie begriff, dass Gottes Plan für einen alleinstehenden Christen weit über Liebe und Ehe hinausgeht. Gottes Plan ist ein erfülltes Leben.

Audrey Wetherell Johnson (1907–1984)

Gründerin von Bible Study Fellowship International.
Nie verheiratet.

***

„Mein Ziel war es immer, dafür zu sorgen, dass jeder Teilnehmer im Kurs aus dem Lesen von Gottes Wort lebte. Gott schenkte mir die tiefe Überzeugung, dass ich ihn als Person, die zu mir in Beziehung steht, mithilfe des Heiligen Geistes durch das Studium seines Wortes bis in die Tiefen seines Herzens kennenlernen kann."[37]

Audrey Johnson wurde in England in eine christliche Familie hineingeboren. Dort wurde ihr die Bibel intensiv nahegebracht, und sie nahm schon als Kind Jesus in ihr Leben auf.

Jahrelang arbeitete sie als Missionarin in China, wo sie einige Zeit im Gefängnis saß. Schließlich konnte sie zu einem kurzen Heimataufenthalt nach England zurückkehren, doch bald danach ging sie nach China zurück, um an einer Bibelschule zu unterrichten. Die chinesische Regierung stellte sie 18 Monate unter Hausarrest. Im Jahr 1950 wurde sie gezwungen, China für immer zu verlassen.

Kurz darauf kam sie in die Vereinigten Staaten und wurde gebeten, fünf Frauen zu unterrichten, die bereits eine gute Bibelkenntnis besaßen. Da war sie nun, nachdem sie Gott jahrelang auf einem echten Missionsfeld gedient hatte, und sollte spärliche fünf Frauen unterrichten? Anfangs war diese Vorstellung schwer für sie, doch rasch erinnerte sie sich an Jeremia 45,5, wo es heißt:

„Und du, du trachtest nach großen Dingen für dich? Trachte nicht danach!“ (ELB).

Sie willigte also ein, diese fünf Frauen zu unterrichten. Sie konnte ja nicht ahnen, dass dies der Beginn der *Bible Study Fellowship International* sein sollte. Heute bietet BSF über tausend Bibelkurse auf sechs Kontinenten an. Audrey Johnson glaubte, dass Menschen durch das sorgfältige Studium von Gottes Wort den Gott kennenlernen und ihm vertrauen würden, der die Menschen täglich versorgt und in Treue liebt. Unzählige Menschen würden Audrey zustimmen, denn ihr Leben ist ein lebendiges Zeugnis für den Einfluss, den BSF auf unsere heutige Kirche und Kultur hatte.

Ein Leben, ein Bibelkurs, die Bereitschaft einer Person, demütig die Aufgabe auszuführen, die Gott ihr gibt – und was daraus entsteht, wird unbeschreiblich wertvoll sein. Das ist die Summe eines erfüllten Lebens zu Gottes Ehre.

Dank

Ich bin ein Kleinstadt-Mädchen, das in einer großen Stadt lebt. Das wäre nicht möglich ohne die vielen Menschen, die mich in guten wie in schlechten Zeiten unterstützt und geliebt haben.

Zuerst möchte ich Holly Kisly danken, die an mich geglaubt und mich davon überzeugt hat, dass ich eines Tages ein Buch schreiben könnte. Sie ist die beste Verlegerin, die man sich wünschen kann. Ebenso dankbar bin ich Rene Hanebutt, ihrer Komplizin, die alles ins Rollen gebracht hat. Danke auch an Bailey Utecht, meine wunderbare Lektorin, die jedes einzelne Detail sieht und sich nicht scheut, mich zu korrigieren.

Danke an alle Leser meines Blogs *Living with Power*. Ihr habt mich vorwärtsgedrängt, wenn ich auf dem Zahnfleisch kroch, und angefeuert, wenn ich das Gefühl hatte, dass es keinen interessiert.

Danke an meine Gemeinde und die Frauen in der *Harvest Bible Chapel*. Gott hat mein Herz mit eurem verknüpft, und ich bin dankbar, dass ihr in den ersten Jahren so viel Geduld mit mir hattet.

Auch David Learned, meinem Ortspastor, muss ich danken, der mir die Freiheit gab zu schreiben, wann ich wollte.

Danke, Tina und Sue – Freundinnen, Leiterinnen und weise Nachfolgerinnen von Jesus Christus.

Danke an meine Freitagmorgen-Kleingruppe: Ihr habt nicht immer die ganze Geschichte zu hören bekommen, aber ihr habt durch meine Barrieren hindurchgeschaut und euch in mein Herz geliebt. Ein *Danke* ist kaum genug.

Meinem Hauptpastor James MacDonald und seiner Frau bin ich auf ewig dankbar dafür, dass sie mir viel mehr beigebracht haben, als sie je wissen werden.

Lynne: Danke, liebe, liebe Freundin, dass du bei mir geblieben bist und mir zugehört hast, als ich ganz unten war, und dich mit mir gefreut hast, wenn ich meine kleinen Siegeshügel erklommen habe.

Renee: Ich weiß nicht, ob ich ohne dich den Mut gehabt hätte, dieses Buch zu schreiben. Wenn ich einen Bette-Midler-Song zitieren darf: *You are the wind beneath my wings* – Du bist der Wind unter meinen Flügeln. Danke, dass du auch in den schweren Phasen unermüdlich für mich gebetet hast. Danke, dass du mit den Hühnern aufgestanden bist, um mich auf dem Pfad der Tugend zu halten.

Bonnie. Bonnie. Bonnie. Mehr muss ich eigentlich nicht sagen. Niemand könnte das tun, was du tust, und mich trotzdem lieb haben. Du bist die beste Assistentin und Gedankenleserin, die eine durchgeknallte Kreativfrau sich erträumen kann. Danke.

Meine Familie. Meine verrückte libanesische Familie. Ich muss euch alle nennen, oder ich kann Weihnachten nicht mein Gesicht zeigen. Also los: Danke, Nick, Patricia, Maya, Leya und Fawzi. Niemand kann einen Feiertag schöner gestalten als ihr. Danke, Ramzi, dass du mir geholfen hast, das zu leben, was ich glaube, und dass du mir das Beten beigebracht hast. Danke, Rafi, Micah und Ben – ihr seid ein Geschenk und das Zuhause, zu dem ich immer fliehen kann. Natürlich ist Diana der Leim, der eure Familie zusammenhält, und sie verdient eine besondere Erwähnung. Diana, du bist die beste Freundin und Schwester, die man sich wünschen kann. Danke, dass du jahrzehntelang meine Beraterin warst und immer an den richtigen Stellen genickt hast. Ich glaube, dir ist es mindestens zu 50 Prozent zu verdanken, dass ich heute da bin, wo ich bin.

Schließlich meine Eltern: Ihr wart stolz auf mich; das hat mich angespornt. Ihr habt mich geliebt; das war mein Schutz. Ihr habt mir einen Anker geboten und mir die Liebe von Jesus Christus vorgelebt – bedingungslos und selbstlos. Wie konnte ich mit euch als Eltern *keinen* Erfolg haben?

Und zum Schluss danke ich Christus Jesus, meinem Herrn und Retter, der mir Leben und Ziel geschenkt hat. Du bist mir ein guter Freund und der Retter meiner Seele. Deine Gnade hat mich erhalten und deine Liebe gefesselt. Bitte sieh dieses Buch als Dankopfer an. Verherrliche dich stets in meinem Leben – oder verschließe mir für immer den Mund.

Quellennachweise

1 United States Census Bureau, „Unmarried and Single Americans Week Sept. 16-22, 2012". Letzter Zugriff 10.07.2014. http://www.census.gov/newsroom/releases/archives/facts_for_features_special_editions/cb12-ff18.html.

2 Wikipedia (deutsch und englisch): „Eunuch", 20. November 2012; letzter Zugriff 10.07.2014. http://de.wikipedia.org/wiki/Eunuch und http://en.wikipedia.org/wiki/Eunuch (teilweise übersetzt).

3 Übersetzt nach Anthony DeMello: *Chicken Soup for the Soul at Work: 101 Stories of Courage, Compassion and Creativity in the Workplace*, hrsg. von Jack L. Canfield et al. Deerfi eld Beach, FL: Health Communications, Inc., 1996, S. 310 Nach einer Vorlage von Heinrich Böll: „Anekdote zur Senkung der Arbeitsmoral".

4 „Saturday Night (Is the Loneliest Night of the Week)", © 1944 by Sammy Cahn und Jule Styne. New York: Columbia Records.

5 Dictionary.com, LLC, Definition „Self-Control", letzter Zugriff 10.07.2014. www.dictionary.reference.com/browse/self-control.

6 Übersetzt nach: John Piper: „The Fierce Fruit of Self-Control" desiringGod, 15. Mai 2001, letzter Zugriff 10.07.2014. www.desiring god.org/resource-library/taste-see-articles/the-fierce-fruit-of-self-control.

7 Michael Reece u.a.: „Sexual Behaviors, Relationships, and Perceived Health among Adult Men in the United States: Results from a National Probability Sample". Journal of Sexual Medicine Nr. 7/ Beilage 5 (Oktober 2010), S. 291-304.

8 Harold Leitenberg, Mark J. Detzer und Debra Srebnik: „Gender Differences in Masturbation and the Relation of Masturbation Experience in Preadolescence and/or Early Adolescence to Sexual Behavior and Sexual Adjustment in Young Adulthood". Archives of Sexual Behavior Nr. 22 (April 1993), S. 87-98. Die Testgruppe bestand aus 280 Personen aus zwei Seminargruppen zur „Einführung in die Psychologie".

9 Übersetzt nach: Lisa Ling: „The Evolution of Porn and Erotica". Oprah, 17. November 2009. Letzter Zugriff 10.07.2014. www.oprah.com/relationships/Lisa-Ling-Reports-on-Adult-Films-Porn-and-Erotica.

10 Tyler Charles: „(Almost) Everyone's Doing It", Relevant Magazine, September/Oktober 2011. Letzter Zugriff 10.07.2014. www.relevantmagazine.com/life/relationships/almost-everyones-doing-it.

11 Übersetzt nach: John Piper: Future Grace: The Purifying Power of Living by Faith in ... Sisters, Oregon: Multnomah, 1995, S. 336.

12 Oswald Chambers: Mein Äußerstes für sein Höchstes, Holzgerlingen und Wuppertal: SCM Hänssler und Blaukreuz, 1998, S. 383f.

13 C.S. Lewis: Das Gewicht der Herrlichkeit und andere Essays. Basel/Gießen: Brunnen Verlag, 2005, S. 94.

14 „Take My Life", © 1999 by Vineyard Music.

15 Dictionary.com, LLC, „Strive". Letzter Zugriff 10.07.2014. www.dictionary.reference.com/browse/strive?s=t.

16 Dictionary.com, LLC, „Anxiety". Letzter Zugriff 10.07.2014. www.dictionary.reference.com/browse/anxiety?s=t.

17 Übersetzt nach John Piper: „We Want You to Be a Christian Hedonist!" desiringGod, 31. August 2006. Letzter Zugriff 10.07.2014. www.desiringgod.org/resource-library/articles/we-want-you-to-be-a-christian-hedonist.

18 Sara Radicati: „Email Statistics Report, 2011-2015". The Radicati Group, Inc, Mai 2011. Letzter Zugriff 10.07.2014. www.radicati.com/wp/wp-content/uploads/2011/05/Email-Statistics-Report-2011-2015-Executive-Summary.pdf.

19 Übersetzt nach: Doug Dickerson: „Running in Circles – A Leader's Guide to Musical Chairs". Salem-News.com, 11. Mai 2010. Letzter Zugriff November 2012. www.salem-news.com/articles/may112010/musicalchairs-dd.php.

20 Dieses bekannte Zitat von John Gardner findet sich in zahlreichen Quellen.

21 Übersetzt nach John Piper: Desiring God. Sisters, OR: Multnomah, 2011, S. 302.

22 Übersetzt nach: Belinda Goldsmith: „Is Facebook envy making you miserable?" NBC News.com, 22. Januar 2013. http://nbcnews.to/ila6Y84.

23 Bil Keane: „The Family Circus". Comic vom 31. August 1994.

24 Übersetzt nach: C.S. Lewis: The Complete C.S. Lewis Signature Classics. San Francisco: HarperCollins, 2007, S. 444.

25 Übersetzt nach: Charles Dickens: A Tale of Two Cities. Mineola, New York: Dover, S. 1.

26 Corrie ten Boom mit John und Elizabeth Sherrill: Die Zuflucht. Witten: SCM R.Brockhaus, 2009, S. 50.

27 Übersetzt nach Margaret Clarkson: *So You're Single!* Wheaton: Harold Shaw, 1978, S. 21.

28 Übersetzt nach: Jonathan Edwards: *Memoirs of the Rev. David Brainerd: Missionary to the Indians*. New Haven: S. Converse, 1822, S. 255.

29 Ebd.

30 Motto der Heart of Africa-Mission, zitiert in Helen Roseveare: Gib mir diese Berge. Wuppertal: R.Brockhaus Verlag, 1967, S. 153.

31 Ebd., S. 166.

32 Übersetzt nach Henrietta Mears: „Henrietta Mears: Biographical Sketch“. Global Adventure. Letzter Zugriff 10.07.2014. www.kamglobal.org/BiographicalSketches/henriettamears.html.

33 Übersetzt nach Billy Grahams Einleitung zu Barbara Hudson Powers: The Henrietta Mears Story. Old Tappan, New Jersey: Revell, 1957, S. 7.

34 Phyllis Thompson: Der Spatz von London: Die Geschichte der „unbegabten Frau“ Gladys Aylward. Wuppertal: Oncken Verlag, 1972, S. 163.

35 Ten Boom: Die Zuflucht, S. 217.

36 Corrie ten Boom: Mit Gott durch dick und dünn. Witten: SCM R.Brockhaus, 2004, S. 131-132.

37 Übersetzt nach: A. Wetherell Johnson: Created for Commitment. Carol Stream: Tyndale, 1982, S. XX.

Astrid Eichler,
Thomas und Irene
Widmer-Huber
Es gibt was
Anderes!
Gemeinschaftliches Leben
für Singles und Familien
Edition
AUFATMEN
SCM R.Brockhaus